Zu diesem Buch

Tom Wolfe, «der Poet unter den Journalisten» (Newsweek), berichtet in seinem funkensprühenden «Hochspannungsstil» von Menschen und phantastischen Phänomenen, denen er auf Reisen kreuz und quer durch Amerika und England begegnete. Was er sah, was er beschreibt, ist komisch oder erschreckend und meist beides zugleich. Er erzählt von den «Surferkindern» an der kalifornischen Küste (und von Leonard Anderson, der eines Tages – «einfach so» – zwei Schüsse abgab, den einen auf Donna Blanchard, seine Freundin, den anderen auf sich, vielleicht weil es ihnen unvorstellbar war, älter als 21 zu werden). Oder von Hugh Hefner, dem Einsiedlermillionär und König der Status-Dropouts, und seinem Bett, das sich wie eine Schallplatte dreht (je nach Wunsch mit 33⅓, 45 oder 78 Umdrehungen in der Minute). Oder von Carol Doda, der «zusammengesetzten» Italienerin auf dem Broadway in San Francisco, die, wenn sie von einem Mann angesprochen wird, nie mehr weiß, «ob er sich für mich interessiert oder für SIE*» – ihre zeppelingroßen Silikon-Brüste. Oder vom jähen Aufstieg eines Schulmeisters namens Marshall McLuhan zur internationalen Zelebrität («Was, wenn er recht hat?») und von seinen ersten Schritten in* Haute New York. *Oder von heißen Maschinen und schnellen Rennen und Autokids und automatischen Hotels.*

«Was ihn so gut macht, das ist seine Fähigkeit, in die Dinge hineinzukriechen, sie nicht nur von außen zu beschreiben (obwohl er ein glänzender Reporter ist), sondern unter die Haut eines Phänomens vorzudringen und das innere Geschehen zu vermitteln» (Newsweek).

Tom Wolfe, 1931 geboren, studierte in Washington und an der Lee University und promovierte in Yale. Er war Berichterstatter der «New York Herald Tribune» und erhielt zwei Washingtoner Presseauszeichnungen (für Humor und für Auslandsberichte). Tom Wolfe ist Mitarbeiter führender angloamerikanischer Zeitungen und Zeitschriften. Sein erstes Buch, «Das bonbonfarbene tangerinrotgespritzte Stromlinienbaby», erschien deutsch 1968 im Rowohlt Verlag. 1972 erschienen bei Rowohlt in der Reihe das neue buch *seine beiden Reportagen «Radical Chic und Mau Mau bei der Wohlfahrtsbehörde» (dnb 5).*

Tom Wolfe

Das silikongespritzte Mädchen

und andere Stories
von Amerikas rasendem Pop-Reporter

Deutsch von
Gustav K. Kemperdick

Rowohlt

Die Originalausgabe erschien unter dem Titel
«The Pump House Gang» im Verlag Farrar, Straus and Giroux,
New York
Umschlagentwurf Manfred Waller

DEUTSCHE ERSTAUSGABE

Veröffentlicht im Rowohlt Taschenbuch Verlag GmbH,
Reinbek bei Hamburg, März 1976

Satz Aldus (Linotron 505 C)
Gesamtherstellung Clausen & Bosse, Leck/Schleswig
Printed in Germany
780-ISBN 3 499 11929 3

Inhalt

Einführung 9

Teil Eins 19
1 Die Pump House Gang 21
2 Der Mittelatlantik-Mann 37
3 König der Statusausgeflippten 51
4 Das zusammengesetzte Mädchen 64
5 Der Mittags-Untergrund 74
6 Die Milden 85
7 Die Hair Boys 88
8 Was, wenn er recht hat? 97

Teil Zwei 125
9 Bob und Spike 127
10 Tom Wolfes neues Anstandsbuch 150
11 Leben und erlittene Unbill 162
12 Ein ganz privates Spiel 177
13 Das automatisierte Hotel 187
14 Der Schockkkkkk des Erkennens 198
15 O verrottetes Schilda – das du auf den Müllhaufen der Verhaltensforscher schlitterst 208

Für meinen Vater
und meine Mutter

Einführung

Diese Geschichten außer zweien habe ich in einem Zeitraum von zehn Monaten nach der Veröffentlichung meines ersten Buches ‹*Das bonbonfarbene tangerinrot-gespritzte Stromlinienbaby*› geschrieben. Es war eine sonderbare Zeit. Eine Menge Einzelgänger-Hochspannungseuphorie. Ich bin von der einen Seite Amerikas zur anderen gefahren, und dann von der einen Seite Englands zur anderen. Die Leute, die mir begegnet sind, und was sie so machten – ich war hingerissen. Ich habe Carol Doda getroffen. Die hat ihre Brüste mit Silikonschaum aufgeblasen, dem Hauptbestandteil bei Springbällen, und wurde so zur größten Einnahmequelle des Fremdenverkehrs in San Francisco. Ich bin einer Gruppe von Wellenreitern, von Surfern, begegnet, der Pump House Gang. Die sahen sich die Rassenunruhen in Watts an, als handele es sich um ein Baseball-Spiel im Rose Bowl Stadion in Pasadena. Sie gingen hin, um sich «die besoffenen Nigger» anzugucken, und wurden von ihnen wegen ihres rüden Benehmens zur Ordnung gerufen. In London traf ich eine ehrgeizige 17jährige namens Nicki, die ihre Klassenkameradinnen dadurch in den Schatten stellte, daß sie sich einen Kurden mit Klumpfuß zum Liebhaber nahm. Mir begegnete ein junger Bürobote namens Larry Lynch mit 9 Pfund Wochenlohn. Der verbrachte jeden Tag die Mittagspause mit Hunderten anderer Kinderarbeiter im irren, stockdunklen Inneren eines Mittagsnachtclubs, der sich *Tiles* nannte. Alle waren *in ecstasis* vom Frug, dem Rock 'n' Roll und Gott weiß was sonst noch, genau eine Stunde lang – dann zurück zur Arbeit. In Chicago traf ich Hugh Hefner. Der drehte sich auf seinem Bett und machte, während sein Kopf an mir vorbeischwebte, passende Bemerkungen zur Szene . . . Übrigens, was Hefner angeht. Ich war von New York aus nach Kalifornien unterwegs und machte zufällig in Chicago halt. Ich ging die North Michigan Avenue runter, als mir Lee Gottlieb, ein Mann von der Playboy-Organisation, entgegenkam. Irgend etwas, das er sagte, ließ mich glauben, Hefner sei verreist.

«Verreist?» sagte Gottlieb. «Hef geht doch nie aus dem Haus.»

«Nie?»

Nie, sagte Gottlieb. Wenigstens monatelang nicht, und dann auch nur das Stück, um sich in eine Limousine zu setzen und zu einer Fernsehshow nach New York zu fliegen oder irgendwohin zur Eröffnung eines neuen Playboy-Clubs. Das faszinierte mich, die Vorstellung, daß Hefner, der Oberplayboy persönlich, jetzt ein Einsiedler war. Am folgenden Nachmittag ging ich in die *Playboy*-Redaktion in der East Ohio Street, um mich um einen Besuch zu bemühen. Im Büro hielten sie sich über

Hefners jeweiligen physischen Zustand in seiner Villa, die auf der anderen Seite am North State Parkway lag, so auf dem laufenden, als ob sie in einem Wettbüro per Fernschreiber die einzelnen Rennen verfolgten. Er schlafe jetzt gerade, sagten sie mir, und würde erst gegen Mitternacht aufwachen. Am Abend vertrieb ich mir die Zeit in einer Kneipe in der Altstadt von Chicago, als ein Kurier auftauchte und mir sagte, Hefner sei jetzt aufgestanden und könne mich empfangen.

In Hefners Playboy-Villa befanden sich eine Fernsehkamera am Eingangsportal und dahinter große schwarze Wächter oder Hausmeier. *Nubische Sklaven*, murmelte ich vor mich hin. Einer der Schwarzen führte mich eine prächtige Treppe hinauf, ganz mit roten Teppichen ausgelegt, bis an einen Durchgang aus geschnitztem Holz mit der Inschrift *Si Non Oscillas, Noli Tintinnare*, «Ohne Vibratiönen brauchst du hier nicht zu tönen». Dahinter lagen Hefners Privatgemächer. Im Hintergrund stürmte Hefner durch eine Pendelglastür auf mich zu. Er war aufgezogen und startbereit. «Sehen Sie sich das an!» sagte er. «Ist das nicht phantastisch!?» Er meinte ein Heft des Magazins *Ramparts*, das gerade gebracht worden war. Es enthielt ein Faltblatt in Farbe, wie das Faltblatt im *Playboy*. Dieses Blatt allerdings zeigte ein Foto von Hefner. Auf dem Foto trug er einen Anzug und rauchte Pfeife. «Ist das nicht phantastisch!» sagte Hefner immer wieder. Im Augenblick trug er einen Seidenpyjama, einen Bademantel und Hausschuhe, die so aussahen, als wären darauf Wolfsköpfe gestickt. Er war nicht etwa in diesem Aufzug, weil er gerade aufgestanden war. Es war seine übliche Kleidung, für heute und an allen anderen Tagen, die Uniform des zeitgenössischen Einsiedlers.

Zu mitternächtlicher Stunde waren mehrere Leute dienstbereit. Die *dame d'honneur* des Palastes, die man Michele nannte; Gottlieb; ein paar weitere Playboy-Angestellte, die Schwarzen: sie waren allerdings alle angezogen. Hefner zeigte mir seine Gemächer. Die Fenster waren alle völlig verhängt und durch Rolläden verschlossen. Die einzige Lichtquelle bei Tag und Nacht war elektrisch. Es mußte unmöglich sein, da drinnen über die Tageszeit Bescheid zu wissen. Und sogleich sprang Hefner ... auf den Mittelpunkt seiner Welt, das Bett im Schlafzimmer. Auf das Bett gerichtet war eine Fernsehkamera, auf die er sehr stolz war. Später brachte *Playboy* eine Karikatur, einen nackten Mann und eine Frau in einem riesigen Bett, ihnen gegenüber ein Fernsehgerät, und der Mann sagt: «Wie wär's, Darling, mit einer sofortigen Wiederholung.» Hefner drückte auf einen Knopf, und das Bett begann sich zu drehen ...

In diesem Augenblick dachte ich an Jay Gatsby in dem Roman von Fitzgerald. Beide waren Aufsteiger, die aus dem Nichts gekommen waren, um ein Vermögen zu machen, sich Paläste zu bauen, und dann in königlicher Isolierung endeten. Es gab jedoch einen wesentlichen Unterschied zwischen Hefner und Gatsby. Hefner träumte nicht mehr davon, wenn das je der Fall gewesen sein sollte, den großen sozialen Sprung nach East Egg zu machen. Für Gatsby war es wenigstens noch denkbar gewesen, den Sprung in die Gesellschaft zu machen. Aber Hefner? Er hat ein Vermögen gemacht, sich ein eigenes Reich geschaffen, und der Playboy-Scheinwerfer leuchtet über der Stadt und den Großen Seen. Aber gesellschaftlich ist Hefner immer noch ein Mann, der ein Tittenmagazin herausgibt und dem eine Reihe von Clubs gehört, die an die gute Stube erinnern, nicht an die Absteigeräume im Obergeschoß, sondern an die gute Stube – eines drittklassigen Bordells. In Chicago ist Hugh Hefner nicht gesellschaftsfähig.

Da hat er ihnen gezeigt, was eine Harke ist. Er gründete seinen eigenen Zirkel. Er schuf sich eine eigene Welt, in seinem eigenen Palast. Er schuf sich seine eigene Statussphäre. Die Außenwelt kommt zu ihm, auch die Begabten und die Berühmten. Jules Feiffer wohnt bisweilen in seiner scharlachfarbenen Gastsuite. Norman Mailer planscht schon mal in seinem Playboy-Schwimmbad. Er hat seine Höflinge, seine Mädchen und seine nubischen Sklaven. Nicht einmal Gottes eigener täglicher Lichtrhythmus dringt in den Orden ein, den Hefner drinnen gegründet hat.

Was für eine wunderbare Idee! Schließlich ist die Gesellschaft nie eine große, glückliche Familie für alle Menschen gewesen. Ich würde eher sagen, das Gegenteil trifft zu. Gesellschaftliche Statussysteme sind immer Spiele mit wenigen Gewinnern und vielen anderen gewesen, die sich als die Verlierer empfinden. Welch bestechender Gedanke – da nimmt ein Mann seine neuen Reichtümer und seine freie Zeit und seine Maschinen und spaltet sich von der *communitas* ab und gründet seinen eigenen Zirkel. Da hat er immer noch Statuskonkurrenz – aber er erfindet die Spielregeln.

Warum hat das noch nie zuvor jemand getan? Nun, natürlich hat es das schon gegeben. Robin Hood hat es getan. Neger, Homosexuelle, Künstler und Straßenbanden taten es. Alle Arten von Gesetzlosen und von Ausgestoßenen haben es, der Not gehorchend oder aus freiem Entschluß, getan. Das Bestechende ist doch heute, so mußte ich feststellen, daß so viele Amerikaner und Engländer der mittleren und unteren Einkommensklasse jetzt das gleiche machen. Nicht aus «Rebellion» oder «Entfremdung» – sie wollen bloß zur Abwechslung auch einmal zu den glücklichen Gewinnern gehören.

Was soll denn schon ein Elektronikarbeiter in Kalifornien, der 18000 Dollar im Jahr macht, mit seinen neuen Reichtümern anfangen? Soll er sich darauf konzentrieren, seinen Sohn in die Culver Militärakademie reinzubringen und sich und seine Frau in den Doral Beach Country Club? Gesellschaftlich gesehen ist er doch bloß ein glorifizierter Mechaniker. Warum soll er nicht à la Hefner alles drangeben, sein Haus in einen Palast technischer Errungenschaften zu verwandeln – und das auch noch ins weite Land hinein ausdehnen mit einem Buick-Kombiwagen und einem

Pontiac GTO und auf See mit einem Evinrude-Kreuzer und sogar in der Luft mit einer Cessna 172? Warum soll ich nicht den Palast mit meinem Lieblingsstück der Gartenarchitektur glücklicher Arbeitervororte im amerikanischen Westen versehen, dem Graben um das eigene Heim. Der ist etwa einen Meter breit und fünfzig Zentimeter tief. Es gibt Anleitungen für Steingärten, Blumen und Sträucher. Der Heimgraben ist eine psychologische Schutzmauer gegen das Eindringen der Außenwelt. Der Heimgraben schützt gegen die Furcht, daß *Es* nachts herbeigekrochen kommt und seine Nase gegen dein Blumenfenster drückt.

Südkalifornien, fand ich, ist ein wahres Paradies von Statussphären. Zum Beispiel ist da der Trend in Richtung auf Alterstrennung. Es gibt Siedlungen für alte Menschen, Privatbauten, in denen keiner unter 50 eine Wohnung kaufen kann. Es gibt Apartmenthäuser für Alleinstehende nur zwischen 20 und 30. Der Sunset Strip in Los Angeles ist ausschließlich zum Tummelplatz der 16- bis 25jährigen geworden. 1966 hat es fast Straßenkämpfe gegeben, um diesen Status gegen die Polizei zu verteidigen, die kam, um «aufzuräumen».

Und . . . die Pump House Gang. Da war eine Gruppe von Jungen und Mädchen, die sich in einer Art zusammengerottet hatten, die oberflächlich der einer Straßenbande ähnelte. Sie hatten jedoch sehr wenig mit den Beweggründen einer Straßenbande gemein. Sie kamen aus der Mittelschicht und aus Elternhäusern der oberen Mittelschicht in der vielleicht exklusivsten Strandgemeinde von Kalifornien, La Jolla. Sie spürten sehr wenig Ressentiment gegenüber ihren Eltern oder «der Gesellschaft», und sie waren keine Rebellen. Ihre einzige «Entfremdung» war das übliche Aufbegehren des heranwachsenden Menschen, das Gefühl, daß er in das Erwachsenenleben hineingeschubst wird, und zwar zu anderer Leute Bedingungen. Deshalb folgten sie dem letzten Schrei. Sie setzten sich ab – *zum Strand! In die Garagen!* – und gründeten ihren eigenen Zirkel, der auf dem esoterischen Erlebnis des Surfing, des Wellenreitens, beruhte. Sie hatten eigentlich nichts gegen die älteren Leute in ihrer Umgebung; sie bedauerten die alten Bastarde einfach, weil sie sich an dieser esoterischen Statussphäre nicht beteiligen konnten.

An dem Tag, an dem ich auf die Pump House Gang stieß, war eine Gruppe von ihnen gerade aus «Tom Comans Garage» geflogen. Im nächsten Sommer stiegen sie dann vom Leben in der Garage in eine Reihe von Apartments nahe am Strand auf, ein Komplex, den sie «La Colonia Tijuana» nannten. Zu diesem Zeitpunkt wechselten schon einige von ihnen vom Surfing-Leben zur Vorhut von etwas anderem über – zu der psychedelischen *head*-Welt von Kalifornien. Aber das ist eine andere Geschichte. Doch selbst die *hippies*, wie die Heads dann genannt wurden, entwickelten sich nicht *sui generis*. Ihr sogenanntes «Ausflippen» war nichts anderes als eine weitere Ausdehnung der Welten, die bereits die Surfer und die Autokids, die mir begegneten – «The Hair Boys» – schon zehn Jahre vorher geschaffen hatten.

Die Pump House Gang lebte, als ob die Altersstrennung ein permanenter Zustand sei, als ob es unvorstellbar wäre, daß irgendeiner von ihnen je alt würde, so etwa 25. Ich sah bereits den Tag voraus, an dem die Küste von Kalifornien mit den Körpern von gealterten und zurückgelassenen Surferkindern bedeckt sein würde, die da wie so viele gestrandete Wale verendeten.

Aber nichtsdestotrotz scheinen viele dieser jungen Leute durchaus in der Lage zu sein, die geistige Atmosphäre des Surferlebens mit sich in die Erwachsenenwelt zu nehmen – selbst in jene Erwachsenenwelt, in der man seinen Unterhalt verdienen muß. Ich erinnere mich, daß ich in Gardena, Kalifornien, genau südlich von Watts, mit einem Surfer, der jetzt etwa 30 ist und ein großes Wassersportzubehörgeschäft aufgebaut hat, zum Motorradrennen ging. Das war einen Monat nach den Rassenunruhen in Watts. Wir saßen in Gardena auf der Zuschauertribüne. Die Motorräder brüllten unten über die Halbmeilen-Rennstrecke und blitzten unter den Flutlichtern auf. Direkt hinter der Rennstrecke lagen Watts und Compton.

«Tom», sagte er zu mir, «du hättest letzten Monat hier sein sollen.»

«Warum?»

«Die Unruhen», sagte er. «Du hättest hier sein sollen. Wir haben alle hier gesessen, so wie jetzt, und die Motorräder kurvten da unten rum. Und da drüben –» zur Linken konnte man über die Tribüne hinweg die Landstraße sehen – «fuhren die Einheiten der Nationalgarde vor, sprangen von ihren Lastwagen und gingen in Kampfstellung, mit Bajonetten und allem was dazugehört. Das war ungeheuer. Und dann, dort –» und sein Blick wie seine Stimme wurden ganz versonnen, als sie sich über die Rennstrecke nach Watts richteten – «und da drüben, da ganz in der Ferne, da war Los Angeles . . . *in Flammen!*»

Wenige Minuten später fuhren zehn Motorräder in die erste Runde, gerade vor unseren Plätzen. Fünf stürzten. Körper flogen in alle Richtungen durch die Luft. Ich sah einen; einen Fahrer in schwarz-weißem Renndress, der mitten in der Luft von einem Motorrad getroffen und dann von der nachfolgenden Maschine überfahren wurde. Das war ein Junge, der Clemmie Jackson hieß. Er war tot. Jeder konnte das sehen. Er hatte sich das Genick wie einen Stock gebrochen. Zwei andere Fahrer waren schwer verletzt. Der Rennkommentator erwähnte die, die dalagen, jedoch überhaupt nicht. Er bezog sich nur auf die, die wieder aufstanden. «Da ist die Nummer 353, Rog Rogarogarog, er ist wieder auf den Beinen, und seine Maschine sieht o. k. aus . . .» Sobald die Körper weggetragen waren, ging das Rennen weiter. Sie hatten Glück, daß sie nicht beide Krankenwagen nehmen mußten. Die haben nämlich zwei Krankenwagen auf der Rennstrecke, und wenn beide eingesetzt sind, muß das Rennen unterbrochen werden, bis einer wieder zurück ist. Sie schafften es, die drei Schlimmsten in einen Krankenwagen zu packen. Der Krankenwagen, ein großer weißer Cadillac, fuhr sehr leise an. Er ließ nicht einmal seine Warnlampe aufleuchten. Etwa drei Minuten später konnte man die Sirene aufheulen hören, weit unten auf der Straße. In angemessener Entfernung, wie sie das nennen. Das war ein erschütternd schauerliches Geräusch, unter diesen Umständen. Aber innerhalb von Sekunden ging das Rennen weiter, jetzt mit fünf Motorrädern statt der zehn, und alles war vergessen. Wie üblich las man in den Zeitungen bloß ein paar Zeilen über den Todesfall.

Ich glaube nicht, daß dies ein besonders makabrer Zwischenfall ist, wenn man ihn im Zusammenhang sieht. Die Halbmeilen-Rennfahrer sind der wildeste und selbstmörderischste Haufen unter den Motorradrennfahrern, aber all die Motorradtypen heizen sich ja an dem Luxus, ihren Kopf zu riskieren, ganz schön auf. Das Motorradleben ist als Statussphäre vollkommen gewesen. Es ist gefährlich und deshalb waghalsig. Es ist genauso esoterisch wie Surfing. Es kann einen physisch von der *communitas* befreien.

Wenn man das Motorradleben anspricht, neigen die Leute dazu – wieder – an die Gesetzlosen zu denken. Nämlich an die Hell's Angels. Die Angels und andere Motorradaußenseiter bilden jedoch nur einen kleinen Teil der Leute, die mit ihren Rädern ihren eigenen Zirkel gegründet haben. Ich werde nie die Harley-Davidson-Vertretung in Columbus, Ohio, vergessen. Da kam hinten in die Werkstatt ein Bursche rein, der eine große Harley vor sich herschob. Die war ganz verbogen und verbeult, die Speichen, der Tank, die Zylinderköpfe, das Kettenrad und die Kette. Alle sagten: Da hast du aber die Karre ganz schön kaputtgefahren! Der Bursche sagte: Ne, das war meine Frau. Alle sagten: Die ist wohl ganz schön verletzt! Der Bursche sagte: Ne, sie hat etwa einen so großen Betonblock mitgenommen und dann hat sie – na ja, es scheint, daß sie damit das Ding ganz schön zusammengekloppt hatte. Er hatte sich die Harley eigentlich gekauft, um ein bißchen Erholung ohne Frau und Kinder zu haben. Dann war er Hunderten von Motorradfahrern in der Gegend um Columbus begegnet – die sich alle vor Frau und Kindern verdrückten. Schon bald traf er sich mit den Jungens jeden Tag nach der Arbeit in einer Kneipe, die *Gullys* hieß. Da tranken sie dann Bier und fuhren vor dem Nachhausegehen mal eben zum Erie-See rauf, bloß 200 Meilen. So ganz allmählich hatten sie ein ganz neues Leben für sich alleine – gesegnete Befreiung! –, das auf dem Motorrad beruhte. Bis dann eben seine Frau beschloß, die Sache mal geradezubiegen . . .

Columbus ist die Weltmetropole des Motorradlebens. Diese Feststellung, meine ich, weckt Erstaunen und auch Empörung – schon wieder die verdammenswerten Hell's Angels – bei einer Menge Leute in Columbus, trotz der Tatsache, daß die American Motorcycle Association dort ihre Hauptniederlassung hat. Oberflächlich gesehen könnte Columbus eigentlich gar nicht konservativer und traditionalistischer sein. Einige wenige Familien mit großem Grundbesitz kontrollieren offenbar alles. Aber das Motorradleben haben sie nicht unter Kontrolle, und das hat sich während der vergangenen zehn Jahre in der Stadt und um die Stadt herum in voller reicher Vielfalt ausgebreitet, von den Halbmeilen-Teufelskerlen bis zu Honda-Touringclubs. Es gibt auch eine örtliche Variante der Hell's Angels, die Road Rogues, die Straßenräuber. Die große Mehrheit der Motorradfahrer von Columbus sind jedoch vollkommen gesetzestreue Bürger, die einfach eine unendlich reichere Existenz gefunden haben, als sie hätten, wenn sie als kleine Lohnkulis das Geld für die heranschaffen würden, die in Columbus das Sagen haben.

Die beiden großen Motorradfahrer von Columbus sind Dick Klamforth, ein früherer Halbmeilen-Rennchampion und jetzt Eigentümer der Honda-Vertretung – der größten im Lande – und Tom Reiser. Reiser ist wirklich einer der Großen. Er hat «Tom's Bomb» gebaut. Er hat wirklich die Spitze erreicht. Er flog im amerikanischen Mittelwesten durch die Luft, sitzend auf einer 300-PS-Chevrolet V8-Maschine ... ohne Sattel ...

Na ja, das ist nicht gerade das, was die großen utopischen Denker des 19. Jahrhunderts, die Saint-Simons, die Fouriers und die Owens sich dachten, als sie die Vision einer Welt der Zukunft hatten, in der der durchschnittliche Arbeiter die Zeit und auch das nötige Geld haben würde, seine gottgegebenen Gaben voll auszunutzen. Die alten Utopisten glaubten an den Industrialismus. Es war sogar Saint-Simon, der das Wort prägte. Und doch sollte das Arbeiterparadies, das der Industrialismus ermöglichte, eine etwas pastoralere Gestalt annehmen. Sie sahen es als eine Art glücklich-primitiven Rousseauschen Dorfes mit allem modernen Drum und Dran. Kurz, eine Gemeinde, in der jeder, groß und klein, auf alle Zeit zusammenhielt, dankbar wie Spaniels. In jüngerer Zeit dann, in den zwanziger und dreißiger Jahren, wurde diese Vision ergänzt. Jetzt wurden die glücklichen Arbeiter in saubere, blei-weiße Blocks von Bauhaus-Apartments gesteckt, und Kultur wurde zugesetzt. Der Vision entsprechend, versammelt sich jeden Abend die Familie um den Herd und hört zu, wie Papa aus John Strachey oder Majakowski vorliest, während im Hintergrund das Dritte Programm ertönt. Höhepunkt der Woche dürfte der Samstagnachmittag sein, wenn Papa seinen stahlblauen Anzug anzieht – etwas linkisch, verstehen Sie, aber sauber und adrett und gebügelt, «rührend» gewissermaßen, und die ganze Familie einander bei der Hand nimmt und zum Kulturzentrum geht, um die Aktivisten des Tanzes in einem Ballett ‹*Fabrik*› zu sehen.

In den sechziger Jahren schossen die Kulturzentren tatsächlich wie Pilze aus der Erde. Man findet sie in den meisten Metropolen Amerikas. Aber sag mir, wohin all die glücklichen Arbeiter sind? Diese Tempel für

Bildung und Geschmack werden normalerweise mit großen Kosten gebaut, im Namen «des Volkes». Aber das Volk, das glückliche Volk, hat sie der kultivierten, gebildeten Klasse, der «Diplom-Elite» überlassen, die sie auch geschaffen hat.

Und selbst die gebildete Klasse – der Ausdruck «Oberklasse» wirkt nicht mehr – befindet sich in einem Zustand ziemlich erheiternder Verwirrung, was diese Frage angeht. Wenn großer Ruhm – die Beurkundung des Status – ohne großen Besitz zu erreichen ist, dann ist das natürlich eine böse Nachricht für die alte Idee der Klassenstruktur. In New York zum Beispiel ist sie bereits dahin, aber niemand hat sich bisher die Mühe gemacht, ihren Tod anzuzeigen. Als Ergebnis besteht die New Yorker «Gesellschaft» jetzt aus einer Anzahl von Statussphären – alle emsig damit beschäftigt, die alte Klassenordnung auf Versatzstücke zu plündern, um ihren Ruhm originell erscheinen zu lassen. Die Geschäftswelt und andere in Gruppen auftretende Statussphären sind darauf bedacht gewesen, die alten aristokratischen Gepflogenheiten zu kannibalisieren. Ich mußte eine völlig neue Fibel zu diesem Thema verfassen («Tom Wolfes Neue Leitgedanken zur Etikette»). Die großen Hotelgesellschaften werben jetzt für Luxus (gleich «Klasse»), und zwar für dieselben Leute, die früher jene unverwüstlichen, zweitrangigen Handelsvertreter- oder Geschäftsleutehotels zu benutzen pflegten. Das ist eine ziemlich amüsante Erfindung, diese zweitklassige *Klasse*, es sei denn, man übernachtet im Automatenhotel, ohne das Spiel zu kennen. Mittlerweile sind einzelne Aufsteiger damit beschäftigt, sich in getrennte kleine Reservate hineinzudrängen, die einst den glücklichen Monolithen der «Oberklasse» ausmachten – wie zum Beispiel Wohltätigkeitsvereine und *jawohl!* Kultur –, und ich gebe das goldene Beispiel von Bob und Spike Scull jenen zu bedenken, die es *Jetzt* schaffen wollen, ohne erst drei Generationen zu warten, so wie die altmodische Sorte, wie etwa die Kennedy-Familie, es noch mußte. Wo jetzt allerdings so viele Statussphären aktiv sind und so viele Abkürzungen möglich, herrscht ein chronisches Chaos in der Gesellschaft. Die Leute schaffen jetzt die Spitze, ohne recht zu wissen, von was sie nun die Spitze erreicht haben. Sie wissen nicht, ob sie *die* Spitze erreicht haben oder ob sie nur wunderlich schnell im Lastenaufzug nach oben geeilt sind. Aber wie Bob Scull persönlich sagt: «Genießet!»

Und was mich in ganz Amerika und England immer wieder erstaunt hat, war die Tatsache, daß so viele Leute solch neuartige Wege gefunden haben, genau das zu tun: *zu genießen*, wobei sie ihr Ich ungeheuer ausdehnen konnten, und zwar zu den besten Zahlungsbedingungen, nämlich ihren eigenen. Es ist sonderbar, wie viele ernsthafte Denker – und Politiker – sich dieser ziemlich offenkundigen Tatsache widersetzen. Die reine Ich-Erweiterung – besonders wenn sie versucht wird von all diesen ranzigen Proleten und Vorstadtkleinbürgern – ist eine verblüffende Aussicht. Sogar erschreckend, könnte man sagen. Intellektuelle und Politiker stellen zur Zeit eine ungeheuer klebrig-zähe Nostalgie für die alten Zwänge zur Schau, für die alten Schranken, für den uralten Ich-Zertrümmerer: *das Unheil.* Historisch gesehen, ist das Unheil die einzige ernsthafte Sorge ernsthafter Menschen gewesen. Krieg, Pestilenz – Apokalypse! Ich war durch die tiefgehende Erleichterung beeindruckt, mit der Intellektuelle und Politiker 1963 die Armut in Amerika entdeckten, mit Quellenverweis auf Michael Harringtons Buch ‹*Das andere Amerika*›. Und, wie ich schon sagte, sie wurde *entdeckt.* Heureka! Wir haben sie wiedergefunden! Wir hatten schon geglaubt, sie verloren zu haben! Das war der Grundgedanke des Unternehmens. Als dann die Rassenunruhen losbrachen – und als der Krieg in Vietnam zu einer Hölle von geräumigen Ausmaßen heranwuchs –, da hießen die Intellektuellen alles das ebenfalls mit einer abscheulichen Umarmung willkommen. Krieg! Armut! Aufruhr! Entfremdung! O ihr vier Reiter, ihr habt uns noch nicht ganz verlassen. Das Spiel kann weitergehen.

Eines Abends, mitten zu der Zeit, als ich diese Geschichten schrieb, zog ich *meinen* stahlblauen Anzug an – er ist wahrhaftig stahlblau – und nahm vor 1200 Studenten an einem Symposium in Princeton teil, mit Günter Grass, Allen Ginsberg und Gregory Markopoulos, der ein «Underground»-Filmmacher ist. Thema war «Der Stil der sechziger Jahre». Paul Krassner war der Moderator, und Krassner hat Sinn für Humor, aber die Reiter stürmten weiter. Sehr bald schon konzentrierte sich die ganze Diskussion auf die Polizeirepression, auf Gestapo-Taktiken, das Klopfen an der Tür, den Triumph der Knute. Ich konnte einfach nicht glauben, was da vor sich ging, aber es war so.

«Wovon redet ihr eigentlich?» fragte ich. «Wir sind doch mitten drin in einer ... Glücksexplosion!» Aber ich wußte nicht, wo ich anfangen sollte. Ich hätte genausogut sagen können, reden wir doch über den Fischerkönig. Glück, sagte Saint-Just vor einem Jahrhundert, ist ein neues Konzept in Europa. Offensichtlich war das neu hier, kaum je davon gehört. Ah, *philosophes!* – wenn wir *ernst* sein wollen, dann laßt uns die wirkliche apokalyptische Zukunft und wahrhaft furchterregende Dinge diskutieren: die Ich-Erweiterung, die Politik des Genusses, die Selbstverwirklichungsmasche, die Pharmakologie der Überfreude ...

Aber warum sollen wir das jetzt diskutieren. Ich wenigstens will mich damit begnügen, die Gesichter unserer Führer, der politischen und geistigen, anzusehen an dem Tag, wo sie aufwachen und über die Schulter zurückblicken und zum erstenmal wahrnehmen, wie ihre einstmaligen Gefolgsleute – *glückliche Arbeiter!* – genau in umgekehrter Richtung durch Gottes eigenen amerikanischen Ozon rasen – *apokalyptische Reiter!* –, auf ihren Eigenbaumaschinen hockend – *genießet!* –, auf den 300-PS-Chevrolet V8-Maschinen dieser Welt ... ohne Sattel ...

Teil Eins

1 Die Pump House Gang

Unsere Jungens flippen nie aus. Der Scheintote hat schwarze Füße. Schwarze Füße am abbröckelnden Scheintoten. Scheiintoot. Mie-dah. Pam Stacy, 16jährig, ein schnuckeliges Mädchen hier in La Jolla, Kalifornien, mit orangefarbenen Hosen mit Schlag, die man mit dem Schuhlöffel anziehen muß, sitzt etwa vier Stufen unterhalb des Treppenabsatzes zum Strand hin, und sie sieht, ohne den Kopf zu heben, vor sich ein Paar abstoßender schwarzer Füße. Da sagt sie es laut heraus: «Der Scheintote.»

Und einer, der weiter unten auf den Stufen sitzt, einer der Jungen mit *Militärhaarschnitt* und Khakishorts sagt: «Die schwarzen Füße des Scheintoten.»

«Mie-dah», sagt einer von den anderen. Das ist nämlich das Kriegsgeschrei eines, na ja, *Untergrund*vereins, bekannt als die Mac Meda Destruktivgesellschaft.

«Der Scheiintoote.»

«Der Schweiintoote.»

Alle diese Burschen, siebzehn insgesamt, Mitglieder der Pump House-Truppe, lümmeln gegen 11 Uhr morgens am Windansea Beach, La Jolla, Kalifornien, um die Treppen herum, und alle blicken auf die schwarzen Füße, die nämlich die schwarzen Straßenschuhe einer Frau sind, aus denen ein Paar alter weißer Knöchel herausragen mit Krampfadern, die wie ein seniler Kegel heraufführen zu einer formlosen Masse talgigen, aufgedunsenen Fleisches, zu ihren Schenkeln, die sich aus ihrem Badeanzug herausquetschen, mit alten, allmählich verschwindenden gelben Druckflecken, die sie vielleicht gekriegt hat, als sie drei Meter laufen mußte, um einen Bus oder irgend so etwas zu bekommen. Sie steht da mit ihrem alten Arbeitspferdmänne, der *Sandalen* trägt: wohlgemerkt, ein Paar marineblaue Socken und dann diese Sandalen mit großen, breiten, noch neu riechenden Ledergurten, die über Kreuz verlaufen, *fürs Leben*. Mensch, die sehen wie orthopädische Sandalen aus, wenn man sich das vorstellen kann. Offensichtlich kommen diese Leute aus Tucson oder Albuquerque oder einer dieser hochnäsigen «mexikanischen» Städte. All diese hochnäsigen, zerbröckelnden Schwarzfüße kommen übers Wochenende aus ihren Mexikanerstädten nach La Jolla-an-der-See. Die fahren sogar mit Autos, die vollgestopft sind mit Thermosflaschen und mayonnaisetriefenden Butterbroten, und eine Art geflochtene Rückenstütze haben für die alte Schindmähre, die fährt, und Faltrollos vor dem Heckfenster.

«Der Scheintote.»

«Scheiintoot.»
«Schweiintoot.»
«Mie-dah.»

Keiner sagt es den beiden alten Schindmähren ins Gesicht. Mein Gott, die müssen ja praktisch 50 Jahre alt sein. Natürlich schleppen sie allen möglichen Schund mit sich rum: Aluminiumklappstühle, Zeitungen, das Buch aus der Leihbücherei mit dem durchsichtigen Plastikeinband, Sonnenbrille, Sonnenöl, einen ganzen Kübel voll Klebe ...

Es geht sich um ein mexikanisches Unentschieden. Bei einem mexikanischen Unentschieden kneifen die beiden Gegner nur die Augen zusammen und funkeln einander an, aber keiner schlägt zu. Natürlich würde keiner von der Pump House Gang diese Leute je anrempeln oder sie direkt anreden. Dafür sind sie viel zu cool.

Jeder von den Pump House-Leuten sieht hinüber, selbst Tom Coman, der ein ganz cooler Burscher ist. Tom Coman, 16 Jahre alt, wurde gestern Abend aus seiner Garage rausgeworfen. Er sitzt oben auf dem Treppengeländer hoch über dem Strand, die Beine weit geöffnet. Ein hübsches großes, geschmeidiges Mädchen mit weiter gelber Hose steht auf dem Gehweg, hält ihn dabei jedoch mit den Armen umschlungen und lehnt sich an. Neale Jones, 16, ein Bursche mit langem, strähnigem, perfektem Surfer-Haar, steht daneben mit einem Pflaster auf der Oberlippe, wo die Sonne die Haut verbrannt hat. Die kleine Vicki Ballard steht oben auf dem Gehweg. Ihre ältere Schwester Liz ist unterhalb der Treppe, am Pump House selbst, einem Betonblock, fünf Meter hoch, voller Maschinen für die Wasserversorgung von La Jolla. Liz trägt wieder ihre große «Liz»-Aufmachung, eine plumpe Weste aus Kaninchenfell und schwarze Lederstiefel über ihre Levis, obwohl hier draußen etwa 30 Grad im Schatten sind und die Sonne da oben angeschlossen ist wie Gottes eigene Zahnarztlampe und obwohl der Pazifik sich in einer leichten bis mittleren Brandung aufwirft. Kit Tilden lümmelt sich herum und Tom Jones, Connie Carter, Roger Johnson, Sharon Sandquist, Mary Beth White, Rupert Fellows, Glenn Jackson, Dan Watson aus San Diego. Sie sind alle hier draußen, und alle gucken sich die Scheintoten an.

Der alte Bursche, meint einer, weißt du, der muß praktisch 50 Jahre alt sein. Und der sagt zu seiner Frau: «Komm, gehen wir weiter rauf», und er ergreift ihren fetten Unterarm, als wolle er sie herumwirbeln, um sie von hier wegzudrängen.

Aber sie sagt: «Nein! Wir haben dasselbe Recht, hier zu sein, wie die.»

«Aber *darum geht es gar nicht* ...»

«Willst du etwa ...»

«Mrs. Roberts», sagt der Arbeitspferdmänne und nennt seine Frau bei ihrem offiziellen Familiennamen, als wolle er ihr damit bedeuten, daß sie einst das Ehegelöbnis gegeben hat und daß sein Wort Gesetz sei, selbst wenn er es hier bei den blonden Leuten nicht auf die Probe stellen will –

«weiter rauf, *Mrs. Roberts.*»

Sie schicken sich an, den Gehsteig weiter nach oben zu gehen – aber einer der Burschen zieht die Beine nicht ein, und, ach Gott, ihr Arbeitspferdmänne setzt ein schrecklich wabbeliges Zahnpastagrinsen auf, während sie über die Beine wegsteigt, als wolle er sagen, verzeihen Sie, Sir, ich möchte, bitte schön, auch gar keine Schwierigkeiten machen, und erheben Sie und Ihre Kollegen sich bloß nicht, um mich anzurempeln – um *Wir haben ihn* zu brüllen . . .

Mie-dah!

Doch Tatsache! Der Strand ist für Leute, die praktisch 50 Jahre alt sind, *verboten.* Es ist ein Strand mit Rassentrennung. Da blickt man runter auf den Windansea Beach und sieht nichts als schlanke braungebrannte junge Leute. Da steht auch ein Schild «Schwimmen verboten» (aus Sicherheitsgründen), was bedeutet, hier darf man nur wellenreiten. In Wirklichkeit ist dies jedoch ein Strand mit Alterstrennung. Von Los Angeles angefangen, die ganze Küste von Kalifornien hinunter, ist dies ein Gebiet der Alterstrennung. Die Menschen haben schon immer dazu geneigt, sich nach Altersgruppen voneinander abzusondern, wobei die Teenager sich an andere Teenager hielten, alte Leute sich an alte Leute, wie die alten Männer, die in der Nähe vom Zoo in der Bronx auf den Bänken sitzen und schwarze Zigarren rauchen. Einst aber gab es die Alterstrennung innerhalb einer größeren Gemeinschaft. Früher oder später am Tag schlüpfte dann jeder wieder in das alte Gemeinschaftsnetz zurück, das praktisch alle umfaßt, alle Altersgruppen.

Aber heutzutage in Kalifornien hängen die Surfer, ganz zu schweigen von den Rock 'n' Roll Kids und den Hotrodders oder den Hair Boys, die ihren Namen auf Grund ihrer phantasievollen Pompadourfrisuren haben – überhaupt von allen Arten jugendlicher Gruppen –, nicht mehr bloß zusammen rum. Sie bilden abgeschlossene kleine Gesellschaften für sich. In einigen Fällen leben sie monatelang zusammen. Der «Sunset Strip» auf dem Sunset Boulevard war einmal eine Art Times Square für die feinen Hollywood-Pinkel aller Altersgruppen, für jeden, der seine Version von Highlife zur Schau stellen wollte. Heute ist «The Strip» fast völlig ein Reservat für Jugendliche zwischen etwa 16 und 25. Ein Go-go-Club nach dem anderen. Einer von ihnen, der sich It's Boss nennt, ist strikt nur für Leute zwischen 16 und 25, und die lassen auch keinen über 25 rein, und so kommt es zu furchtbaren Ich-sterbe-tausend-Tode-Szenen, wenn da ein Mädchen mit ihrem Freund ankommt, und der Bursche an der Tür von It's Boss nicht glaubt, daß sie noch wie unter 25 aussieht und ihr dann sagt, daß sie einen Ausweis vorzeigen muß, der beweist, daß sie jung genug ist, hier hineinzukommen und die Strip-Art des Lebens zu leben – und dann ist das Mädchen *bedient,* weil sie keinen Ausweis bei sich hat, und weil nichts in der Welt eine Frau dummer aussehen läßt, als dazustehen und zu behaupten, *ich bin jünger als ich aussehe.* Also fällt sie vor ihrem Freund praktisch wie ein peruanischer Schrumpfkopf zusammen, und er schiebt sie weg und sucht ein Lokal, wo man einen so alten Zahn wie diesen reinkriegt. Einer der wenigen noch verbliebenen Clubs für «ältere Leute» ist sonderbarerweise der Playboy-Club. Es gibt auch Apartmenthäuser für Leute von ausschließlich 20 bis 30, wie das Sheri Plaza in Hollywood und die E'Questre Inn in Burbank. In den Vorstädten gibt es ganze Siedlungen, meist private Objekte, wo nur Leute über 45 oder 50 ein Haus erwerben können. Mittlerweile sind ganze Städte als «jung» etikettiert worden: Venedig, Newport Beach, Balboa – oder «alt»: Pasadena, Riverside, Coronado Island.

Bei vielem – besonders wenn sich die ganze Nachtclubgegend einer größeren Stadt, wie «The Strip», auf Teenager einstellt – steht einfach Geld dahinter. Der Zweite Weltkrieg und der Wohlstand, der darauf folgte, haben unglaubliche Mengen Geld in die Bevölkerung gepumpt, zumindest in die weiße Bevölkerung, und zwar in jede Gesellschaftsschicht. Plötzlich gibt es hier ein Gebiet mit Tausenden von Leuten im Alter zwischen 16 und 25, die an genügend Geld rankommen, um einen ganzen Nachtclubgürtel am Leben zu erhalten und um die Autos zu haben, die man braucht, um hinzufahren, und in einer ziemlich mondänen Badeortgemeinde wie La Jolla ihre eigenen autonomen Welten erschaffen.

Tom Comans Garage. Irgendein alter Widerling hat Tom Coman seine Garage weggenommen, und das bedeutet, daß acht oder neun Surfer jetzt kein Dach mehr über dem Kopf haben.

«Ich bin heute morgen vorbeigegangen, du solltest dir den Kerl mal angucken», sagt Tom Coman. Die Gelbe Stretch-Hose bewegt sich nicht. Sie hat die Arme um seine Taille geschlungen. «Der war draußen beim Anstreichen und hatte einen Pinsel und mindestens einen Hektoliter Salmiakgeist dabei. Der wollte mich da offenbar rausschrubben.»

«Was hat er denn mit den Möbeln gemacht?»

«Weiß ich nicht. Er hat sie rausgeschmissen.»

«Und was machst du jetzt?»

«Weiß ich nicht.»

«Und wo kommst du unter?»

«Weiß ich nicht. Ich bleib am Strand. Wär nicht das erste Mal. Ich hab drei Jahre kein Dach über dem Kopf gehabt, darüber mach ich mir doch jetzt keine Sorgen.»

Alle denken eine Weile darüber nach. Die Gelbe Stretch-Hose bleibt einfach an ihm hängen und lächelt. Tom Coman, 16 Jahre alt, pfeift dem Schicksal wieder mal ins Gesicht. Eines der Mädchen sagt: «Du kannst bei mir bleiben, Tom.»

«Hm. Wer hat eine Zigarette?»

Tom Coman steckt sich eine Zigarette an und sagt: «Machen wir doch einen auf destruktiv.» Auf destruktiv machen ist das, was in einer Garage passieren kann, wenn acht oder zehn Surfer rausgeschmissen worden sind.

«Mie-dah!»

«Wäre das nicht *bitchen?*» sagt Tom Coman. Bitchen ist ein Surfer-Ausdruck, der normalerweise «Klasse» bedeutet.

«Bitchen!»

«Mie-dah!»

Es ist unglaublich – der alte Kerl da draußen versucht, das ganze Surfer-Leben aus der Garage rauszuschrubben. Er ist eine traurige Gestalt. Seine Schultern hängen runter, und er plackt und schrubbt vor sich hin, und die Sonne bräunt ihn nicht einmal, sie verschafft ihm bloß diese . . . *Flecken* im Nacken. Macht nichts! Zum Teufel mit destruktiv. So richtig destruktiv, das geht nur spontan, das ist ein dionysischer . . . *Ausbruch,* wie die Löcher in der Wand auf der großen Mac Meda Destruction Company Convention in Manhattan Beach . . . Mie-dah!

Wird schon irgendwie schiefgehen. Eine magische Wirtschaftswelt – jawohl! – die ganze Küste entlang von Los Angeles bis Baja California können die Jugendlichen in eine dieser Strandstädte gehen und das vollkommene Surfer-Leben praktizieren. Sie können von zu Hause abhauen und an den Strand gehen, und wenn sie irgendeine Unterkunft brauchen, mietet einer eine Garage für 20 Piepen im Monat, und alle ziehen ein, Mädchen und Jungen. Möbel – das ist gewissermaßen so, man *beschafft sich* Möbel hier und da. Das ist genau wie mit den Volkswagenbussen, die heute eine ganze Menge Burschen statt der Woodies als Strandwagen benutzen. Woodies sind alte Kombis, im allgemeinen Fords aus der Zeit vor 1953, die noch hölzerne Chassis haben. Was an einem Volkswagenbus so ungeheuer praktisch ist, ist die Tatsache, daß man . . . den Motor in etwa drei Minuten *austauschen* kann. Ein guter VW-Motor-Austauscher geht an einen geparkten Volkswagen ran, dann ein paar Drehungen mit dem Schraubenschlüssel hier und da, raus damit, und er hat einen neuen Motor. Es dürfte schon eine ganze Menge netter alter Scheintoter in der Gegend geben, die sich fragen, warum ihre niedlichen Männe-Muttchen-VWs nicht mehr so gut laufen – und . . . dann . . . machen . . . sie . . . sich . . . vielleicht . . . Gedanken . . . über . . . eine . . . Menge . . . wunderlicher . . . Dinge. So ist das.

Bargeld liegt praktisch in der Luft. In der Stadtgegend von La Jolla kann man einfach auf die Straße gehen und sich hinstellen, Autos anhalten und freundlich tun. Mister, ich hab 25 Cents, wie wär's mit 50 Cents dazu, damit ich mir ein *großes* Bier kaufen kann. Oder ich brauche ein paar Après-Ski-Stiefel. Und die Scheintoten schenken einem ein Zahnpastalächeln und löhnen. Oder wenn einer weiß, wie man das macht, kann er 40 Dollar dafür kriegen, daß er eine Nacht lang Muscheln ausgräbt, und es ist schön da draußen. Oder er kann auch rumlaufen und für eine Fäßchen-Party sammeln, ein Fäßchen Bier. Mann, wer da nicht wenigstens 25 Cents für ein Fäßchen gibt, der ist doch ein armer Wicht. Ein paar gute Fäßchensammlungen – das bedeutet schon eine Reise nach Hawaii, und das ist die Surfer-Version einer Reise nach Europa: denn in Hawaii gibt es großartige Wellen, und da ist überhaupt alles großartig. Neale hat im vergangenen Jahr drei Wochen in Hawaii verbracht. Eine Freundin hatte ihm 30 Dollar gegeben, hier und da hatte er sich noch was geschnorrt und 70 Dollar zusammenbekommen und mit 100,02 Dollar ist er dann nach Hawaii abgedampft, denn das war genau der Preis für die Flugkarte, und als er da ankam, hat er sich 25 Cents geliehen, um . . . den ganzen Ort auf den Kopf zu stellen. Die 25 Cents gab er in einer Fotokabine aus, zeigte die Fotos Aufnahmeleuten bei den Filmaufnahmen zu ‹*Hawaii*› und bekam so eine Rolle in dem Film. Was soll all das große Tamtam um Geld? Es ist schließlich warm, niemand trägt noch Schuhe, und keiner muß hungern.

All right, die Mutter macht sich Sorgen, aber das sind doch begrenzte Sorgen, wie John Shine sagt. Größtenteils sagt die Mutter *Sayonara*, euch allen, und man macht sich auf zum Strand.

Interessant ist, daß alle, praktisch alle, aus gutem Hause kommen. Jeder hat . . . *eine gute Kinderstube genossen*, wie man sagt. Jeder ist sehr obere Mittelklasse, wenn man das so ausdrücken will. Nur, daß das Ganze ein neuer Orden ist. Warum in dem Männe-Muttchen-Haushalt rumhängen, wo alle aneinander neurotisch werden und die Türen zuschlagen und sagen: Warum kann man hier nicht mal allein sein? Oder: Es bedeutet euch überhaupt nichts, daß ich für euren Lebensunterhalt arbeiten muß, ist es nicht so? Es bedeutet dir nichts. Ihr liegt hier alle bloß rum, setzt euch in den großen orangefarbenen Sessel und raucht Zigaretten. Ich würde es auch hassen, wenn ihr im Stehen rauchen müßtet, denn davon würdet ihr vielleicht Krampfadern kriegen – aber jetzt hör mir mal zu, Sarah . . .

. . . warum all das durchmachen? Hier draußen ist das Leben schön. Keiner macht sich an den anderen wegen Geld und Zuneigung heran. Hier draußen gibt es eine Menge intelligenter Leute und eine Menge interessanter Dinge. Eines Abends gab es eine Toga-Party in einer Garage, und alle kamen in Bettlaken, wie Togas um den Körper geschlungen, Mädchen und Jungen, und sie hatten auch die passende Fernsehkulisse mit einem alten Deanna Durbin-Film, drehten den Ton ab und legten statt dessen Rolling Stones-Platten auf. Ihr hättet sehen sollen, wie Deanna Durbin ihr schmollendes Kirschmündchen öffnete und Mick Jaggers Stimme dazu brüllte *I ain't got no satisfaction*. Natürlich haben sie sich später dann gegenseitig die Togas runtergerissen, aber das steht auf einem anderen Blatt. Und einmal hatten sie unten am Strand von Mission Bay eine Fäßchen-Party, und die Lichter vom Vergnügungspark reflektierten überall draußen auf dem Wasser, und alles, das ganze Design der Sache, diese verrückten Lichter, war Teil der Party. Liz löschte das Feuer, indem sie einen «Sandtrunk» oder irgendsowas darauf warf. Man kann Liz auslachen wegen ihrer Tränke. wegen ihrer Geisterbeschwörung und all solcher Sachen, aber sie verwendet doch eine Menge Gedanken darauf, eine ganze Menge von, na ja, Mystizismus.

Man kann auch über Mystizismus lachen, wenn man will, aber da unten lebt ein Bursche, Larry Alderson, der zwei Jahre bei einem Mönch verbrachte, und da hat er eine Menge Sachen gelernt, und Artie Nelander will den nächsten Sommer bei irgendeinem Stamm in der Äußeren Mongolei verbringen. Das will er wirklich. Vielleicht ist dieses ganze «Mysterioso» bloß Kappes, aber trotzdem ist es interessant. Die Surfer am Pump House benutzen das Wort mysterioso ziemlich häufig. Es bezieht sich auf das Geheimnis des Allmächtigen Dräuenden Pazifischen Ozeans und alles das. Manchmal starrt einer hinaus auf die Brandung und sagt: «Mysterioso.» Sie erzählen die Geschichte, wie Bob Simmons abgekratzt ist, und irgendeiner sagt dann: «Mysterioso.»

Simmons war ein phantastischer Surfer. Er war phantastisch, obwohl er ein kaputtes Bein hatte. Er ging an die wirklich großen Wellen ran. Eines Tages erwischte es ihn in Windansea. Wenn eine große Welle einen Surfer überholt, treibt sie ihn direkt auf den Grund. Sein Surfbrett tauchte wieder auf, aber er selbst ist nie wieder hochgekommen, und man hat nie seine Leiche gefunden. Sehr mysterioso. Die Scheintoten haben viel darüber geredet, was «dem Simmons-Jungen» geschehen war. Aber wirklich mysterioso war, wie er überhaupt hatte sterben können. Wenn er einer der alten Scheintoten gewesen wäre, zum Teufel, natürlich hätte er getötet werden können. Aber Simmons war doch einer in ihrem Alter, er war ein Bursche, der in der Pump House Gang hätte sein können, er war . . . *immun,* er paßte in das ganze Schema, er konnte die ganze Allmächtige Dräuende See fühlen, er brauchte nicht Schritt um Schritt zu überlegen. Doch er wurde erledigt und getötet. Sehr mysterioso.

Immun! Wenn einer zur Pump House Gang gehört und wirklich auf derselben Welle sendet, dann ist man – nun, man ist . . . *immun,* man kennt nicht diese Scheintotenpanik. Zwei Kids, ein 14jähriges Mädchen und ein 16jähriger Junge, gehen im Morgengrauen, mitten im Winter, der teuflisch kalt ist, raus an den Strand von Windansea und nehmen es ganz allein mit vier Meter hohen Wellen auf. Das Mädchen, Jackie Haddad, Tochter eines Steuerberaters, schrieb, bloß so für sich, einen Aufsatz darüber, den sie «Meine größte Reise» nannte:

«Es war 6 Uhr morgens, feucht, nebelig und kalt. Wir spürten die scharfe Luft auf unseren Wangen. Am Vorabend hatten mein Freund Tommy und ich einen der größten Surfer-Filme gesehen, ‹*Surf Classics*›. Der Film hatte uns so erregt, daß wir beschlossen, am folgenden Morgen wellenreiten zu gehen. Deshalb fanden wir uns an einem frühen Dezembermorgen auf dem kalten, nassen, quatschenden Sand von Windansea ein.

Wir waren die ersten Surfer am Strand. Die Wellen rollten mit zwei bis drei Meter Höhe heran, gelegentlich war auch mal eine Viermeterwelle darunter. Wir wachsten unsere Surfbretter und warteten auf einen ruhigen Augenblick. Der kam dann, keiner von uns sagte ein Wort. Wir nahmen sofort unsere Bretter und rannten ins Wasser. Das Rauspaddeln war schwierig, da wir eiskaltes Wasser nicht gewohnt waren.

Wir schafften es kaum, über die erste Welle der Brandung wegzukommen, es war eine große Flutwelle. Plötzlich gewann Tommy dann unheimlich an Geschwindigkeit und schoß an mir vorbei. Er kam oben hinauf auf die größte Welle. Es hat mich nicht schlimm erwischt, als ich darunter abrollte. Die Welle nahm mich fast zwanzig Meter mit, bevor sie ihre Kraft verlor. Ich kletterte nach Luft schnappend wieder auf mein Brett. Ich paddelte dorthin, wo Tommy sich ausruhte. Er lachte mich aus, weil ich schon ganz naß war. Ich habe ihm beinahe eine heruntergehauen, aber dann begann auch ich zu lachen. Wir ruhten uns ein paar Minuten aus und richteten dann unsere Position nach einer bekannten Markierung am Strand aus.

Ich bin zuerst los. Ich ging hart ran und begann dann, die Welle hinaufzuklettern. Ein heftiges Zurückschwappen brachte mich aus dem Gleichgewicht, und ich fiel, kaum daß ich mein Brett festhalten konnte. Ich kam gerade noch rechtzeitig wieder zu Rande, um Tommy über eine Dreimeterwelle wegsausen zu sehen. Sein Brett schoß fast zehn Meter in die Luft. Glücklicherweise konnte ich es mir schnappen, bevor die nächste Welle anlief, so daß Tommy nicht die ganze lange Strecke zurückschwimmen mußte. Ich stieß ihm sein Brett zu und lachte. Plötzlich schrie Tommy: ‹Außen rum!›

Wir paddelten beide wie die Wilden. Wir schafften es kaum, noch auf die letzte Welle raufzukommen, sie war ein Ungeheuer. Genau auf die Sekunde drehten wir uns dann herum, und ich bin los. Ich schnitt links hin rein, dann wieder zurück, und steuerte ganz stur auf den berühmten Windansea Pavillon los. Als ich mich runterhockte, schlug eine Riesenwand von Energie auf mich nieder, deckte mich zu. Ich tauchte wieder auf, um mehr Geschwindigkeit zu kriegen und schoß aus dem raschen Sog genau rechtzeitig raus, um in dem Augenblick auszusteigen, als die Welle auslief.

Als ich mich umdrehte, sah ich, wie Tommy wunderschön reinfuhr, dann stieg die Welle bis zu ihrem Gischtpunkt und fiel plötzlich zusammen. Es war wie ein Wunder, daß er aus dem Sog rauskam. Er drehte um, bremste seitlich und stieg im Zurückrutschen aus.

Unsere letzte Welle war die größte. Als wir wieder an den Strand kamen, ruhten wir uns aus, keiner sagte ein Wort, aber jeder war ganz in seine eigene Gedankenwelt versunken. Nachdem wir uns ausgeruht hatten, gingen wir nach Hause. Wir waren etwa auf halbem Weg, als es zu gießen anfing. Am Abend waren wir beide bös erkältet, aber wir fanden, daß die Begeisterung und Genugtuung eines so besonders schönen Surfing-Tages den Schnupfen wert gewesen war.»

John Shine und Artie Nelander sind jetzt gerade da draußen. Sie sind wirklich «draußen», etwa eine Fünftel Meile vom Strand entfernt, außerhalb der Zone, wo sich die Wellen brechen. Sie stehen auf ihren Surfboards, die Rücken zum Strand hin, sehen hinaus zum Horizont und warten auf eine gute Welle. Ihre Rücken sehen aus wie lachsfarbene Porzellanmuscheln, ein paar winzige Muscheln, die rauf und runter tanzen, während unter ihnen die Brandung rollt, und sie sehen auf die See hinaus wie phrygische Sakristane, die auf ein Zeichen warten.

John und Artie! Die sind – die sind das, was man meint, wenn man über das Surfing-Leben redet. Das ist gewissermaßen so, daß sie dieses Leben ganz für sich allein haben. Es ist wie ein Boot mit einem gläsernen Boden, und das gleitet über die «wirkliche» Welt hinweg oder die spießige Welt oder wie immer man sie nennen will. Sie sind nicht eigentlich in einer Welt, die nur ihnen gehört, sie sind es und doch wieder nicht. Sie gleiten gewissermaßen durch die wirkliche Welt, aber sie kann ihnen nichts anhaben. Sie machen einfach solche Sachen wie damals, als sie nach Malibu gingen, und da war diese Party in der Wohnung von einem der Burschen, und da gab es nicht genügend *legale* Parkplätze für alle, und so ging einer raus und strich die roten Rinnsteine weiß an, und alle hatten Platz zum Parken. Dann kamen die Bullen. Alle liefen raus. Artie und John nahmen einen Flughafenbus zum Los Angeles Airport, genauso, als wollten sie mit einer Maschine wegfliegen. Sie trugen Khakihosen und T-Shirts, auf die mit Schablonen Mac Meda Destruction Company aufgedruckt war. Dann nahmen sie einen Hubschrauber nach Disneyland. In Disneyland trug der verrückte Ditch seinen großen Regenmantel und hatte eine ganze Menge Flaschen darunter an seinen Körper festgebunden, Scotch, Bourbon und all solch Zeug. In den Flaschen steckten Plastikröhrchen, die vorne aus seinem Regenmantel heraushingen, und alle schlürften Whiskey aus den Röhrchen . . .

Ooooo – Mie-dah! Sie singen diesen Schlachtruf, Mie-dah, mit einer richtig schauerlich tiefen Stimme, und das *geht den Leuten echt auf die Nerven.* Sie wissen ums Verrecken nicht, was der bedeutet. Es ist der Schlachtruf der Mac Meda Destruction Company. Die Mac Meda Destruction Company ist . . . eine *Untergrund*gruppe, die vor etwa drei Jahren in La Jolla angefangen hat. Keiner kann sich genau daran erinnern wie. Darüber streiten sie sich manchmal. Die Company ist sowieso im wesentlichen etwas, womit man Leuten *auf den Wecker fallen* und riesige Bierorgien veranstalten kann. Die Company hat ihre eigene

Scheintelefonnummer in La Jolla. Sie haben auch Mac Meda Destruction Company-Aufkleber. Die kleben sie auf Telefonhäuschen, auf Autos, überall hin. Irgend so ein Muttchen-Männe kommt dann aus dem Einkaufszentrum und geht rüber zu seinem Mustang, der ihn jetzt angeblich zu einem ungeheuren Tiger macht, und sieht dann so einen Aufkleber an seiner Wagentür, auf dem «Mac Meda Destruction Company» steht, und gut zwei Tage lang glaubt er dann, daß der Himmel einstürzen wird.

Aber die ganz große Sache sind die Parties, die «Conventions». Jeder kann mitmachen, alle Kids, alle können kommen, wenn sie etwas davon gehört haben, und gehört haben davon können sie nur durch Mundpropaganda. Eine «Convention» fand im Sorrento Valley statt, in den Flußtälern und Schluchten, und als die Polypen kamen, legten die älteren Burschen die jüngeren und die Völligweggetretenen, die schon bis zu den Kiemen vollgelaufen waren, in die Binsen, und die Bullen richteten ihre Scheinwerfer darauf, und alles was sie sahen, waren Binsen, während die Weggetretenen mit rotem Kopf vor sich hin stöhnten und sich auf die Bäuche sabberten wie Reptilien und alle anderen die Flußtäler entlang rannten und Mie-dah schrien.

Die letzte «Convention» war in einem klapprigen Haus in Manhattan Beach. Die Party wurde *sehr* dionysisch an dem Abend, und einer haute ein Loch durch die Wand, und alle anderen beschlossen, einmal auszuprobieren, ob sie das Loch nicht noch größer machen könnten. Sie waren bis über die Ohren voll, und als es so etwa halb vier Uhr war, beschlossen alle, sich die Unruhen anzusehen. Es handelte sich um die Rassenunruhen in Watts. Die *Los Angeles Times* und die *San Diego Union* hatten gemeldet: WATTS, EIN NIEMANDSLAND und MEIDET WATTS, TODESGEFAHR, aber natürlich glaubte das niemand. Watts war eine ungeheure Sache, und die Pump House Gang war immun gegen das schlotternde Panikgerassel der *Los Angeles Times*-Scheintoten. Immun!

Also setzten sich John Shine, Artie Nelander und Jerry Sterncorb in Johns VW-Bus, bekannt als der Stahl-Eber, und fuhren nach Watts. Gary Wickham und ein paar andere Burschen waren in einer Bar einem alten Mann begegnet, der sagte, daß ihm in Watts ein Haus gehörte und daß ihn die besoffenen Nigger daraus vertrieben hätten. Also fuhren sie in ihrem Wagen los, um das Haus des Alten vor den besoffenen Niggern zu retten. Artie und John hatten ein Tonbandgerät und beschlossen, eine Aufnahme zu machen, die dann «Geräuschkulisse der Rassenunruhen in Watts» heißen sollte. Sie fuhren mit dem Stahl-Eber direkt nach Watts hinein, und dort war Blut auf der Straße, und Dächer flogen von den Geschäftshäusern, und man sah die aprikosenfarbenen Flammen und die betrunkenen Neger, die durch das splitternde Spiegelglas der Spirituosenhandlungen flogen. Artie machte eine hübsche Aufnahme von einem Haufen Neger, die «burn, baby, burn» schrien. Sie stiegen aus und redeten mit ein paar jungen Negern, die mit einer ganzen Gang in einen

Möbelläden zogen, und die jungen Neger sagten nicht «Bringt die Whiteys um» oder «Schnappt sie euch» oder irgend etwas Ähnliches. Sie sagten bloß: «Kommt doch mit, Mensch, das ist eine große Party, und alles umsonst.» Nachdem sie etwa drei Stunden drin gewesen waren, sich mit Negern unterhalten und die Besoffenen in den Spirituosenläden hatten zusammenbrechen sehen, fuhr mit quietschenden Bremsen ein Bulle mit Helm an sie ran und sagte: «Schert euch bloß zum Teufel, ihr Burschen, wir können und werden euch keinen Schutz gewähren.»

Mittlerweile fuhren Gary Wickham und seine Freunde in einem Wagen mit dem Alten, und *tatsächlich* hielt sie ein Wagen mit Negern an, und die sagten *«Whitey»* und *«Schnappt sie euch»* und all solche Sachen, aber einer der Jungens in Garys Wagen hielt bloß eine Pistole, die er hatte, aus dem Fenster, und da fuhren die farbigen Burschen wieder weg. Gary und die anderen fuhren den Alten zu seinem Haus, alle gingen hinein und machten sich einen großartig aufgedrehten Abend, sie soffen Bier und machten richtig ein Faß auf. Ein paar Neger, Nachbarn von dem Alten, kamen rüber und beschwerten sich bei ihm, er solle nicht soviel Krach machen. Am Himmel konnte man Flammen sehen, und Ascheflocken mit kleinen Feuerrändern, die wie Aprikosenhörnchen aussahen, kamen heruntergerieselt. Der Alte wurde äußerst keck, was seinen «Schutz» betraf, und gegen Morgen ging er raus auf die Veranda und schrie ein paar Neger auf der anderen Straßenseite an: «Schluß mit den besoffenen Niggern in Watts», und machte eine Menge anderer unkluger Sprüche. Da stand Gary Wickham auf, und sie hauten alle ab. Insgesamt etwa vier Stunden waren sie dagewesen, und als sie wieder rausfuhren, mußten sie eine Sperre der Nationalgarde passieren, und ein Leutnant aus dem San Fernando-Tal machte ihnen klar, daß er ihnen weder Schutz gewähren würde noch könne.

Genauso war es! Watts war nur das, was zu der Zeit los war, wenigstens was die Unterwelt der Surfer von La Jolla angeht, und also geht man dorthin und sieht sich an, was passiert, und man kommt zurück und erzählt aller Welt davon und lacht über die *Los Angeles Times.* Das macht es ja so ungeheuer komisch, wenn all die Scheintoten herbeieilen, um sich den «Surfer-Stil» abzugucken, wie zum Beispiel die Textilfabrikanten. Sie haben überhaupt keine Ahnung, was er bedeutet. Es ist wie mit Archäologen, die Hieroglyphen von irgend etwas entdecken und dann sagen: Gott, wie großartig – Ägypten!, aber sie wissen trotzdem nicht die Bohne, worum es geht. Sie wissen überhaupt nichts vom . . . *Leben.* Es ist wunderbar, sich eine Menge alter, krampfaderiger Scheintoter im Textilgetto von New York City vorzustellen, die sich in die Stadt vorkämpfen gegen einen zähen 30-Kilometer-die-Stunde-Wind voller Ruß und kaffeebraunen Schnees und dann im Aufzug keuchen, um ihre alten Nikotinschleimluftröhren auf dem Weg nach oben freizumachen, damit sie ihre Rechnungen für eine Menge Surfer-Kram ausstellen können: die großen Nylonwindjacken mit den breiten weißen, quer laufenden Wettkampfstreifen, Nylonbadehosen mit Wettkampfstreifen, Hosen mit Schlag für Mädchen, die großen haarigen Jacken ohne Ärmel, Westen, die blauen «Tennies», was Tennisschuhe bedeutet, und den . . . *Look*, das Haupthaar, all dies lang fallende blonde Haar, das offene Gesicht, gewissermaßen zugleich gebräunt und gebleicht, aber mit großen Augen. Alles beginnt an einigen Orten, in wenigen strategischen Gruppen, von denen die Pump House Gang eine ist, und dann macht es seinen Weg den Strand hinauf zu Städten wie Newport Beach bis ganz weit oben nach Malibu.

Es gibt tatsächlich auch eine Art Geben und Nehmen mit ein paar von den älteren Burschen, den alten Surfer-Helden wie Bruce Brown, John Severson, Hobie Alter und Phil Edwards. Bruce Brown macht gerade einen von diesen unglaublichen Surfer-Filmen, wo er selber draußen in der Brandung ist und Phil Edwards filmt, wie er in Hawaii eine Sechsmeterwelle runterkommt, und Phil hat eine Nylonbadehose an, die er sich in Hawaii hat machen lassen, weil sie schnell trocknet – und das wirkt dann wie ein Lauffeuer. Jeder muß dann eine Nylonbadehose haben, und so kommen die Textilfabrikanten, und alle machen sie Nylonbadehosen im Stil einer Boxerhose, und schon bald kaufen alle jungen Leute in Utica, New York, eine solche Hose mit Wettkampfstreifen und allem, was dazugehört, aber von Phil Edwards haben sie nie etwas gehört.

So geht das also mit dem Geben und Nehmen – aber was soll's? Phil Edwards gehört jedenfalls dazu. Er mag zwar ein alter Mann sein, er ist 28, aber er und Bruce Brown, der sogar noch älter ist, 30, und John Severson, 32, und Hobie Alter, 29, haben nie gekniffen und sind nie in die Spießerwelt abgewandert, obwohl sie Tausende gemacht haben. Das Haar hat etwas mit Mut zu tun. Ein Junger, der «eine Menge Haare» hat, ist mutig; ein Bursche der «aushaart», ist feige.

Bruce Brown, Severson und Hobie Alter gelten als die «Surf-Millionäre». Millionäre sind sie eigentlich nicht, aber zu den führenden Geschäftsleuten südlich von Los Angeles gehören sie schon. Brown hat 1965, noch bevor sein Film ‹*Endless Summer*› überall in den Staaten zum Hit wurde, so um die 500000 Dollar gemacht; und er hat bloß drei Leute, die für ihn arbeiten. Er rutscht auf einem Surfbrett raus, die Kamera steckt in einem Plastikgehäuse. Er dreht seine Filme selbst, schneidet sie selbst, zieht selber damit rum und führt sie vor und gibt seinen eigenen Kommentar in Schuppen wie dem Städtischen Saalbau von Santa Monica dazu, wo in einer Woche 24000 Leute, 1,50 Dollar pro Kopf, kamen. Bezahlen muß er bloß die Kopien und die Saalmiete. John Severson gehört die große Surfing-Zeitschrift *Surfer*. Hobie Alter ist der größte Surfboard-Hersteller, jedes Brett von Hand gemacht. 1965 hat er 5000

Stück à 140 Dollar angefertigt. Außerdem hat er die «Hobie»-Boards, die breiten Rochenbretter, entworfen und kassiert 25 Cents für jedes verkaufte Stück. So hat er 1964 zwischen 900000 Dollar und 1 Million gemacht.

Mein Gott, wenn bloß alle so älter werden könnten wie diese Burschen und wüßten, daß noch nicht alles vorbei ist, wenn man über die schreckliche Grenzscheide rüber muß: 25 Jahre alt. Gemeint ist: *das Leben* weiterleben und sich nicht in das kleinkarierte Leben absaugen lassen, wenn so ein Versicherungsvertreter auf der Kante von deinem Polstersessel auf deiner prima Auslegeware sitzt, um dir zu verklaren, das Leben sei wie ein Rugby-Spiel, und du hockst da und nimmst das hin. Zum Teufel damit! Bruce Brown hat das Geld und *das Leben*. Er hat ein wunderbares Haus auf einem Felsen so zwanzig Meter über dem Strand bei Dana Point. Er ist verheiratet und hat zwei Kinder, aber da läuft nichts mit der Männe-Muttchen-du-fällst-mir-auf-den-Wecker-Schau. Sein Büro liegt bloß zwei Häuserviertel von seinem Haus entfernt, und er braucht nicht mal Straßen zu überqueren, um hinzukommen. Er schwingt sich auf seine Triumph-Feile und fährt den kürzesten Weg über ein paar unbebaute Grundstücke, und man sieht, wie er . . . *loskachelt* zur Arbeit über die unbebauten Grundstücke weg. Die Triumph haut in Löcher rein, knallt gegen Erdhaufen und Gerümpel, und Bruce Brown federt in die Luft, und der Motor stöhnt – brrruuuch – auf, und wenn er an den Bordstein vor seinem Büro kommt, lehnt er sich bloß nach hinten, zieht das Vorderrad hoch, hüpft rauf und steigt ab und geht barfuß ins Büro. *Barfuß*, warum nicht? Er trägt noch immer dieselben Sachen wie damals, als er außer Wellenreiten nichts gemacht hat. Er trägt ein verwaschenes graues Trikothemd, die Ärmel etwas über den Ellbogen abgeschnitten und eine ausgebleichte Cordhose. Sein Haar ist vom hellsten Maisgelb, das man sich vorstellen kann, flachsstruppig, praktisch weißgebleicht von der Sonne. Selbst seine Augen scheinen gebleicht zu sein. Er hat so etwas Regentonnen-alter-Apfelbaum-Tom-Sawyer-kleiner-ruppiger-Junge an sich wie Bobby Kennedy.

Manchmal wickelt er seine Geschäfte bei sich zu Hause ab. Er hat sich etwa fünf Meter unterhalb des Hauses noch einen Raum in die Klippen reinbauen lassen. Der ist wie ein großer hellgrüner Kasten in die Klippen eingesetzt, und drinnen befindet sich eine Polsterbank oder Liege, da kann man sich hinlegen, wenn man will, und auf den Pazifik blicken. Die Brandung kracht darunter wie irre gegen die Klippen. Er hat auch Telefon dort. Manchmal klingelt es, und Bruce Brown sagt hallo, und die Brandung kracht da unten vor sich hin, donnert wie verrückt, und der Mensch am anderen Ende, vielleicht einer vom Fernsehen in New York oder so ein ausgehaarter Filmfritze aus Los Angeles, sagt: «Was ist das bloß für ein Lärm? Hört sich ja an, als ob Sie draußen in der Brandung säßen.»

«Ganz richtig», sagt Bruce Brown, «ich hab meinen Schreibtisch jetzt draußen am Strand. Schön hier draußen.»

Der Mensch am anderen Ende weiß sich darauf keinen Vers zu machen. Wieder so ein Mister Tüchtig, der sich gerade seinen Dickdarm irgendwo bei einem dreistündigen Managerlunch aufgebläht hat, und jetzt ist er ganz Mister Großkotz-Werden-das-Kind-schon-richtig-Schaukeln.

«Am Strand?»

«Ja sicher. Viel kühler hier unten. Und tut einem auch richtig gut, bloß nicht dem Schreibtisch. Wissen Sie, was ich jetzt hab? Ein verzogenes Bein.»

«Verzogenes Bein?»

«Yeah, und dabei hat der Schreibtisch 800 Dollar gekostet.»

Diese ausgeflippten California Kids – der Mensch murmelt das sicher noch fünf Tage, nachdem Bruce Brown seinen Film pünktlich abgeliefert hat, vor sich hin, und Mister Wichtig-Tüchtig wühlt sich immer noch durch Berge von Aktennotizen oder hievt sich in das Bar-Abteil nach Darien – im selben Augenblick, in dem Bruce Brown und Hobie Alter beide auf ihren Motorrädern draußen auf dem unbebauten Grundstück in Dana Point sitzen. Hobie Alter hat seine Surfboard-Fabrik nachmittags um 2 Uhr verlassen, weil Wind aufkam, gut zum Katamaran-Segeln, und er wollte raus, um mal zu sehen, wie weit er seinen neuen Katamaran koppheistern könnte, ohne baden zu gehen, und er hat ihn kentern lassen, etwa eine halbe Meile draußen im Tidewasser, und es war ein Scheißspiel, das Ding wieder aufzurichten. Aber schließlich hat er es geschafft, und er war rechtzeitig zurück, um mit Bruce Brown auf dem Grundstück ein paar Runden zu drehen. Da sind sie nun, knattern über die Furchen, federn in die Luft, und immer wieder ziehen sie ganz am Rand hoch, so daß sie . . . fliegen, so zwei Meter über die Erde hochschießen, wenn die Räder die Bodenwelle verlassen – brrruuuch – die Leute in den Häusern drumherum kommen an die Tür und gucken. Die beiden . . . Narren haben es wieder mal drauf. Sie können allerdings bloß 20 Minuten Rabatz machen, denn etwa so lange brauchen die Bullen, bis sie hinkommen, wenn einer die Nase voll hat und anruft, und welcher tüchtige Geschäftsmann möchte sich schon von den Bullen von Dana Point verschleppen lassen, weil er mit seinem Motorrad auf einem unbebauten Grundstück ein paar Runden gedreht hat.

Bruce Brown hat alles so eingefädelt, daß keiner in der ganzen aufgeblähten Scheintoten-Gummiwelt ihm ein Bein stellen kann. Er hat in den Sierras einen ganzen Wald gekauft. Nichts wie Bäume. Seine eigene Wildnis: kein Haus, rein gar nichts, bloß Bruce Browns Wald. Herrliche Sachen passieren da. Einiges Tages, kurz nachdem er ihn gekauft hatte, war er an seinem Waldrand, wo die Straße reinführt, und einer von diesen schwulen Rancherkönigen mit feistem Bauch und 70-Dollar-

Baumwoll-Safarihemd kommt im Pontiac-Coupé, eine Staubfahne hinter sich herziehend, raufgerauscht. Er läßt den Wagen so richtig auf Schau über den Kies bremsrutschen und schreit: «He, du!»

Was er sieht, ist natürlich irgend so ein flachsstruppiger, barfüßiger Bursche im abgerissenen Trikothemd, der da am Straßenrand rumlungert.

«He, du!»

«Yeah?» sagt Bruce Brown.

«Weißt du nicht, daß dies ein Privatgrundstück ist?»

«Yeah», sagt Bruce Brown.

«Na und, warum verpißt du dich dann nicht von hier?»

«Weil es mir gehört, es ist mein Privatgrundstück», sagt Bruce Brown. «Und jetzt verpißt *du* dich von hier.»

Und Safari fängt sich ein paar Blitzer von dem echten Apfelbaum-Regentonnen-Keinen-Schritt-weiter-Blick ein, und sagt nichts und jault ab, schleudert den Kies hoch, der tumbe, blöde Scheintote.

Wirklich ... fabelhaft! Das ist gewissermaßen ausgleichende Gerechtigkeit für die Nächte, die Bruce Brown in San Onofre und anderen Orten während der alten Surfing-Tage draußen am Strand gepennt hat, und wo er aufgewacht ist mit den müden Füßen von so einem alten Abgeschlafften neben seinem Kopf und wo dann irgendeine schleimige, dumpfe Gummistimme sagte: «Ja, mein Bürschchen, weißt du denn nicht, daß dies ein Privatgrundstück ist?»

Und dann reckte er den Kopf hoch, und da draußen war der Pazifik, so eine Art schattiges Purpurviolett, und auf eines konntest du Gift nehmen, *der* war kein Privatgrundstück ...

Aber wie viele Bruce Browns mag es geben? Wenn man anfängt, nach Alter zu trennen, hat man den Fehler gleich eingebaut. Denn schließlich erreicht man tatsächlich das Horroralter von 25, die schreckliche Grenzscheide. Surfing und Surfing-Leben sind seit 1958 eine große Sache, und jetzt gibt es Kids, die keine Kids mehr sind, sie gehen hart an die 30 und gammeln am Strand vor sich hin. Schon bald wird die kalifornische Küste von ihnen übersät sein, ausgestreckt am Strand wie gestrandete weiße Wale, auch Mädchen, die die Mystik nicht aufgeben können, die Mysterioso-Mystik. Allmächtige Dräuende See, und sie können sich einfach nicht *vorstellen*, irgendein anderes Leben zu führen. Es ist wirklich mitleiderregend, wenn sie dann aus Gruppen wie der Pump House Gang rausgeboxt werden. Schon jetzt gibt es ein paar Jungens, die mit den älteren Leuten im «Shack» rumhängen und am Strand gammeln. Ein paar von den Älteren, wie Gary Wickham, der 24 ist, sind noch drin im *Leben*, die haben es noch, aber selbst Gary Wickham ist eines Tages 25 und dann 26 und dann ... und dann sogar Scheintoten-Alter. Kommt man wirklich eines Tages ins Scheintoten-Alter? Guck doch hin, wie die schlaffen Füße gehen. Und Tom Coman fummelt immer noch mit Gelbe Hose, und Liz gluckst immer noch launisch in ihrem Kaninchenfell unten vor dem Pump House vor sich hin, und Pam sitzt immer noch auf den Stufen und meditiert über die Mysterioso-Mysterien des Aufstiegs zum Pump House, und John und Artie tuckern da ganz draußen immer noch rum, winzige rosa Porzellanmuscheln, und warten auf Gottes eigenen verflixten *Sonnenuntergang*, und Gottes eigene Sonne ist immer noch eingeschaltet wie die Lampe beim Zahnarzt und ...

... die Scheintoten schlürfen über den Bürgersteig weg. Sie sind jetzt gerade ungefähr an der Stelle, wo sich Leonard Anderson und Donna Blanchard damals, am 6. Dezember 1964, befanden, als Leonard sagte, Sense, und zwei Schüsse abgab, einen auf sie und einen auf sich. Leonard war 18 und Donna 21 – 21! – Himmelherrgott, für ein Mädchen in der Pump House Gang ist das schon fast die Horrorgrenze. Aber es war alles so mysterioso. Leonard hatte sich gerade unten am Strand unterhalb des Pump House bei der Treppe hingelegt und redete mit John K. Weldon, als Donna oben auf der Treppe erschien und Leonard aufstand und ihr die Treppe rauf entgegenging. Sie haben nicht gesprochen, die hatten *keinerlei Zoff* über irgendwas, das hatten sie nie gehabt, obwohl die Polizei es behauptete, und sie gingen bloß ein paar Schritte den Gehweg runter, weg vom Pump House, und – Peng! Peng! – diese beiden Schüsse. Leonard fiel tot auf den Gehweg, und Donna starb noch am Nachmittag im Scripps Memorial Hospital. Keiner wußte, was er sagen sollte. Aber eines schien klar zu sein – nämlich, daß Donna und Leonard anscheinend glaubten, sie hätten *das Leben* so weit gelebt, wie es ging, und es jetzt zu Ende ging. Alles was zu tun blieb, war – aber das ist eine Wahnsinnsidee. Es kann nicht so sein, *das Leben* kann nicht zu Ende sein, Menschen können sich nicht so verändern, bloß weil Gottes eigener Chronometer weiterläuft und die Körperverpackung anfängt, auseinanderzufallen, und sich der wabbelige Wellfleischtalg an den Schenkeln zeigt, wo er sich aus dem Badeanzug herausdrückt ...

Tom, Junge! John, Junge! Gary, Junge! Neale, Junge! Artie, Junge! Pam, Liz, Vicki, Jackie Haddad! Nach alldem – nichts wie zwei verflixte Scheintoten-Hühneraugen, die den Weg von den Treppen vor dem alten Pump House wegkriechen?

2 Der Mittelatlantik-Mann

Roger! Darf ich Ihnen George vorstellen? Cyril! Darf ich Ihnen George vorstellen? Keith! Darf ich Ihnen George vorstellen? Brian! Darf ich Ihnen George vorstellen? Tony! Darf ich Ihnen George vorstellen? Nigel! Darf ich Ihnen . . .

. . . o Gott, er macht wirklich etwas Ungeheures, indem er alle bei ihren Vornamen vorstellt, er vornamt sie alle bis zum Geht-nicht-mehr, er stellt sie George vor, der soeben aus New York gekommen ist: George ist Amerikaner und die Schlüsselfigur für den Fabrilex-Werbeetat. Er macht wirklich einen ungeheuren Wind mit der Vorstellerei. Jeder aus der Firma ist anwesend, plus eine Menge anderer Leute, Engländer und Amerikaner, die alle ausgewählt sind, dem amerikanischen George zu schmeicheln und ihn zu beeindrucken, alle in diesen Bibliotheks-Empfangsraum oben im . . . Club hineingedrängt, inmitten der Biedermeier-Stühle mit der Leier als Rückenlehne, der Goldfransen-Vorhänge, der alten geschwärzten Porträts im Stil von Raeburn, der phantastisch trödlerhaft aussehenden Glas- und Goldbronzeleuchter, der klauenfüßigen Zierschränkchen, der Teetische und der einfallsreichen Bibliotheksleitern, die ganz folgerichtig in die Luft hinaufführen, eine wunderbar dunkle Welt von dunklen Hölzern, dunklen Teppichen, von bonbonfarbenen Rüschen, Stuckleisten, Kannelüren, Pilastern, alle rot wie Tischwein, braun wie Schuhleder, und so hergerichtet, als seien sie bereits hundert Jahre in teuren Tabak, Roastbeef, Meerrettichsoße und trüben Plumpudding getaucht worden.

Die Amerikaner sind ja wirklich scharf auf diesen Clubkram, aber darum geht es nicht, sondern einfach darum, daß Amerikaner in mancher Hinsicht kindisch sind und etwa so empfindsam wie eine Wimpy-Kringelgrillwurst: aber auf lange Sicht gesehen, macht das keinen Unterschied. Sie bringen einfach die Macht ins Spiel. Sie haben die Macht, sie gehen einfach ran und nehmen sie sich, sie stellen Menschen mit ihren Vornamen vor, während sie rangehen, Menschen, die sie nie gesehen haben, *Kumpel*, und wer schert sich schon darum. Sie waren nicht in Cambridge und sie haben nicht gelernt, Menschen zu beneiden, die dem Pitt-Club angehörten, und sie begehen nicht den unglaublichen Fauxpas, mit einem Cambridge-Universitätsschal in den Pitt-Club zu gehen. Sie bringen einfach das Geld ins Spiel, oder was gerade erforderlich ist, und nehmen es sich, und die grinsenden Vornamenanreder werden das Erdenreich besitzen, wobei ihre festsitzenden Bürstenhaarschnitte so fest und rein sind wie Fabrilex . . . und . . .

. . . er hat sich ein paar Highballs genehmigt. Highballs! So nennen sie

Whisky mit Soda. Und jetzt ist er aus dem Häuschen in seiner absoluten *Dürftigkeit*, ein schimmerndes Keramikgrinsen aufzusetzen und all diese Gesichter George mit dem Vornamen vorzustellen, dem guten alten George, dem chemisch-gereinigten-und-gebügelten alten George, dem alten George mit den großen Zugstiefeletten, dem aus-der-Fabrilex-Vorlage-herausgesprungenen alten George . . . diese entzückende Dürftigkeit!

Karl! Darf ich Ihnen George vorstellen? Alec! Darf ich Ihnen George vorstellen? John! Darf ich Ihnen George vorstellen? George hat, wie vorauszusehen, ein super-gewinnendes und ehrerbietiges Grinsen aufgesetzt, er schüttelt Hände, schüttelt kräftig, selbst mit Menschen, die nicht zuerst die Hand hinstrecken – Mark! Gib doch mal George die Hand, will er sagen –, und während George Hände schüttelt, senkt er den Kopf immer ein bißchen und grinst in Panik und blickt unter den Augenbrauen hervor, ehrerbietig, diese Art unbewußter Ehrerbietung, weil er . . . mit *Engländern* zusammentrifft . . .

Und wenn schon! Warum sollte George sich einen Dreck darum scheren? Er kann solche Punkte rechts und links verschenken. So sind die Amerikaner eben. Sie können die falsche Geste machen, die schaurigste Wortverdrehung hervorbringen, so viel falsche Gabeln benutzen, daß der Kellner die Wände hochgeht; sie können sich als soziale Wasserköpfe zu erkennen geben, als totale Opfer von Taktlosigkeit und Erniedrigung – und doch scheren sie sich hinterher einen Dreck darum. Am nächsten Morgen sind sie wieder da, als wäre nichts geschehen, gehen weiter ran, gut gelaunt, hart zupackend, gewinnend, einnehmend, alles an sich reißend. George kann den ganzen Tag seine Augen unter den Augenbrauen ungeschickt hin und her schrammen lassen, und er macht dennoch seine 20 000 Dollar im Jahr und kauft und verkauft jeden Idioten hier im Raum . . .

Nicholas! Darf ich Ihnen George vorstellen?

Harold! Darf ich Ihnen George vorstellen?

Freddie! Darf ich Ihnen George vorstellen?

«Pee-ter . . .»

. . . ach du lieber Gott . . . die zweite Silbe sabbert ihm von den Lippen.

Bei Peter – da kann er plötzlich nicht mehr so weitermachen. Bei Peter kann er nicht auf Vornamen gehen, er kann ihn nicht laut rüberrufen und ihn diesem Amerikaner vorstellen – Peter! – George! – als ob sie einfach Kumpels wären, *Kumpels*. Peter? Ein Kumpel? Peter ist in der Hierarchie der Firma genau auf derselben Ebene, er ist genauso alt, 33, und doch . . . in einer anderen Hierarchie – gehört zu einer anderen Klasse, um sie beim richtigen Namen zu nennen . . .

Peters feingeschnittenes und doch schlaffes Gesicht, sein lässiges und doch unversehrt gewelltes Wuschelhaar – die alte, uralte Sache, die Klasse, hält ihn jetzt gefangen, und er kann Peter nicht mit seinem

Vornamen vorstellen. Es ist, als ob der Polizist, der die Verhaftung vornehmende Polizist, ins Zimmer hereingestürzt ist, aus ... der Welt, jener geschlossenen Welt mit Kindermädchen, *cottages ornées* in Devonshire, mit Geißblatt überwachsenen Schmiedeeisenbalustraden, Matrosenanzügen, Stock und Reifen, runden Eton-Kragen, Debütantinnen-Parties, Einführungen bei reichen alten Männern, in Clubs, Cliquen, Zigarrenabschneider mit Horngriff – kurzum, die uralte, unausrottbare Befangenheit der Klasse in England –, und er kennt bereits den Blick geduldigen, toleranten Angewidertseins, der innerhalb der nächsten halben Sekunde über Peters Gesicht gleiten wird, während er ihn ansieht und seine amerikanischen Freunde und sein Keramikgrinsen und seine Euphorie und seine *Highballs*. In diesem Augenblick, konfrontiert mit der Macht der Zukunft auf der einen Seite – Georges Augen beginnen unter den Brauen zu rollen – und der Macht der Vergangenheit auf der anderen Seite – Peters Lippen erstarren –, wird er sich klar darüber, was mit ihm geschehen ist. Er ist ein Mittelatlantik-Mann geworden.

Mittelatlantik-Männer. Er trifft sie jetzt immerfort in London. Es sind Engländer, die den üblichen Prozeß umgekehrt haben und ... amerikanisch geworden sind. Der übliche Prozeß ist immer gewesen, daß die Amerikaner nach England gegangen sind und ... englisch wurden. Woodrow Wilson ernennt Walter Hines Page zum Botschafter am Hofe von St. James und trägt ihm auf: «Nur ein kurzer Ratschlag: werden Sie kein Engländer.» Page sagt: «Sicher, o. k.», aber, natürlich wird er dennoch einer. Er wird so sehr zum Engländer, daß er nicht mehr geradeaus sehen kann. Der normale Verlauf ist so, daß er zunächst Messer und Gabel wie die Europäer benutzt, wobei er die Gabel in der linken Hand hält. Er geht zu einem Schneider, der den netten englischen Bauch in die Aufschläge seines Mantels hineinsetzt, und der Anzüge baut, die aus wunderbaren und geheimnisvollen Lagen über Lagen von Kammgarn, Randsäumen, pfeilförmigen Einsätzen, Falten, Doppelnähten, Futter, Knöpfen, Taschen, einer unglaublichen Zahl von Taschen, und aus vielen Knöpfen zum Zu- und Aufknöpfen besteht, und er kämmt sein Haar in Flügeln über die Ohren, und er legt sich in der Stimme eine gewisse hübsche Verzögerung zu und lernt zu gehen, als erhole er sich von einer Rückgratverletzung. Aber das ist ja alles bekannt. Der Amerikaner ist immer englisch geworden, um sich selbst die Mystik der englischen Oberklasse zuzulegen. Der Engländer wird heute amerikanisch, wird zum Mittelatlantik-Mann, um das Gegenteil zu erreichen. Er will der Vorherrschaft der englischen Oberklasse entgehen, indem er ... klassenlos wird. Und klassenlos wird er, indem er den Lebensstil oder einen Teil des Lebensstils eines Ausländers annimmt, der nicht ins englische Klassensystem eingepaßt werden kann, den Lebensstil des modernen, erfolgreichen, mächtigen Amerikaners.

Das überzeugendste Beispiel des Mittelatlantik-Mannes ist die junge englische Showbusiness-Erscheinung, ein Sänger, Musiker, Manager, Produzent, Impresario, der gleich im großen Stil amerikanisch wird. Ein Sänger singt zum Beispiel amerikanische Rhythm and Blues Songs mit amerikanischem Akzent, wird zum ... *Kumpel* amerikanischer Entertainer, spickt seine Konversation mit amerikanischem Slang wie: Ich meine, wissen Sie, Mensch, es läuft doch, Baby, und schließlich beginnt er beim Versuch, den Fluch des Akzents der Arbeiterklasse zu beseitigen, mit amerikanischem Akzent zu reden. Aber der typische Mittelatlantik-Mann kommt aus der Mittelklasse und arbeitet in einem der neueren Industriezweige: Werbung, Public Relations, chemischer Verfahrenstechnik, beratende Tätigkeit für dieses und jenes, Fernsehen, Kreditkarten, Agenturen, Industriedesign, Werbegraphik, Film, die ganze Welt des Makelns, der Überredung, der Gutachterei und der Schau, die jenseits der uralten Interessenaufteilung des Landbesitzes, des Geldverleihs und der Produktion von Textilien aufgekommen ist.

Er ist sich vage bewußt – mag er auch ständig versuchen, diesen Gedanken fernzuhalten –, daß seine Herkunft unwiederbringlich Mittelklasse bedeutet und daß jeder in England sich dessen sofort bewußt ist, und daß ihn dies zurückgehalten hat. Das mag sogar der Grund sein, warum er sich instinktiv zu einem der neueren Interessengebiete hingezogen fühlte, aber der uralte Sog der Klasse in England zieht ihn, zieht ihn, zieht ihn ...

Eines Abends sehen sie gerade fern, und eine vollendet weltläufige und geschliffene Person wie Kenneth Allsop erscheint auf dem Bildschirm, und nach drei oder vier Sätzen merkt doch tatsächlich einer an, der arme Kenneth Allsop, hör nur mal, wie der «praktisch» sagt, der wird nie den Akzent der Midlands aus seiner Stimme los, der zerrt das ganze Wort auseinander in prak-ti-sch ... und er lacht, allerdings verbittert, weil er weiß, daß es wenigstens fünfzig Kriterien wie dieses gibt, die ihn als hoffnungslosen Angehörigen der Mittelklasse brandmarken, nur daß er nichts von Allsops Ansehen besitzt, um den Fluch von sich abzuwenden.

Er hatte dies schon in seinem ersten Monat in Cambridge zu begreifen begonnen. Cambridge! – das ihn in eine jener unversehrbaren, überlegenen Personen verwandeln sollte, die England und das Geschick beherrschen. Cambridge sollte eine Art Eliteschule für ihn werden. Seine Eltern hatten sich das nachdrücklich so vorgestellt; ein Bild von ihm, wie er einigen smarten Freunden in seiner Junggesellenwohnung Sherry serviert, wobei er eine Jacke trägt, die abgetragen und ausgereift wirkt wie ein 90 Jahre alter persischer Teppich. Sogar er selbst hatte eine vage Vorstellung davon, wie Cambridge ihn von einem intelligenten und mausgrauen Gesamtschüler in einen dieser jungen Männer mit abstehenden Kragen und pastellfarbenen Seidenkrawatten verwandeln würde, der einfach ... *für sich in Anspruch nimmt,* die Lage zu beherrschen in Restaurants, Clubs, auf Parties, bei Frauen, im Beruf, im Leben, während ländlicher Wochenenden, und der sie deshalb tatsächlich im Griff hat.

Und dann mußte ihm ausgerechnet im allerersten Monat diese Geschichte mit dem Pitt-Club und dem Cambridge-Schal passieren. Sein erster Schritt auf dem Weg zum Empfang von smarten Leuten in seiner Junggesellenwohnung zu Sherry und kubanischem Tabak – kubanischer Tabak gehörte auch zu dieser Vision – bestand darin, einen Universitätsschal von Cambridge zu kaufen, ein hübsches langes Etwas mit schreienden Farben, das sich um den Hals und die Kinnspitze wickeln ließe und im Wind flattern würde. So würde er seinen Schal um den Hals schlingen und ziellos durch die Straßen wandeln, an den Colleges vorbei, in die indischen Restaurants hineinschauend, die stets geschlossen zu sein schienen, und dabei denkend, so, hier bin ich, ein Cambridge-Mann.

Eines Tages stand er nun vor diesem Lokal, und ein Schimmer drang von innen hervor, weinrot, stiefelbraun, smarte Leute, Sherry-Sherry, und also trat er ein – und plötzlich wandte sich ihm eine Menge weißer Gesichter zu, wie ein Universum, in dem plötzlich Eier Benedict hervorquellen, Gesichter im Foyer, Gesichter von den Eßtischen im Hintergrund. Ein Portier mit Nußknackerkiefer kam auf ihn zu, betrachtete ihn einmal von oben bis unten, verdammt zweiflerisch, und sagte: «Sind Sie Mitglied, Sir?»

Diese Stimme! Offensichtlich hatte dieser Mann sofort erkannt, daß er kein Mitglied war, und die Frage war lediglich in vernichtender Weise rhetorisch gemeint und bedeutete: Warum besteht ein hoffnungsloser kleiner Dummkopf wie du darauf, hereinzustaksen, wo er nicht hingehört, und all die Eier-Benedict-Gesichter, die ihm zugewandt waren, echoten das gleiche. Sie wußten alle sofort Bescheid! Und es war, als hätten sich ihre Blicke sogleich an seine Halsschlagader geheftet – nein! – auf den Cambridge-Schal.

Er murmelte etwas vor sich hin und wandte seinen Kopf . . . dort am uralten Holzbraun befand sich eine lange Reihe von Kleiderhaken, und auf ihnen hing jede Art von Kleidungsstücken für die Erstsemester, so wie es sich jemand, *der alle fünf Sinne beisammen hat*, eigentlich vorstellen konnte, Winterüberzieher, Reitmäntel, Umhänge, Capes, Talare, Schabracken, sogar Ponchos, lange Schals, karierte Schals, dänische Schals, Kamelhaarschals, rattenschwänzige, von alten Tanten gestrickte Schals – alles und jedes aus dem ganzen verfluchten englischen Gewebeuniversum aus Baumwolle, Wolle, Gummi und Leder . . . außer einem Cambridge-Schal. Die Stätte erwies sich als der Pitt-Club, die Wassertränke der Unvergleichlichen, der Cambridge-Elite. Wenn man hier einen Cambridge-Schal trug, so war das viel, viel schlimmer als gar keine Insignien zu haben. In einer komplexen Cambridge-Hierarchie von Colleges und Clubs – wo schließlich alles, was man hatte, ein Standeszeichen war, das lediglich bedeutete, daß man zur Universität zugelassen war –

hieß das soviel, als ob man sage, na ja, er ist nun mal hier, und das ist auch alles, was über ihn zu sagen ist, außer der Tatsache vielleicht, daß er ein hoffnungsloser Narr ist.

Er warf den Cambridge-Schal nicht weg, sonderbarerweise. Er faltete ihn quadratisch zusammen und packte ihn ganz unten in die unterste Schublade zusammen mit der Familienbibel, die ihm sein Großvater gegeben hatte. Von diesem Tag an war er von dem Gefühl besessen, daß es zwei Welten gab, die der Eier-Benedict-Gesichter und seine, und nie, in vier langen Jahren, lud er auch nur eine einzige smarte Person zu sich zum Sherry ein. Oder zu kubanischem Tabak. Er rauchte englische Zigaretten, die seine Zähne bräunten.

Und tatsächlich hatte er noch Jahre später keine übertriebenen Hoffnungen hinsichtlich der Werbebranche, bis er eines Tages in New York war – eines Tages! – bei allen Mittelatlantik-Männern scheint es eines Tages in New York anzufangen.

Praktisch sind alle immer häufiger geschäftlich nach New York geflogen. Er begann wegen des Fabrilex-Etats nach New York zu fliegen. Fabrilex wollte eine große Werbekampagne in England starten. Deshalb flog er nach New York und begann sich allmählich in das Leben der Werbeleute in New York einzuarbeiten, was sich als sonderbar . . . *stimulierend* – alle Mittelatlantik-Männer kommen mit diesem Wort für New York zurück, stimulierend . . . als eine sonderbar stimulierende Aura puren Geldes, Schwungs, stillschweigenden Einverständnisses, Selbstmitleides, Glanzes, harter Arbeit, purer Kindlichkeit und puren Zynismus erwies.

Angefangen mit dem Empfangsraum der – Agentur. Er war mit den unglaublichsten Sofas aus schwarzem Leder ausgestattet, die abgesteppt und bis zum Bersten aufgepolstert waren, wobei das Leder sich über die Kanten der Armlehnen, über die Rückenlehnen und überallhin ausdehnte und aufwulstete. Der ganze Raum war mit einem Teppich ausgelegt, keine Wilton-Qualität, sondern so tief, daß man sich den Knöchel darin brechen könnte, und passend scharlachrot zu den scharlachroten Wänden und allen möglichen unerklärlichen Objekten aus poliertem Messing, die in Nischen standen, zu den Lüstern, Büsten, Räuchergefäßen, Vasen und so weiter, und zu der Empfangsdame, die aus hochglanzpoliertem Fabrilex zu bestehen schien, auf das man toupiertes Haar aus gesponnenem Messing gestülpt hatte. Sie saß nicht an einem Schreibtisch, sondern an einem zierlichen *Secretaire* mit einer exotischen Holzfurnier-Fassade aus Tulpenholz, Satinholz und Hasenholz. Sie bediente auch eine Telefonzentrale, die jedoch so ausgestattet war, daß sie wie die Tastatur eines Spinetts erschien. An der Wand hing ein großes Gemälde, offenkundig von dem letzten Maler in Elizabeth, New Jersey, der Franz Kline kopiert hatte. Drei verschiedene Angehörige der Firma, Amerikaner, sagten ihm, der Empfangsraum sehe aus wie «ein Bordell in San Francisco». Drei von ihnen benutzten denselben Vergleich, ein Bordell in San Francisco. Sie meinten es jedoch keineswegs abschätzig. Sie dachten zwar, es sei verrückt, waren aber stolz darauf. New York!

Während einer von ihnen ihm erzählte, der Empfangsraum sehe aus wie ein Bordell in San Francisco, saß er am Schreibtisch in seinem Büro und ließ sich die Schuhe putzen. Sie saßen beide da und unterhielten sich wie üblich, außer daß ein Neger, etwa 50, über einen tragbaren Schuhputzstand gebeugt war und dem Amerikaner die Schuhe putzte. Er redete unentwegt weiter über das Bordell in San Francisco und über Fabrilex, als hätte er lediglich die Klimaanlage eingeschaltet. Er verfügte auch über ein «Managertelefon». Das war eine Art Mikrofonverstärker und Hörer, die ans Telefon angeschlossen waren, so daß er nicht den Telefonhörer von der Gabel nehmen mußte, nichts von all diesem kleinkarierten Kram. Er brauchte lediglich in die ungefähre Richtung des Schreibtisches zu sprechen. Natürlich! Die entzückende . . . *Dürftigkeit* des Ganzen! Wer gibt schon einen Pfifferling auf Feinfühligkeit? Bloß gewinnen, heißt das Spiel, und die Agentur hatte letztes Jahr einen Etat von 70 Millionen Dollar.

Zum Mittagessen luden sie ihn stets in Lokale wie *Four Seasons* ein, und wenn die Rechnung schon damals auf 16 Dollar für vier Leute kam, war das gar nichts. Auch in London gibt es teure Lokale, wo Geschäftsleute essen, aber sie zeichnen sich durch eine gewisse gedämpfte Atmosphäre aus, Trattorias, chez diesem oder jenem, oder alte Lokale mit schweinischen, steinigen englischen Bezeichnungen, *Zur Krähe, Zum Moorhuhn, Zur Losung, Zum Klumpen.* Die *Four Seasons* dagegen! Das Lokal strömt sozusagen den vollklimatisierten Schweiß riesiger Spesenkonten aus . . . *Geld.* Sie sitzen da in dieser ungeheuer nackten, mildgetäfelten, Mies-van-der-artigen Manager-Suite-Atmosphäre aus schwarzem Onyx und nehmen umfangreiche Infusionen exotischer amerikanischer Cocktails zu sich: Margaritas, Gibsons, Bloody Marys, Rob Roys, Screwdrivers, Pisco Sours und französische Weine und französischen Cognac, während sich die Blutgefäße erweitern und sich das Ich erweitert und Leonard Lyons, der Klatschkolumnist, hereinschaut, um zu sehen, wer da ist, und sie betrachten diese kunstvollen Vorhänge aus Kupferketten, die sich über den großen Glasscheiben kräuseln, sich nach oben wellen, nach oben, was eine optische Täuschung ist, aber es sieht so aus, als kräuselten sie sich, kräuselten, kräuselten, kräuselten sich hinauf an dieser Klippe aus dickem Glas, wie ein Wasserfall, der auf Rückwärtsgang geschaltet ist.

Und irgendeiner am Tisch vertraut allen sein genüßlich kindlich-zynisches amerikanisches Geheimnis an, nämlich, daß zur Zeit ein großer Teil der Zigarettenwerbung auf der Motivationsforschung über die Reaktion der Leute auf die Krebsvorsorge beruht. Die Anzeigen zum Beispiel, die stets blaues Gras und blaue Flußläufe und blonde blauäugige junge Menschen mit Picknickkörben und Hektoliter von Hormonen im besten Jugendalter durch ihre Spezialdiätlenden hindurchlaufend zeigen, zielen auf eingebildete Kranke, die sich dauernd vergewissern müssen, daß sie nicht an Krebs sterben. Andererseits besagen Anzeigen wie «Ich kämpfe lieber, als daß ich mich umstelle» in Wirklichkeit «Ich kriege lieber Krebs, als daß ich das Rauchen aufgebe» – New York! – die Kupferkettenvorhänge kräuseln sich nach oben . . .

Etwas Interessantes und ziemlich Angenehmes jedoch, das ihm auffällt, ist die Tatsache, wie ungeheuer sie darauf bedacht sind, ihm zu gefallen. Offensichtlich sind sie von ihm beeindruckt, obwohl er hier klar als der Bettler erscheint. Sie repräsentieren die Muttergesellschaft. Was immer sie zur Fabrilex-Kampagne in England sagen, ist auf lange Zeit Gesetz. Wenn sie hypochondrische Masochisten ansprechen wollen, die Angst vor Hautkrebs haben, dann wird das gemacht. Und doch behandeln sie ihn als einen Partner, nein, sogar als leicht Überlegenen. Endlich begreift er. Weil er Engländer ist. Sie starren noch immer auf seinen Anzug, der von Huntsman gemacht ist und 12-Zoll-Seitenschlitze hat. Sie beobachten seine Tischmanieren und dann . . . großartig! *imitieren* sie ihn. Der alte George! Er pflegte zum Kellner zu sagen, «*Würden* Sie mir bitte etwas Wasser bringen» oder was auch immer, während er stets sagte «*Könnten* Sie jetzt bitte den Käse bringen?» oder was immer es war – das Wichtige dabei ist, daß die Amerikaner *würden* sagen, was impliziert, daß der Kellner einem einen Gefallen tut, indem er den Wunsch erfüllt, während der Engländer – Klasse! – *könnten* sagt, was voraussetzt, daß der Kellner, da er ein Dienstbote ist, es tut, wenn er kann.

Und der alte George hat den Unterschied sofort begriffen! So ist es mit den Amerikanern. Sie sind unheilbare Kinder, sie sind unheilbare Neureiche, sie buchstabieren *finesse* mit einem *ph*, um dem Wort mehr *Stimmung* zu geben – aber sie spüren die Statusunterschiede. Und so sagt also der alte George schon beim zweitenmal «Könnten Sie mir wohl bitte etwas Wasser bringen?», und er läßt das wohl-bitte in einem Upper-Class-Murmeln über seine triefende Stimmritze laufen . . . genau wie ein richtiger Engländer.

So begann *er* ganz plötzlich zu fühlen, daß er auf beiden Schultern tragen konnte. Er besaß das Amerikanische und das Englische. Er konnte tatsächlich auf zwei Hochzeiten tanzen. Sie kommen aus dem *Four Seasons* heraus, auf die 52nd Street – Päng! –, die Sonne explodiert ihnen in die Augen und vor ihnen die wilde, kindische, kahle, übermächtige Park Avenue in Höhe der fünfziger Straßen, riesige Klippen von Glasplatten und Stahlrahmen, wie ein Berg von Telefonhäuschen. Schimmerndes Gerümpel, Hunderte, jesses, Millionen von Dollars wert mit so vielen großflächigen Glasplatten, daß die Gebäude einander in Seegrün und Seeblau reflektieren, wie eine 25-Cent-Postkarte aus Sarasota, Florida – nicht ein vernünftiges Gebäude in dem ganzen Haufen, aber, jesses, die schier unglaubliche, jawohl!, Wir-haben-es-ja-Geldansammlung und die Macht, die sie darstellt. Das Rom des 20. Jahrhunderts – und weil hier Wohlhabenheit und Macht liegen, folgt auch alles andere, und es ist einfach zwecklos, daß das alte England immer noch die alte Leier der Form abzieht, weil alles auf der Wohlhabenheit und Macht beruht, die England vor 150 Jahren besaß. Die Servierplatte mit den köstlichen Gaben dieser Welt neigt sich . . . nach New York zu. Mädchen zumal, alle diese jungen, geschmeidigen Mädchen mit Flamingobeinen, drängen nach New York hinein und tauchen plötzlich aus den Achselhöhle-dampfenden Abwasserkanälen der New Yorker Untergrundbahnen auf, aus diesen schreienden Kloaken, bis aufs Tüpfelchen angezogen, lattendünn, poliert, lackiert, gekettet und mit einem Haarschmuck aus gesponnenem Messing.

Ah, und *die* mochten Engländer ebenfalls. Er fand eine Schönheit mit Messinghaar, und er wird nie vergessen, wie er ihr an jenem ersten Abend die Treppen zu ihrer Wohnung hinauf folgte. Die Haustür sah mitgenommen und rachitisch aus, war aber schwer und hatte einen hydraulischen Schließer, der sie sofort zugehen und automatisch einschnappen ließ – gegen jene raubgierigen, an die Nieren gehenden New Yorker Tiere *dort draußen*; selbst New Yorker Verbrecher sind tierischer, ursprünglich wild, romanisch, *kriminell* – er konnte sich nicht an ein einziges Mietshaus in London erinnern, das einen hydraulischen Schließer an der Haustür hatte –, und er folgte ihr die Stufen hinauf, wenige Schritte hinter ihr, und beobachtete, wie sich die Muskeln in ihren Waden zusammenzogen und die Bänder der Kniesehne in ihrer Kniekehle heraussprangen, oh, junge, stramme, gesunde New Yorker Mädchen-Flamingobeine, und es war alles so . . . zärtlich und wacker zugleich.

Genau! Ihre Etagenwohnung war eigentlich öde, weit drüben auf der East Side in den Achtzigern, das obere Stockwerk im alten Stadthaus von irgend jemandem, das dann unterteilt und in einzelne Wohnungen zurechtgepfuscht worden war, die ein klein wenig besser waren als ein möbliertes kleines Zimmerchen, wobei das Schlafzimmer etwa die Größe eines guten, normalen Garderobenschrankes hatte, und mit einer sogenannten Pullman-Küche im Wohnzimmer, so eine krampfhaft und sparsam auf brauchbar getrimmte Uni-Einheit, ein kleines Spülbecken, ein Kühlschrank und ein Schränkchen, alles zusammengeschweißt und am einen Ende durch ein Rollo abgeschlossen, und dann ein Badezimmer ohne Fenster, lediglich so eine Art Luftabzug ist da drin, wobei die Schlitze fettig verschmiert und bedeckt sind mit, hopsa, einer Art grauem Kompost aus Flusen, Schlamm, Kohleteilchen und Giftgasen. Und die Toilette ging kaum, bloß eine träge Wasserspirale quälte sich das Loch hinunter, nachdem man den kleinen, stubsigen Handgriff betätigt hatte, den sie da haben. Der Boden war etwas geneigt, aber – wacker und zärtlich!

Irgendwie war es ihr gelungen, das alles schön aussehen zu lassen, japanische Lampions aus dünnen Balsaholzstäbchen und Papier, groß aufragendes Blattwerk irgendeiner Pflanze, verschiedene Drucke an der Wand, einer davon ein irrer erotischer Aquarellakt von Egon Schiele, Verschiedenes zum Aufhängen, Abdecken, Verhängtes mit Hilfe primitiver Textilien, Sackleinen, Handgewebtes, eine kleine Vase voller violetter Papierblumen, ein Bücherbrett, weiß angestrichen, voller Schwergewicht- oder Mittelgewichtpaperbacks, *‹Die einsame Masse›*, *‹Die Bekenntnisse des Hochstaplers Felix Krull›*, *‹African Genesis›* – wacker und zärtlich! – alle diese geschmeidigen Mädchen, die in trüben Wohnungen eine Treppe hoch allein leben mit einer Katze und dem schwachen Geruch von Katzendreck im Vitakraft-Katzenstreu, und eine ölige, hölzerne Salatschüssel auf dem Tisch, und eine Küchenschabe, die als Silhouette am Rand der Salatschüssel zu erkennen ist – und doch hatte es etwas Rührendes, *etwas, das einem naheging,* wollte er sagen, der verzweifelte Kampf, in New York inmitten des Reizes von Geld und Macht bleiben zu können, dem großen Kuchen, und tagelang, wenn er ehrlich ist, hatte er eine völlig unerklärlich zärtliche Erinnerung an – nun gut! – die armselige traurige Art und Weise, auf die sich das Wasser träge das Toilettenbecken hinunterbewegt hatte. Das arme, wunderbare erotische Mädchen. Irgendwann erzählte sie ihm, daß sie gelernt hätte, ein Pessar in 15 Sekunden aufzustülpen. Sie sagte das bloß so, aus heiterem Himmel. Einfach so.

Am nächsten Morgen nahm er früh ein Taxi zurück in sein Hotel, um sich für den Tag umzuziehen, und der Fahrer versuchte das Ding in manischen Ausbrüchen durch den Stoßverkehr zu projizieren, stoßweise Beschleunigung, plötzliches Bremsen, Rutschen, Schreien und die ganze Zeit über aus dem Fenster hinausbrüllen, Fluchen und dann von ihm Unterstützung heischend – «Ham Sie das gesehn! Der muß doch die Augen im Arsch haben. Hab ich nicht recht?» –, und sonderbarerweise ertappte er sich bei einer völlig amerikanischen Reaktion, indem er tatsächlich diese stupiden Fragen beantwortete, weil er von diesem armen Hund anerkannt werden wollte, der versuchte, sich durch den Geld-und-Macht-Verkehr hindurchzuschlängeln, und antwortete einem Taxifahrer, der gesagt hatte: «Der muß doch die Augen im Arsch haben, hab ich nicht recht», weil er sich plötzlich ganz an der Quelle fühlte, er verstand das hier – zum Teufel mit Schals, Pitt-Clubs und pastellseidenen Krawatten, paß auf England, du hast die Augen im Arsch, und hier kommt ein Mittelatlantik-Mann.

Die Karriere drüben bei der Agentur in London entwickelte sich brillant zugunsten des Mittelatlantik-Mannes. Sein Tatendrang war ungeheuer, wenn er zurückkam. London war eine abgestumpfte Kleinstadt an einem Fluß. Er begann, die Bekanntschaft der amerikanischen Mitarbeiter der Firma zu pflegen. In der Werbebranche gab es ganz bestimmte Dinge, die er nie so recht verdauen konnte, aber nichtsdestotrotz schweigend herunterschluckte – plötzlich begann er sich über den Grund klarzuwerden, daß nämlich diese Dinge amerikanisch waren, unverhüllt und zynisch, und erst jetzt . . . *begriff* er. Jasagen!

In der Firma war eine Amerikanerin, und sie sprach besonders gleichgültig von der Eröffnung eines großen neuen amerikanischen Hotels, das in London hochgezogen worden war, und darüber, daß die Einladungsliste unterteilt war in (1) Berühmtheiten, (2) VIPs, (3) CIPs und (4) lediglich Gäste. Solche Erfahrungen ließen ihn schaudern, aber das Wunderbare daran waren jetzt – jetzt – die CIPs – Commercially Important People, geschäftlich bedeutsame Personen –, Leute die für das Hotel aus Geschäftsgründen von Bedeutung waren, deren Namen jedoch, was die Publicity angeht, überhaupt nichts bedeuteten. Großartig!

Er schloß mit ihr enge Freundschaft. Eines Tages gingen sie zum Mittagessen, und die Gehsteige waren voller Menschen. Plötzlich sah sie eine Frau etwa fünf Meter entfernt und sagte «Sieh dir die mal an! Die perfekte C-1.» Eine der Neuerungen zum Zweck von Meinungsumfragen und Zielgruppenbestimmungen hatte darin bestanden, die Verbraucher in vier Kategorien aufzuteilen: A, B, C-1 und C-2. A war Oberklasse, B Mittelstand, C-1 war obere Arbeiterschicht oder unterer Mittelstand, in dieser Rangordnung, und C-2 war ganz einfach Arbeiterklasse.

«Die perfekte C-1», sagte sie.

«Die perfekte C-1?»

«Ja! Sieh doch. Sie hat sich selbst die Haare gemacht. Sie trägt ein Strickkleid von Marks & Spencer. Ihre Schuhe hat sie bei Lotus gekauft. Sie trägt einen Einkaufskorb –» und mit diesen Worten schiebt sie sich direkt neben die Frau und sieht ihr in den Einkaufskorb – «sie hat ein Paket Scheibenbrot gekauft», und während sie alles laut verkündet, wendet sie sich kaum zu ihm um – «sie hat eine Schachtel Wiz-Waschpulver mit fünf Plastik-Osterblumen als Gratiszugabe gekauft –» und die arme Frau wendet ungehalten ihren Kopf herum, doch er möchte vor Freude schreien: Kühn! Köstlich! Ein Live-Kommentar mitten auf der Straße in London über eine perfekte C-1!

An jenem Abend lud er sie ein in die Trattoria unter den unvermeidlichen Rundbögen aus weißem Gips mit den schwarzmetallenen Zylinderlampen. Er machte mächtig Wind, im Hineingehen begrüßte er die Kellner beim Vornamen, wie . . . ein Kumpel. Bei Avocado Vinaigrette sagte er ihr verschwörerisch, daß die Agentur immer noch hoffnungslos rückständig sei, weil sie in England von jener Art Engländern geleitet würde, die ein erfolgreiches Geschäft darin sähen, vorgebildete Männer dazu zu bringen, für 2000 Pfund im Jahr für sie arbeiten zu lassen, Männer, die zur Arbeit so angezogen kämen, als erhielten sie 10000. Nach dem Wein sagte er ihr: «Ich habe die Neurosen von New York und die Dekadenz von London.»

Sie dachte, das sei – bei Gott! – großartig. Also ließ er diesen Spruch lieber fallen und ließ ihn so spontan, wie er ihn gerade hinkriegte, später bei zahlreichen anderen Gelegenheiten los. Auch gewöhnte er sich daran, schwarze Strickkrawatten zu tragen. Irgendwie waren sie zum Kennzeichen des Mittelatlantik-Mannes geworden. Die Anregung erhielt er von David Frost, der stets solche Krawatte trägt. Nun ist es ja nicht so, daß David Frost ein Mittelatlantik-Mann wäre, er scheint nur so . . . klassenlos, doch triumphierend.

Anstatt Cockney oder Liverpool-Slang der humorigen Wirkung wegen zu verwenden, abgeguckt wie die rutschenden Hosen und alles das, begann er ordinären amerikanischen Modeslang zu benutzen wie: ich meine, weißt du, Baby; und dazu ein bißchen späte Madison Avenue. «Warum schmeißen wir die Sache nicht –» sagte er zum Beispiel von einer Idee, die jemand gehabt hatte – «und sehen mal zu, ob sie über den Teich hüpft.» Er brachte immer die letzten amerikanischen Rock 'n' Roll-Platten aus New York mit und dazu eine Menge Nachrichten von Diskotheken, Undergroundfilmen und Leuten wie Andy, Jane, Borden, Olivier. Ganz besonders stellte er immer bei allen Leuten heraus, daß er ein Gespräch aus New York erwarte, von *David* – und jeder wußte, daß dieser ein großer New Yorker Werbemann war – David! – David! – New York! New York! – ein heißer Draht zur Quelle! – Land der Flamingobeine und Glasklippen! – Meins! Meins!

Aber dann gab es einige beunruhigende Entwicklungen. Die Kellner in der – Trattoria begannen ihn wie einen Amerikaner zu *behandeln.* Er kam ganz kumpelhaft an – und dann taten sie ihm so etwas an: Er bestellte irgendeinen esoterischen Wein, Château-was-immer-auch, und sie brachten ihm die Flasche und schütteten ein paar Tropfen in sein Glas, und er probierte und befand den Wein für gut, und dann sagte plötzlich einer seiner . . . *Kumpel,* ein Kellner, ganz laut vor dem Mädchen, das er bei sich hatte: Wir hatten keinen Château-was-immer-auch mehr, Sir, deshalb habe ich Ihnen Château-Dingsbums gebracht, ich hoffe, Sie sind zufrieden, Sir. Alles was er dann noch tun konnte, war dazusitzen und wie ein Tor zu nicken, denn er hatte ihn ja bereits probiert und ihn als einen guten Château-was-immer-auch befunden – verflixt noch mal.

Und dann begannen ihn die Amerikaner in der Agentur als einen der ihren zu behandeln. Da kam dieser peinliche Augenblick, als A., ein Amerikaner, der ihm direkt vorgesetzt war, in die Ferien fuhr, und, sehr feierlich, in Anwesenheit mehrerer Engländer zu ihm sagte: «Denken Sie über Pube-Glo nach, während ich weg bin.»

Nicht etwa «Denken Sie über den Pube-Glo-Etat nach» oder «Arbeiten Sie an der Pube-Glo-Kampagne», sondern «Denken Sie über Pube-Glo nach», mit jener reinen, einfachen, amerikanisch hintersinnigen Loyalität dem Produkt gegenüber. Da stand er nun vor den Engländern und mußte sich feierlich verpflichten, über Pube-Glo nachzudenken. Und was noch schlimmer war, er mußte auch einen Beweis dafür vorlegen, daß er über Pube-Glo nachgedacht hatte, sobald A. wieder da war, was bedeutete, daß er tatsächlich seine ureigene Zeit darauf verschwenden mußte, über dieses miese pseudoerotische Präparat namens Pube-Glo nachzudenken.

Das Vertrackte war, daß er sich allmählich dabei erwischte, englisch zu denken, nicht unbedingt klug, aber entscheidend. Zwei New Yorker Italiener kamen herüber, um das Art Department zu übernehmen – «auf Vordermann zu bringen» hieß die Parole, die aus New York übermittelt wurde –, und er sah sie sich an. Sie waren auffällig gekleidet, so im Stil von Sy Devore aus Hollywood, trugen enganliegende Hosen wie untersetzte Friseure und begannen auch gleich, dieses und jenes zu ändern, wie Kolonialinspektoren. Sie waren miese Typen, sogar nach New Yorker Begriffen. Sogar? Wo war denn seine Liebe für jene köstliche, zynische . . . Kühnheit . . .

Ein Teil davon war zu Tode getrampelt in New York geblieben. Jesses, er wollte ja nichts sagen, aber je öfter er nach New York flog . . . manchmal war die ganze . . . Einstellung in New York schwer zu ertragen. Er war in New York zu Gast in der großen Wohnung von George in der East 57th Street gewesen und mußte zum Flughafen. Er hatte zwei große, schwere Reisetaschen, denn es war kurz vor Weihnachten, und er hatte alle möglichen Sachen eingepackt. Also zerrte er die Taschen raus zum Aufzug, und schließlich kam der auch; und er wandte sich an den Mann im Aufzug: «Könnten Sie mir vielleicht bei meinen Taschen helfen, bitte?»

«Tut mir Leid, Mac», sagte der Mann im Aufzug, «ich darf diesen Aufzug nicht verlassen. Meine Aufgabe ist, diesen Aufzug zu bedienen. Es ist gegen das Gesetz, ich kann einen Aufzug in Betrieb nicht verlassen», und so weiter und so fort, sogar nachdem er die Taschen selbst in den Aufzug gezerrt hatte, hörte er auf dem ganzen Weg nach unten diese Predigt.

Im Erdgeschoß öffnete ihm der Portier die Tür, aber er sah die Reisetaschen an, als wären sie mit Fliegen übersät. Draußen war es matschig und regnerisch, und am Rinnstein war eine große Pfütze. Also sagte er zum Portier – dieses Mal im uralten befehlenden Tonfall eines Briten: «Können Sie mir bitte ein Taxi rufen.»

«Nein, das kann ich nicht», sagte der Mann mit einem Anflug von Spott. «Ich würde es schon tun, Buddy, aber ich kann nicht. An so einem

Abend kann ich kein Taxi kriegen. Da müssen Sie schon selber sehen, wie Sie zurechtkommen.»

Schließlich gelang es ihm, einem Taxi zu winken, und der Portier sowie der Fahrstuhlführer sahen mit großem logistischen Interesse zu, wie er die Taschen durch die matschige Pfütze navigierte und dabei seine Schuhe und Socken naß machte. Im Taxi sagte er dem Fahrer, daß er zum Flughafen wollte, und der antwortete mit ekelhafter Nachäffung eines Cockney-Akzentes: «O-kay, Guv'nor.»

Dann drehte er das Autoradio ganz laut auf WQXR, den Sender mit klassischer Musik, offensichtlich um ihn zu beeindrucken. Das Musikstück war etwas schrecklich Mürrisches vom alten Schwindler Strawinsky.

Nach London zurückgekehrt, erfährt er, daß einige Veränderungen vorgenommen worden sind. Der Ehrenwerte . . ., ein Feuerkopf mit melonenweichem Kinn, der 31 ist und irgendwo einmal einen Job gehabt hat, wo er auch irgend etwas tat, ist ziemlich hoch oben als «Berater» in die Firma gehievt worden, desgleichen die junge Lady . . . Mittlerweile ist Peter . . ., ein Eton-Schüler, Oxford-Student, Vetter ersten Grades von Lord . . ., plötzlich nach zehn Monaten in der Firma auf seine Position angehoben worden. Und allmählich wird es offensichtlich. Die Werbung mag eine neue Industrie sein, sie mag auch eine amerikanische Kunstfertigkeit sein, ein Triumph der neuen Welt, aber beim Konkurrenzkampf um neue Etats wollen die Kunden – die englischen Neureichen ebenso wie die Ausländer – mit einem Upper-Class-Engländer zu tun haben, sie wollen das Gefühl haben, für ihre 20000 Pfund oder wieviel auch immer, Upper-Class-Behandlung einzukaufen, beim Lunch im *Connaught* mit Upper-Class-Engländern ihre Blutgefäße und ihr Ich erweitern zu lassen . . .

. . . aber, einen Moment mal, es kann doch nicht *alles* darauf beruhen. Er wird dabeibleiben zu versuchen, das unverletzliche Gefühl wiederzuempfinden, das Beste von beiden Welten zu besitzen, und hier inmitten der Biedermeierstühle mit der Leier als Rückenlehne, der Vorhänge mit Goldfransen, der alten geschwärzten Porträts im Stil von Raeburn . . . Roger! Darf ich Ihnen George vorstellen? Cyril! Darf ich Ihnen George vorstellen? Keith! Darf ich Ihnen . . .

. . . und Peter. Pee-ter . . . er sieht, wie Peters Lippe erstarrt. Es wirkt so, als dauere es ewig wie in einem Cocteau-Film. Die Augen von Old George sind erstarrt nach jenem panisch grinsenden Patzer, und – o Gott der Fabrilex! – keiner von diesen smarten Widerlingen kommt nun je zum Sherry, keiner je, keiner.

3 König der Statusausgeflippten

39 Jahre alt! Ein Einsiedler! Bona fide! Geht nicht raus, sieht das Tageslicht nicht, streckt seine Haut monatelang nicht in Gottes eigene unklimatisierte Chicagoer Luft; *jahrelang.* In diesem Augenblick, kann man annehmen, ist er da irgendwo im Gekröse jener 48 Zimmer mit Lagen über Lagen weißer Teppichauslegeware, purpurroter Teppichauslegeware, mit Count Basie-Lederfläzsesseln, gedämpft, abgepuffert, eingehüllt, umhätschelt, eingeschlossen, abgedunkelt, durch Vorhänge abgeschirmt, Gardinen, Auslegeware, helles Holz, Stellschirme, Kordeln, Türen, Klingeln, Drehknöpfe, Nubier – da unten steckt er drin, der lebendige Hugh Hefner, 135 Pfund, wie das zart-membranige grüne Herz einer Artischocke.

Er dreht sich im entgegengesetzten Uhrzeigersinn auf seinem Bett. Das Bett ist rund und sitzt auf einem Motor wie ein Plattenteller. Sein Kopf . . . schwebt nach links. Seine eigene Fernsehkamera ist da eingebaut, im Schlafzimmer, ganz in der Nähe, nicht ein Fernsehgerät, eine *Kamera*, die . . . Gott weiß was auf Magnetband aufzeichnet.

Hören Sie, Hef, da ich Sie gerade habe – *Da ich Sie gerade habe?* Dieser schnieke kleine Bursche, Lee Gottlieb von Playboy Incorporated, und noch irgendein anderer Bursche mit einer sehr breiten, schmuck aussehenden Großes-Essen-Krawatte haben sich in das Gekröse von Hefners Herrenhaus, um es genau zu sagen: an die Kante von Hefners Bett, vorgearbeitet, aber sie *haben* Hugh Hefner nicht. Niemand *hat* Hugh Hefner. Hefner ist im Mittelpunkt der Welt. Er ist ganz tief drinnen in seinem Haus – im Mittelpunkt seines Bettes. Der Nabel der Welt!

Gottlieb und der Mensch mit der Großes-Essen-Krawatte stehen da, Aktentaschen in der Hand, Schnellhefter, Notizbücher, so ganz Geschäftsleute, die hier um 11 Uhr abends antreten, auf dem weißen Auslegeteppich am Bett stehen. Junge, das ist vielleicht ein Bett. Es ist kreisförmig, etwa zweieinhalb Meter Durchmesser, das größte, rundeste Bett der Weltgeschichte, genau eingepaßt in einen Sockel gebogener Schränkchen, und Hefner sitzt an den Schaltknöpfen. Schaltknöpfe am Kopfende!

Seine Knie sind in der Mitte des Bettes in den lachsfarbenen Perkal eingedrückt. Seine Hände ruhen auf den Knöpfen am Kopfende und sein Rücken mit einem darübergeworfenen safrangelben Bademantel ist wie ein Draht vorgebeugt. Hefner ist mit Pyjama, Bademantel und Slippern angemessen angezogen. Nun denn – er ist der Schöpfer des 48-Millionen-Dollar-im-Jahr-Playboy-Magazin-und-Clubempires. Wenn man das bedenkt, sieht er eigentlich dünn und blaß, bleich aus. Aber was soll's? Lassen wir einmal die alte Idee der Playboy-Welt (viele Mädchen aus Akron, aus der Provinz, mit ihren Gouda-Schaukästen auf einem Eisbärfell hingestreckt vor dem Kamin) außer acht. Worauf es hier nur ankommt, sind ... die Drehknöpfe!

Hefner ist mager und blaß, aber er hat Energie – seine Hände greifen nach den Knöpfen. Mein Gott, bleibt er vielleicht mal einen Augenblick ruhig? Hören Sie, Hef ...

Hefner klappt eine schwarze Lederkopfstütze mit Scharnier am Kopfende hoch. Sie gibt eine Schalttafel mit Drehknöpfen frei, und seine Hände ruhen auf den Schaltvorrichtungen. Nur ...

... ein ...

... kleines ...

... Drehen ...

... hier ...

... ein Motor startet. Das ganze Bett, das ganze Zweieinhalbmeterbett, beginnt sich wie ein Plattenteller zu drehen. Irgendwo darunter macht ein leistungsfähiger kleiner Drehteller

... rrr ...... rrr ...... rrr ...

Das ganze Ding beginnt sich mit Hefner auf allen vieren in der Mitte zu drehen. Plötzlich richtet er sich ruckhaft auf. Hiiii! Er grinst, sein Mund zieht sich etwa drei Zoll am Kopf hoch, seine Backen drücken sich nach innen, seine hohen Backenknochen gleiten heraus, seine Augen schalten sich an wie ein paar Kugelschreiberlampen. Er sagt: «Es macht 33 1/3, 45 und 78!»

Unersättliche Begeisterung!

Gottlieb und Großes-Essen stehen da. Hefners Kopf schwebt jetzt in diese Richtung.

«Das verändert das ganze Zimmer!» sagt Hefner im Vorbeifahren. «Das macht drei verschiedene Zimmer daraus! Es verändert das gesamte Blickfeld, so daß man ... Dies hier ist der Stereobereich!»

Hefners Kopf, sein drahtiger Rücken, sein safrangelber Bademantel schweben am Stereobereich vorbei. Seine Augen brennen wie zwei Zündflammen im Gasherd über seinen Backenknochen. Hefner ist voll da, mit der unbefangensten, heißnervigen Begeisterung, lächelnd, lachend, seine eigenen Worte noch einmal wiederholend, nervös herumklopfend – *dies ist der Stereobereich.* Verdammt recht hat er. Solch wunderbar glatte, dicke, niedrige Schränke, man kann da einfach stehen und hingucken und fast *fühlen,* wie glatt, wie dick, was für eine glitzernde Milchstraße von Lautsprechern, Röhren, Gleitverstärkern, Drehverstärkern, Dämpfern und ... Knöpfen hinter den Türpaneelen sein muß.

Hefners dünne Kiefer öffnen sich, bewegen sich im entgegengesetzten Uhrzeigersinn mit drei Kilometer pro Stunde: «Hier ist der – Wohnbereich», er deutet auf den Kamin und das Kaminsims, die nett bildhauerisch gestaltet und verziert sind und so weiter – «hier kann es an manchen

Nachmittagen ganz großartig sein, wissen Sie, am Kamin – da gibt's ein paar *verdammt romantische* Nachmittage hier drin, kann ich Ihnen sagen!»

. . . rrr . . .

. . . rrr . . .

. . . rrr . . .

«Hier ist der Gesprächsbereich . . .»

Gesprächsbereich. Hier drüben, keine drei Meter entfernt vom Bett, steht eine Fernsehkamera, nicht ein Fernsehgerät, sondern eine Kamera, eine große, gleißende Ampexfernsehkamera für sofortige Übertragungen auf einen Fernsehbildschirm, der dort drüben in die Wand eingelassen ist oder zur Aufzeichnung von Magnetbändern von . . . Gott weiß was.

Großes-Essen fragt: «Wofür ist das denn?»

«Ich habe eine vollständige 40000-Dollar-Ampex-Magnetbandaufzeichnungsanlage», sagt Hefner, «da habe ich mir gedacht, ich könnte mir auch gleich die Kamera zulegen. Es wäre ja sonst so, als hätte man ein Bandgerät und kein Mikrofon.»

«Aber warum befindet sich das im Schlafzimmer?»

«Na ja . . .», Hefner lächelt, seine Backenknochen kommen heraus, seine Augen leuchten auf – «wer weiß, wann etwas *sehr Schönes* in diesem Schlafzimmer passiert?»

Verdammich, da stößt es zusammen, das Bett, stößt zusammen mit einem Inhalierhelm. Der Inhalierhelm sieht wie ein Raumfahrerhelm aus durchsichtigem Fiberglas aus. Man stülpt ihn sich über den Kopf, um Schnupfen zu bekämpfen. Ein Teil des Helmes, die Befestigungsgurte oder sonst etwas, hängt über die Kante der Schränke hinunter, die das Bett einschließen, und das Kopfende muß jetzt jeden Augenblick dagegenstoßen und auch gegen die Stereokopfhörer und, verdammt, gegen all diese anderen Apparaturen da oben. Aber Hefner ist ein fixer Junge, wie ein heißer Draht, ein Energiebündel! Sein Körper schnappt zurück, er ist wieder auf allen vieren, er fängt den Helm mit einer Hand, die Kopfhörer mit der anderen. Das Bett hält an mit Hefner auf allen vieren, als hocke er mitten in einem Rugbyspielerknäuel.

Die Großes-Essen-Krawatte sagt zu Gottlieb: «Hören Sie, es tut mir leid, daß Sie meinetwegen so lange bleiben müssen.»

«Macht nichts», sagt Gottlieb, «ich wollte sowieso herkommen. Ich muß Hef noch einige Dinge fragen. Da er ja nie mehr ins Büro kommt, verstehen Sie, muß man hierherkommen und mit ihm reden, wenn es geht.»

Hefner hat die Arme voller Apparate, Drähte, Fiberglas, Röhren und blickt Gottlieb über die Schulter an. Gottlieb strahlt.

«Ich habe ihm gerade gesagt, Hef», sagt er, «ich müsse sehen, daß ich

Sie hier erwische, wenn ich kann!»

«Sie gehen gar nicht ins Büro?» fragt Großes-Essen.

«Ich gehe überhaupt nicht aus dem *Haus*!» sagt Hefner. Ein Bursche voller Begeisterung! Seine Augen erhellen sich auf etwa 150 Watt, und er beobachtet ganz genau, ob das alles auch ankommt. «Ich bin ein zeitgenössischer Einsiedler! Wann hab ich das Haus zum letztenmal verlassen, Lee? Vor dreieinhalb Monaten?»

«Hm, da war noch Tony Bennett.»

«Richtig», sagt Hefner, «ich bin nach Soldier Field gefahren, um Tony Bennett zu sehen. Ich bin auch zu Frank Sinatra gefahren. Das sind Freunde von mir, und das war die einzige Möglichkeit, sich mit ihnen zu treffen. Aber im allgemeinen – davor müssen es dreieinhalb Monate gewesen sein, in denen ich hier nicht rausgekommen bin; ich weiß nicht, das letzte Mal war – ich bin irgendwo hingeflogen. Wohin bin ich geflogen, Lee?»

«Los Angeles, Hef. So ziemlich die einzigen Gelegenheiten, daß Hef Chicago sieht, ist, wenn er zum Flughafen fährt, um woanders hinzufliegen!»

Hefner setzt sich auf die Bettkante. Ein angenehmes platinmattes Licht scheint aus versenktem, mit Widerständen und Dämmerschaltern versehenem Klimbim in der Decke. Sein Bademantel fällt in angenehmen Highlife-Falten.

«Wie oft bin ich in den letzten zwei Jahren aus diesem Haus rausgekommen?» fragt er. Er beugt sich nach vorn und steckt den Kopf praktisch zwischen seine Knie. Ein drahtiger Bursche! «Etwa neunmal», sagt er, indem er selbst seine Frage beantwortet.

Dann . . .

. . . ruckzuck . . .

. . . schnappt er aufrecht, setzt das große, breitwinkelige Lächeln auf, seine hohen Backenknochen drücken nach außen.

«Aber ich muß ja hier auch nicht weg. Warum sollte ich? Ich habe jetzt hier in diesem Haus mehr, als die meisten Leute je im ganzen Leben zusammenbringen!»

. . . seine Augen leuchten auf . . . alter leuchtender Ampexmond . . . «Ich habe hier alles, was ich brauche. Dieses Haus wird wie ein Hotel verwaltet. Wenn Sie wollen führe ich Sie nach unten und zeige Ihnen . . . Nein, nicht wie ein Hotel! Hotels machen etwa um 2 Uhr morgens die Klappe zu, und dann will man gerade etwas haben – dieses Haus wird verwaltet wie ein Hotel verwaltet werden sollte. Hier läuft alles 24 Stunden am Tag. 24 Stunden am Tag ist ein vollständiger Küchenstab vorhanden, ein Chefkoch, und jederzeit, wenn ich aufwache, kann ich haben, was ich will. 25 Leute stehen 24 Stunden lang für mich bereit. Zum Personal gehört auch ein Ampexingenieur! Ganz recht! Hier ist so viel Zeug drin, ich mußte einen – das ist wohl das einzige Privathaus im

Land mit einem Ampexingenieur unter dem Personal! Ich habe ihn nach San Francisco in die Ampexschule geschickt. Er ist 24 Stunden in Bereitschaft.»

Er starrt auf den «Stereobereich» und blinzelt zur Fernsehkamera. Dann steht er auf und reckt sich. Großes-Essen öffnet den Mund, kurbelt eine Frage an. Hefner beugt sich vor und läßt den Kopf sinken, um sich zu konzentrieren.

«Wann hat das hier alles angefangen?» fragt Großes-Essen.

. . . ruckzuck . . .

. . . Licht an . . .

. . . Hefner schnappt aufrecht und beginnt zu erklären: «Na ja, es kam so weit, daß ich drüben im Büro praktisch rund um die Uhr gearbeitet habe. Ich habe da drüben nichts getan als arbeiten, essen, schlafen, wieder aufstehen und noch etwas weiterarbeiten. Deshalb habe ich beschlossen, warum auch nicht, den ganzen Betrieb ins Haus zu verlegen und das Leben zu genießen.»

«Dieser Betrieb ist so auf meine Person abgestellt», sagt Hefner, «daß die Leute immer versuchen, mich für alles mögliche zu erreichen. Auf diese Weise kann ich damit fertig werden. Ich nehme einfach keine Gespräche mehr an, ich erwidere sie nur. Ich habe hier auch keine Eingangs- und Ausgangs-Körbe. Ich brauche mein Leben nicht nach der Zeit anderer Menschen einzurichten. Ich brauche nicht immer in irgendeiner langweiligen Konferenz zu sitzen. Ich brauche keine Geschäftsessen und Unmengen Formalitäten durchzustehen. Ich rasiere mich nicht einmal, wenn es mir nicht paßt. Ich brauche mich auch nicht anzuziehen. Ich brauche nicht jeden Tag ein Hemd und eine Krawatte und einen Anzug anzuziehen. Ich werf mir nur einen *Bademantel* über!»

Hefner lächelt. Dann blendet er seine Augen ab.

«Wissen Sie», sagt er, «die Leute stellen sich vor, ich sei ein Barnum oder so etwas, der eine große Schau auf die Beine stellt. Die Leute kommen her, und man spürt das – sie wollen irgendwo ein Haar in der Suppe finden. Sie wollen glauben, daß ich nicht glücklich sein kann. Sie wollen glauben, daß das ein lausiges, nutzloses Leben sei, das ich führe. Na ja, ich will Ihnen mal was sagen. Es ist ein *verdammt erfülltes Leben*!»

«Kriegen Sie denn irgendwelche neuen Kleidungsstücke, Anzüge und so?»

«Nein, das ist lustig –» Hefners Mund verzieht sich wieder nach oben zu seinem strahlenden Lächeln – «auf diese Weise trage ich wohl nicht viele Anzüge ab. Sehen Sie! Aber für Bademäntel ist das schlimm. Dies muß wohl der dritte sein seit . . .»

Man kann sich Hefners Schneider vorstellen, wie er das alte Maßband an dessen drahtigem Rückgrat herunterzieht, wobei der alte, plumpe Daumen am Nacken ansetzt bei den lockigen Sprößlingen von Hefners Haar, das hinten lang fällt und sich über die Handknöchel wellt – und noch einen Bademantel macht, einen Bademantel, keinen Anzug. Schlaraffenland der Betuchten!

Aber wer in New York würde dies alles verstehen? Die Vorstellung von Highlife in New York, wenn man eine 48-Millionen-Dollar-im-Jahr-Firma besitzt, ist die alte Idee vom *Gesehenwerden.* Da ist immer irgend etwas los wie am Montagabend, dem Gesellschaftsabend, Treffpunkt Metropolitan Opera. Irgendein Ein-Meter-fünfundsechzig-Chauffeur aus Queens öffnet die Cadillac-Tür und heraus kommt Mr. Wonderfuls rechter Lackschuh mit der Kernlederschleife und dem knochigen, atrophierten kleinen rechten Fußknöchel. Dann quillt *sie* hervor, ganz goldgewirkter Slipper und Alabaster und Chanel, aufpassen, laß nicht den leicht beschwerten Chanel-Leinensaum heraufrutschen, so daß sich das schlimme Zeug direkt über der Kniekehle zeigt, wo das Bindegewebe wie altes Hammelfleisch vertrocknet ist; und dann die gewickelten kleinen Bäuche und die kleinen Hängeschultern, und jeder am Eingang sieht hin, um auch mitzukriegen, wessen Köpfe auf diese großen Stelzen aufgesteckt sind. Das ist der . . . Fernlaster-König! Der Sessel-König! Der knochengesichtige Sohn des Verlegers! Das ist Lennie the B! Das ist Jason, der Bauunternehmer! Das ist Rudy! Wendy! Jackie! Kitty! Kiki! – wieder einmal *gesehen* worden, immer noch *obenauf,* immer noch den Wettkampf gewinnend.

New York versucht sich an all dem festzuhalten, an der alten feudalen, gönnerhaften Idee von Statushierarchien, dem Gesehenwerden, dem Den-richtigen-Leuten-vorgestellt-Werden und so etwas. Hier ist sich praktisch niemand darüber im klaren, was da draußen vor sich geht – Gott, die kennen den Ausdruck, *da draußen,* die Engländer sagen hier das gleiche, *da draußen,* sagen sie, wenn sie nach New York kommen –, was da draußen in Chicago, in Columbus, Ohio, in Houston, Los Angeles, San Francisco vor sich geht. Die sind alle da draußen, mit Hugh Hefner in allererster Linie, und sie leben den neuen Lebensstil: zeitgenössische Einsiedler.

Der New Yorker Stil, diese ganze Chose, sich seine Überlegenheit zu bestätigen, esoterische Statustrennlinien zu beachten, symbolische Gesten des Ranges zu machen, vom Leben mit dem Snobismus, wenn man so will – all dies hat große Massen von Amerikanern ziemlich heftig gepackt, die seit dem Zweiten Weltkrieg zu Wohlstand gelangt sind.

Entweder gehören sie zum Mittelstand und haben in Bürokratien, normalerweise Privatbürokratien, ihr gutes Auskommen, bei der Massachusetts Mutual Versicherung, bei Monsanto, Union Carbide, der Metropolitan Lebensversicherung oder irgendeiner anderen der zehntausend Firmen. Oder sie sind die neue Arbeiterklasse, Männer, die «Arbeiterklassen»-Jobs haben, was den Status angeht, allerdings mit Mittelklasse-Einkommen, Installateure, die 15000 Dollar oder mehr im Jahr verdienen, solche Leute eben.

In jedem Falle haben diese Leute das Geld, im alten Statuswettkampf mitzuhalten. Sie besitzen alles, was man einmal brauchte, um es gesellschaftlich zu etwas zu bringen: großartig anzusehende Häuser, Wagen, große Rasen, gut angezogene Kinder, echte Teppiche in jedem Zimmer. Sie können sich Parties *leisten* oder am Abend auszugehen, lange Wochenenden, das Statusstreben in allen Erscheinungsformen – doch haben sie dafür weder Neigung noch Talent. Sie schaffen es einfach nicht, nach den alten Regeln gesellschaftlich zu konkurrieren. Sie fühlen sich unbehaglich in dem alten, von Europa ererbten Statussystem. Das macht jemanden nicht so snobistisch, aber auf wunderliche Weise unsicher, wenn er versucht, seinen Status dennoch zu behaupten, selbst bei Bagatellen wie dem Trinkgeld in Restaurants. Irgend so ein Millionen-Dollar-Club-Lebensversicherungsvertreter mit Bürstenschnitt sitzt mit seiner Frau in einem Café, die Rechnung kommt, und – verdammt! er hat es doch gewußt! er hat nicht das nötige Kleingeld in der Tasche, um ein Trinkgeld hinzulegen, und so muß er zur Kasse gehen und die Rechnung zahlen und sich Wechselgeld geben lassen und zurückkommen und das Trinkgeld hinlegen. Wenn sie aber den Tisch verlassen, muß der Kellner, so ein streng und unversöhnlich aussehender kleiner dunkler Mann ohne Zähne im Oberkiefer – der muß dann denken, daß sie losziehen, ohne ein Trinkgeld liegen zu lassen. Also macht der Gast sich zur Kasse auf, und seine Frau steht auf, ihm zu folgen, und er dreht sich auf dem Absatz um und stößt mit dem ausgestreckten Finger in ihre Richtung: Geh zurück! Geh zurück zum Tisch! Und so geht sie zurück und setzt sich hin, mein armer, zerstreuter Männe, er hat sie als Trinkgeldgeisel für den Kellnerkönig zurückgelassen . . .

Sie bilden die neue Mittelklasse mit nur wenigen von den alten Babbitt-Statusmotivationen; eine «*Lumpen*»mittelklasse. Diese Leute haben vielleicht gar keine andere Wahl gehabt. Sie haben an dem alten europäischen Statussystem festgehalten, genau wie ihre Vorfahren. Aber dann – schöner, gütiger, glorreicher Krieg! – leitete der Zweite Weltkrieg eine Kette von guten Zeiten und Fortschritten auf dem Gebiet der Elektronik ein, die es nun Millionen möglich machen, ein erfülltes Leben als Statusdropouts, als Statusausgeflippte, zu leben: Sie steigen aus dem herkömmlichen Statuswettkampf aus, um ihren eigenen Verein zu gründen – in der privaten Geborgenheit des Heimes gewissermaßen.

Die neue Lumpenmittelklasse ist auf glorreiche Weise von der alten Idee, *auszugehen*, ebenso gelangweilt wie von der Vorstellung, das Leben stellvertretend durch Veranstaltungen, Konzerte, Dramen, Bühnenshows, Reden, Logentreffen, Wahlveranstaltungen, Debatten, Boxkämpfe, Bälle, Diners und so weiter zu bereichern. Und sie haben die Möglichkeit gefunden, das *Ausgehen* zu vermeiden und auch das Durchstehen einer Menge der alten Statusprüfungen, wozu Auge-in-Auge-Begegnungen mit Mr. Soundso auf der Straße gehören, die Zulassung zu diesem oder jedem Club, das Hier-oder-dort-am-Tisch-Sitzen in welchem Restaurant auch immer, das Einkaufen in diesem oder jenem bestimmten Laden.

Die neuen Statusausgeflippten können auch glatt darauf pfeifen, weil die technische Entwicklung im 20. Jahrhundert es ihnen möglich gemacht hat, ein erfülltes Leben zu führen – ein *verdammt erfülltes Leben* hier! –, ohne daß sie in die Gemeinde *hinausgehen* müssen. Dabei spielen besonders das Auto, das Telefon, Radio, Fernsehen und all die elektronischen Wunder des neuen Heims eine Rolle.

Sie können ihren eigenen Haushalt in eine *Bühne* verwandeln, nur ist es jetzt eine Bühne, bei der sie selbst vorn an der Rampe stehen, abgesondert, isoliert innerhalb diskreter und ziemlich wunderlicher elektronischer Welten. Wenn es dann *doch einmal* zum Ausgehen kommt, findet die Lumpenmittelklasse es erheblich vergnüglicher, als eine größere Belohnung, zu einem Automobilsalon oder einer Hi-Fi-Show zu gehen oder sich ganz einfach in der Möbelabteilung eines Kaufhauses oder in Discountgeschäften umzusehen. Das sind zwar auch Veranstaltungen – aber Veranstaltungen, an denen man sich beteiligen kann und bei denen man stellvertretend alle großen Objekte im eigenen Heim um sich herum anordnen kann, und zur Hölle mit diesen müden alten prätentiösen Veranstaltungen, die Beckett, Arthur Miller oder sogar Otto Preminger immer noch auf die Beine stellen. Was zum Teufel sagen sie denn schon aus? Wie die Kinoindustrie selbst am besten weiß: nur Kinder, Leute von 25 und jünger, *gehen* noch *aus* ins Kino.

Wenigstens ein Mann hat auf beispielhafte Weise den neuen Stil sichtbar für alle vorgelebt, der König der Statusausgeflippten, genau der! Hugh Hefner.

Hefner hatte Publicity und den finanziellen Erfolg, um sich auf höchster Ebene auf den Statuskonkurrenzkampf einzulassen. Und doch ist das Ganze irgendwie nicht ganz *koscher*, wenn man nach den orthodoxen europäischen und östlichen Statusnormen geht. Zunächst einmal ist Hefner ein absoluter Mittlerer-Westen-Typ. Er wurde in eine gottesfürchtige, doch gesellschaftlich nur mäßig bis mittelmäßig wichtige Familie in Chicago hineingeboren. Er besuchte die Universität von Illinois. Seine erste und einzige Heirat – 1954 trennte er sich, 1959 wurde er geschieden – war nicht «gesellschaftsfähig». Doch nach den Regeln herkömmlicher Statuskriterien haftete vor allem der Quelle seines Geldes immer ein Makel an: *Playboy*, ein «Tittenmagazin», wie sie in Yale sagen, und die Playboy-Clubs, «diese Bunny(Häschen)ställe».

Schlimmer noch, er hat das alles in Chicago geschafft, wenn man sich das einmal vorstellt. Selbst Chicago war darüber ein bißchen pikiert. Die Chicagoer *Daily News* veröffentlichte unlängst eine Liste der «62 führenden Persönlichkeiten in Chicago». Das lief auf eine Statusliste hinaus, die nicht nur auf Herkunft und Rang, sondern auch auf jüngsten Leistungen beruhte. Fast jeder von einiger bescheidenen Prominenz in Chicago hatte es geschafft, auf die Liste zu kommen, nur Hugh Hefner nicht, trotz der Tatsache, daß er vielleicht der erfolgreichste Unternehmer ist, den Chicago seit 1945 hervorgebracht hat und bestimmt der bekannteste.

Hefner ist der erfolgreichste neue Magazinverleger seit dem Zweiten Weltkrieg. Er begann mit 600 Dollar Eigenkapital und 2 000 Dollar, die er sich geliehen hatte. Heute hat er ein Unternehmen, das rund 48 Millionen Dollar im Jahr einbringt. Die Auflage des *Playboy*-Magazins steigt immer weiter, von 742 000 im Jahr 1956 auf 1 117 000 im Jahr 1960, auf 1 877 000 1963 bis etwa 4 500 000 Ende der sechziger Jahre. Drei Viertel davon werden am Kiosk verkauft, was der gewinnbringendste Vertrieb ist, den es gibt. Leute erst einmal zum Abonnement zu überreden und dann das Magazin an die Abonnenten zu verschicken, ist kostspielig. *Playboy* wird für 75 Cents pro Heft verkauft und schafft etwas, das keine andere kesse Illustrierte zustande bringt, er erzielt nämlich allein schon durch Kioskverkäufe einen Gewinn. Hefner behauptet, daß die gesamten Anzeigeneinnahmen Schokoladenguß seien, Reingewinn, und diese Einkünfte sind umwerfend, von 8 Millionen Dollar im Jahr 1964 stiegen sie auf schätzungsweise 17 Millionen Dollar 1966.

1960 eröffnete Hefner in Chicago den ersten Playboy-Club. Heute sprechen Playboy-Leute im Ausland von diesem Club als Weltstammhaus. Ende 1963 hatte Hefner sieben Clubs gegründet, und die Mitgliedschaft betrug etwa 250 000. Ende der sechziger Jahre besaß er 17 Clubs mit über 600 000 Mitgliedern. Es gibt zwei ausländische Playboy-Clubs mit vollem Service, einen in Jamaika und einen mit Glücksspiellizenz in der Park Lane in London. Er übernahm auch einen der berühmtesten Wolkenkratzer Chicagos, das Palmolive Building – ohne sein Haus zu verlassen, um sich das Ganze wenigstens einmal anzusehen –, und zwar mit einem 2,7-Millionen-Dollar-Pachtvertrag auf 63 Jahre und verwandelte das Gebäude ins Playboy Building. Dort dreht sich jede Nacht das alte Palmoliveleuchtfeuer, vorher als Lindberghleuchtfeuer bekannt, auf der Spitze des Gebäudes mit einem Lichtkegel, den Jetpiloten aus einer Entfernung von 500 Meilen erkennen können.

Hugh Hefner gehört allerdings nicht zu den «führenden Persönlichkeiten». Nach den alten Statusnormen ist er noch immer nicht ranggleich, und er scheint es zu spüren.

Hefner hat wenig Verständnis für die New Yorker Statuskonkurrenz oder gar für die hasenhaften Reflexe des New Yorker Stils in Hollywood. Zunächst einmal haben Hefners *Anzüge* nie wirklich gut gesessen. Seine Smokings waren immer ein bißchen nach Pferdehalfterart geschneidert. Hefner besitzt ein Apartment in New York – und hat lediglich zweimal dort gewohnt. Er besitzt auch in Los Angeles eine Wohnung, die noch eingerichtet wird, mit drehbaren Wänden, wobei man die Räume aus

Bibliotheken in Bars, in Schwimmbäder, in Saunas oder irgend so etwas verändern kann – und das . . . macht schon was her.

Hefners Genie bestand darin, aus dem orthodoxen Statuswettrennen auszuflippen, Geld und Technik einzusetzen und sein Habitat in eine Bühne zu verwandeln und sich auf die Bühne zu stellen, nicht in die Zuschauersitze zu hocken, und selbst der unangefochtene Held zu sein. Durch die immer raffiniertere Nutzung von Maschinen haben Hefner, und zu einem geringeren Grad Millionen von . . . *Heimeinrichtern* außerhalb von New York, ihre Heime in Schlaraffenländer verwandelt, in fast vollkommene Statussphären, die ganz ihr eigen sind. Bestimmte technische Grundausrüstungen, der Wagen, das Telefon, Fernsehen, Radio haben sie in die Lage versetzt, mit den Grundwirklichkeiten der . . . *Außenwelt* Kontakt zu halten, so zum Beispiel den Lebensunterhalt zu verdienen, auf dem laufenden zu bleiben und so weiter.

In oder außerhalb Chicagos können sich die Leute natürlich Hefner kaum ohne ein Bild jener ländlich-knackigen Mädchen mit ihren hervorschwellenden Goudas, den «Playmates des Monats», vorstellen, die man wie Odalisken aus dem Heimatdorf auseinanderfalten kann, und zu denen in jüngerer Zeit Filmstars gekommen sind, Carol Baker, Carol Lynley, Ursula Andress, Elke Sommer mit ihren wirklichen Filmstar-Mimmis, ihrer natürlichen, angeborenen Aureole, in *natura*, weil im *Playboy* in fleischlich rötlicher Farbe. Oder die Bunnies in den Playboy-Clubs in viktorianischen Corsettagen aus Satin mit *ihren* mammiformae, die in Eisenbechern schweben, wabbelnde Vanillepuddings, und ihre Décolletagen drücken die Goudapopos heraus.

Um Hefners erstaunlichen Erfolg zu erklären – reicht die Playboy-Sexaura einfach nicht. Man muß noch ein anderes Bild hinzufügen, das oft genug im *Playboy* zu sehen war – ein großes, *sicheres* Bett, das in einer fensterlosen Ecke mit glatten pastellfarbenen Wänden steht, mit schwerem Holzrahmen, niedrig, weich, modern – umgeben von glatten Schränkchen aus sanftgerundetem Holz mit Schiebetüren, die sich zurückschieben lassen, um *Schaltknöpfe* freizugeben. Nirgendwo sind Mädchen im Bild! Ganz Paradies; ein Bett, eine Festung aus glattem Holz, fensterlosen Wänden und Schaltknöpfen.

Was Hefner anbietet, ist nicht nur eine Phantasie vom Sexangebot irgendeines Potentaten, sondern auch eine Phantasie von der Umweltbeherrschung eines Potentaten – was ganz unvermittelt durch den neuen Lebensstil der Lumpenmittelklasse plausibel wird. *Playboy* bringt eine Serie von Bildberichten, die «Playboy-Buden» heißt. Diese Serie zeigt Unterkünfte, vorwiegend Etagenwohnungen, von *Playboy*-Lesern, die in gewisser Weise dem idealen Environment nahekommen, das *Playboy* befürwortet. Alle von ihnen sind kleinere Versionen von Hefners eigenem 48räumigen Traumhaus – sie haben die gleiche glatte, satte Modernität, Auslegeware, die glatten, dickwandigen Schränke, die Lampen mit

Dämmerschalter, Wendeltreppen und . . . die *Schaltknöpfe*, das Hi-Fi, die Projektoren, das in die Wand eingelassene Fernsehgerät. Der Dekor, dieser ideale Playboy-Dekor, ist wirklich ein Rückgriff auf jenes vage Konzept, das als 1930er bezeichnet wird oder moderne «Moderne». Es war ein Übergangsstil, dessen glatte, dicke Oberfläche den alten aristokratischen Stil mit seinen antiken Stukkaturen, Kannelüren und seinen Behängen, die an den feudalen Statuswettkampf erinnerten, aus dem Felde schlug. Und doch kam dieser Übergangsstil, bevor Modernität sich selbst zu einer neuen Art Elitestatuswettkampf entwickelte, mit solch zerbrechlichem esoterischen Kram wie Corbu-Stühlen, Mies van der Rohe-Beistelltischchen, Paul Rudolph-Treppen, weißen Wänden und bleichen wachsgrünen Innenarchitektenpflanzen.

Hefner zog 1960 in sein Herrenhaus. Das Herrenhaus oder «Das Haus», wie die Leute der Playboy-Organisation es normalerweise nennen, Nummer 1340 North State Parkway.

Drinnen, am Nachmittag, schläft *er*. Hefners geographische Position, ob er nun in der Horizontalen oder auf den Beinen ist oder ob er sitzt, bedeutet eine wichtige Information, sowohl innerhalb des «Hauses» wie im *Playboy*-Büro. Er ist gerade aufgestanden, er ist gerade zu Bett gegangen, er ist drinnen und arbeitet an der *Philosophie* – doch Hefner macht dies alles zu ungewöhnlichen Zeiten, um nicht zu sagen, wann immer es ihm gerade einfällt. Er ist soeben zu Bett gegangen; um 14 Uhr 30. Er ist soeben aufgestanden; um 23 Uhr. Er schläft; und man kann unter den Leuchtröhren sitzen, über einen Schreibtisch aus grauem Metall gebeugt, drüben im *Playboy*-Büro in der East Ohio Street und sich *ihn* vorstellen, wie er seinen Kopf in die daunengestopften Perkals drückt und mit einem Arm unter dem Kopf schläft. Er arbeitet an der Playboy-Philosophie, während man sich die Zähne putzt und die faserige rote Flut aus dem Zahnfleisch hervordringen sieht.

Die offizielle Erklärung von Hefners langen Vom-Tag-bis-in-die-Nacht-von-der-Nacht-bis-in-den-Tag-Sitzungen in seinem Haus läuft darauf hinaus, daß er drinnen unaufhörlich an der Philosophie arbeitet. Und es ist wahr, daß Hefner enorme Energien auf dieses offensichtlich endlose Projekt verwendet. Die Philosophie ist eine feierliche Dissertation Hefners über die Absurdität der viktorianischen Sexualnormen der modernen Welt. Einem östlichen Intellektuellen würde das Ganze jedenfalls wie eine naive und zähe Auseinandersetzung mit einem Koloß erscheinen, den irgend jemand schon vor etwa 40 Jahren umgebracht hat. Nichtsdestotrotz hat Hefner diese Philosophie über 23 Fortsetzungen im *Playboy* entwickelt, und er meint, daß er erst die Hälfte geschafft habe. Auch weiterhin bringen diese Artikel eine Menge Leserpost, meistens anerkennende Bemerkungen – O wonniges Erschauern des Abtrünnigen! – von Geistlichen. Der weiße Auslegeteppich im Wohnzimmer von

Hefners Schlafzimmersuite ist mit großen Hügeln von Recherchematerial bedeckt, das als «Sodomie», «Homosexualität», «Ehebruch» und so weiter kategorisiert ist. Er lümmelt sich dazwischen herum und arbeitet mit einer stromlinienförmigen Schreibmaschine, sitzt da in Pyjama und Bademantel. Die Philosophie scheint tatsächlich eine ziemlich konventionelle Statusleistung Hefners zu sein. Die Philosophie verleiht seinen Unternehmungen tiefsinnige moralische Zielsetzungen, legitimiert sie, um mit Weber zu sprechen; genauso wie die Bibliotheken einst Andrew Carnegie dazu verhalfen, sich wohler in seiner Haut zu fühlen. Aber was soll's? Nur wenige Zentimeter entfernt sind zu jeder Zeit die Schaltknöpfe und die Wunder des *Hauses*.

Im Haus sind natürlich immer ein Führer sowie Michele, die dunkelhaarige *dame d'honneur*, und die Nubier zugegen. Hefner hat einen Stab von Negerdienern in schwarz-weißer Livree, alle groß gewachsen, eindrucksvoll aussehend mit breiten Schultern, schmalen Hüften und kurzgeschorenem Haar; gerade aufgerichtet und schweigend stehen diese nubischen Kraftprotze herum.

Der Führer, wer auch immer es gerade ist, verweist auf das süße, moderne, auf dem letzten Stand befindliche *Waidwerk* des Etablissements. Ganz oben im Haus über den beiden Hauptetagen gibt es Zimmer und Schlafräume, wo etwa 30 Bunnies aus dem Chicagoer Playboy-Club wohnen. Alex und Sandra oder Carl und Deborah – ein bedeutsamer Blick, sie sind unverheiratet –, irgendso ein Pärchen ist zur Zeit irgendwo da oben. Und die Parties – schön, wenn ein Junge und ein Mädchen klarkommen und Hand in Hand die großen Treppen raufklettern wollen, *sagt* niemand etwas, oder vielleicht sagen sie etwas, aber keiner macht sich etwas daraus. Oder wenn Paare zum Schwimmen kommen – und hier braucht Michele nur den Kopf zu neigen und ein großer, schweigender Nubier kommt herüber, verbeugt sich andeutungsweise und aus seiner weißen Manschette kommen eine große schwarze, lederige Hand und ein Gelenk heraus, und er öffnet eine Falltür im Boden des Hauptpartyraumes, im großen Saal, und man sieht hinunter in die Balzgrotte, auf einen Teil des Swimmingpools, der darunter liegt, ein abgeschlossener Pool, in dem *wollüstige* junge Hüpfer im warmen honigfarbenen Chlorwasser schwimmen können.

Und doch kann man eigentlich nichts von dem süßen, warmen Honigwaidwerk des *Hauses* mit der wahren Idee des Hauses vergleichen – nämlich mit der Maschinerie, den *Schaltknöpfen*, der großartigen, geregelten Umwelt. Irgendwie ist das eigentliche Motiv des Hauses, daß man einfach schweigende Nubier hat, die mit ihrer ledernen Faust und ihren gestärkten Manschetten zugreifen, um Falltüren zu öffnen, die zu Swimmingpools führen.

«Hören Sie, Hef, da ich Sie gerade habe . . .»

Gottlieb hat noch ein paar Sachen, die er gern kurz mit Hef besprechen möchte. Das Große-Essen macht Stielaugen hinüber auf die Fernsehkamera in der Ecke nahe dem runden Großen-Jungen-Bett Hefners. Hefner ist jetzt auf den Beinen mit seinen Samtpantoffeln, die sich in den tiefen Auslegeteppich hineinkuscheln. Er ist lebendig, voller Saft. Sein Körper wiegt sich ein bißchen.

Plötzlich stürzt Hefner auf den Gang zu, blickt sich einen Augenblick um und grinst. Einen Moment später kommt er mit einer Flasche Pepsi-Cola zurück. Er kippt sie sich die Gurgel hinunter. Hefner trinkt immer erst ein paar Pepsi-Colas, wenn er aufsteht. Er trinkt etwa zwölf am Tag.

Hef – in einer James Bond-Welt. Der zeitgenössische Einsiedler – der Verbraucherkönig! Hef – im Mittelpunkt der Welt, inmitten der Schaltknöpfe. Und man vermag sich fast das Äußerste vorzustellen – flehend! – wie der Verbraucherkönig mit seinem aufgesetzten Lächeln, mit leuchtenden Augen, den Kopf zurückgeworfen, dort mitten in das größte rundeste Bett der Weltgeschichte zurücksinkt, mit den Händen hinter sich greift . . . nur ein bißchen, zu den Schaltknöpfen, und dann . . .

. . . rrr . . . rrr . . . rrr . . .

. . . das große Bett beginnt sich zu drehen, geht in seine eigene Umlaufbahn, wobei das Ampexvideobandgerät drüben eingeschaltet ist, da kommt sie über den Bildschirm, die Aufzeichnung eines *sehr schönen* Erlebnisses, das genau hier in diesem Zimmer stattgefunden hat, im Mittelpunkt der Welt, der vollkommene Augenblick, erneuert bei jeder Umdrehung des Bettes, jeder Umdrehung eines . . . *gesteuerten* Universums, mit einem selbst als König, flippernd, nicht *ausgeflippt*, sondern *in*, mit der vollkommenen Drehung, herum und noch einmal herum, in immer kleiner werdenden konzentrischen Kreisen, zu auf . . . das Nirwana, *Ambrosia*, man folgt seiner eigenen vollkommenen Umlaufbahn, während dort draußen und für alle zu sehen das . . . *Playboy-Leuchtfeuer!* – da ganz oben, ja! auf dem Playboy-Gebäude sich dreht, das Firmament Amerikas mit dem Zwei-Billionen-Kerzen-Lichtstrahl des amerikanischen Hefnerismus und der vollkommenen . . . Glückseligkeit abschwenkt . . . rrr . . . rrr . . . rrr . . .

4 Das zusammengesetzte Mädchen

In San Francisco heißt der Broadway «The Strip», eine Mischung aus Macdougal Street in Greenwich Village und dem Strich auf der «East Bal'more» Avenue in Baltimore. Das Ganze erstreckt sich etwa über die Länge von vier Häuserblocks, eine angenehm spukige Gasse mit Fleischbeschaunachtclubs, Jünglingskellern, gesättigt von schwarzer Farbe und mit Namen wie *Mother's*, die Lichtprojektionsshows bieten, Alleinunterhalter, *intime* Jazzshows mit brütenden Negern am Baß sowie auch «pittoreske» Bars mit Namen wie *Burp Hollow*, Rülpsloch. Auf dem Broadway gibt es einen Baum. Er ist etwa zehn Zentimeter dick, etwa drei Meter fünfzig hoch und hat 342 winzige Blätter sowie im unteren Teil eine Manschette gegen das Urinieren. Carol Doda stand unter diesem Baum, als könne er sie verbergen. Ein Farbiger vom Parkplatz etwas weiter oben stand auf der Straße und versuchte, ihr ein Taxi zu rufen. Es ist schwierig für Carol Doda, auf dem Broadway an der Straße zu stehen und selbst nach einem Taxi zu winken. Es ist einfach nicht abzusehen, was geschähe oder wie viele entflammte Idioten anhalten würden – oder sonstwas täten – wegen «ihnen», wobei *ihnen* ihre Brüste sind.

Alte Italienerinnen gehen auf der Straße an ihr vorbei und sagen zueinander «*Strega! Strega!*» – und wissen dabei gar nicht, daß Carol selbst ein nettes italienisches Mädchen aus dem Napa Valley ist und durchaus versteht, daß sie «Hexe! Hexe!» sagen, wegen *ihnen.*

Frauen in den besseren Jahren, jene Art von Hartlippigen, die an ihrem Brillengestell Kettchen haben und in Hotel-Zigarrenkiosks arbeiten, gehen um die Mittagszeit vorbei und sagen «He! geh zurück ins Gefängnis» – nur wegen *ihnen.*

Gegen 15 Uhr 30 kommen ausgewachsene Männer mit Klinkenputzerkrawatten, die gerade von ausgedehnten – *na na*! – flüssigen Mittagessen kommen, an ihr vorbei und grinsen und zeigen mit ihren Fingern wie mit Nadeln oder Pistolen oder sonstwas auf sie und sagen «Päng! Päng!» – wegen *ihnen.*

Selbst Carol Doda denkt allmählich von ihnen als von *ihnen.* Sie sind an ihren pectoralis major fest angesetzt wie *Erworbenes.*

«Wenn mich ein Mensch zum Ausgehen einlädt, weiß ich nie, ob er an mir interessiert ist oder an *ihnen.*» So denkt sie über die Sache.

Sie! Carol Doda hat sich während der letzten drei Jahre in regelmäßigen Abständen Silikonemulsion in ihre Brüste einspritzen lassen. Sie sind gewachsen, gewachsen, gewachsen, haben sich vergrößert wie ... Fesselballons, so als hätten die Massen es geradewegs verfolgen können –

sie stellen sich förmlich an, diejenigen, die jeden Abend kommen, um sich Carol Dodas «Oben-ohne»-Vorstellung anzusehen. Jeden Abend, sieben Abende die Woche, schwebt Carol Doda durch ein Loch in der Decke des Condor-Clubs herab. Sie kommt herunter und tanzt auf einem Flügel, der an Drahtseilen unter die Decke gezogen wird, einen Tanz, den sie selbst als Swim bezeichnet. Der Condor macht draußen auf der Markise bescheiden für sie Reklame als «Miss Carol Doda, das Girl auf dem Flügel». Jeden Abend stellt sich die Menge da draußen an, wo der Gehweg in einer Kurve den Hügel auf der Grant Street hinunter geht und die Grant Street direkt in den Broadway mündet; die Leute da draußen hecheln fast. Oben-ohne, oben-ohne, das Mädchen, das sich die Brüste aufgeblasen hat, Wunderbrüste, Wunderbrüste, gib mal . . .

Dann richten sich die Scheinwerfer auf die Decke, und Sam the Man und die anderen ziehen einen Rock-'n'-Roll-Song, ‹*Memphis, Tennessee*›, ab. Die Scheinwerfer beleuchten etwas Verrückt-Aussehendes, das Unterteil eines Konzert-Flügels, dessen Deckel flach gegen die Decke gezogen ist. Carol Doda! Der Flügel kommt an seinen Drähten ganz langsam heruntergeschwebt, und das erste, was alle sehen, ist ein Loch in der Decke mit einer schweren roten Dekoration darinnen, so eine Art gigantische Ludwig XIV.-Version einer Herzklappe. Zwei Beine ragen daraus hervor und stehen auf dem Flügel. Carol Doda! Carol Doda kommt herabgeschwebt und tanzt einen Swim. Zunächst ihre Beine, vollkommene weiße Beine, die herumwirbeln, dann ihre Schenkel, ihre Hüften – sie trägt einen ziemlich beachtenswerten Bikinischurz, der an der Taille beginnt, aber außen an den Seiten frei ist, sich nur an der Innenseite ihrer Schenkel entlangstreckt. Sie ist auch . . . *unten ohne,* wie sie das in der Fachsprache nennen, doch dieser Raum voller gereckter Hälse, die in schweigendem Anstieren zurückgebogen sind, bemerkt das kaum. Sie warten alle . . . auf *sie.*

Der Flügel wird auf dem Boden abgesetzt, Carol Doda steht darauf und tanzt Swim, Jerk, Frug, Jump, Spasm – ihr Gesicht scheint da oben wie eine reine weiße Maske, eine ostereigelbe Haarexplosion sitzt darauf, ein paar Augen mit Wimpern, die wie zwei Kommißschuhbürsten aussehen, eisweiße Lippen, zwei sich windende Arme, ihr ganzer Darm- und Bekkenbeinkomplex windet sich, aber das Ganze ist gewissermaßen nur eine Feuerradrosette für *sie.* Carol Dodas Brüste da oben sind so, wie man sich vorstellt, daß Elektras Brüste hätten sein sollen, zwei unglaublich mammiforme, hervorspringende Teile, keine bloß knetbare Masse weiblichen Gewebes und weiblichen Fettes, sondern eine lebendige, durchäderte Skulptur – ein Eingeweidezapfhahn – große, aufgeblasene, strahlende Morgen-Herrlichkeiten.

Die ganze Vorstellung ist kein Striptease, sie ist gar keine Art von *Tease,* sie ist ein Trickfilm wie die alten Tom-und-Jerry-Cartoons, in denen Tom, der Kater, die Bulldogge kommen sieht und etwa 44 Paar runder weißer Augen – päng – aus seinen Augenhöhlen herausspringen. Carol Doda führt keinen an der Nase herum. Ihre Belohnung liegt da oben wie auf dem Tablett. Sie lächelt nie; bisweilen verzieht sie ihre großen eisweißen Lippen zu einem O. Sie bedient sich nicht einmal der alten Schweinsblasenchoreographie der Varietéhäuser. Sie zuckt nur, verkrampft sich und windet sich in den amerikanischen Standard-Twist-Frug-Tänzen wie irgendein nettes kleines Oberschulmädchen vom Terrassenapartment nebenan beim Samstagabendtanz, die daherhoppelt und Monkey unter einer erdbeerfarbenen Federwischfrisur tanzt, während ihre Mutter mit einem gefälligen Lächeln im Gesicht von der Seite zusieht, als wolle sie sagen, na ja, Carmen ist doch sehr gesellig.

Sam the Man steigt jetzt in eine komplizierte Parodie der Ekstase ein. Er schwingt das Saxophon nach unten zwischen seine Beine, dann über die Schulter, rollt mit den Augen, *Pretty woman, walking down the street,* läßt seine Wangen flattern, bricht in Schweiß aus, läßt die Zunge heraushängen. Carol Doda mimt die Marionette. Die alte Masche zieht immer! «O», machen ihre Lippen. Alle fallen in ‹*I Left My Heart in San Francisco*› ein – Sam the Man beginnt vor dem Mikrofon wie in völliger ekstatischer Erschöpfung zu stöhnen. «Oh-h-h-h-h-h, ich ka-a-a-ann's nicht länger ausha-a-a-alten! Das ist zu vie-e-e-el! Ah-h-h-h-h-h! O-o-o-o-o-o-o-o-o-o-o! Iii! Iii! A-a-a-a-a-a-am! Wiiiiiwiiiiiiiiii! Iiii! Jach! Jach! Oink! Bluuugiiii! Snaaarch! Wiff! Puuuuum-puum-puum! Rumpf! Mips! Iiiiiijah! Iiiiiiirrrrrrcccch! Laß sie doch auuuuuufhören! Halt mich fest! Ich werd verrückt! Ich flippe aus! Ich schnalle ab! Ich werd wahnsinnig! Ich bin rachrach verrrrrrmatscht! Das ist unglauuuuuuuuubliiiiblaaaaabluuuuuublich! Zu vie-e-e-e-e-l! Böser Ma-a-a-a-a-a-ann! Der scharfe Zahn schnappt nach mir! Ich ka-a-a-ann nicht!» – und so weiter und so fort. Aber der ganze harte Kammgarnset sitzt dort unten und weigert sich, an der richtigen Stelle zu lachen – verflixt noch mal, so sehen die also aus, ja, verflixt, sieh dir das an, verstehst du das, genau vor mir da oben. Und selbst die Frauen – wollen dieses Phänomen *studieren.* All right, das ist *abartig* – siehst du, die ... *geben* nicht *nach,* die *bleiben stramm,* die sind echt ... aber wie mögen sich die nur anfühlen? Das muß doch wiegen – und dann sieh sie dir an, wie sie alle nach ihr stieren, die Köpfe zurückgebogen, *glotzend* – bis der Flügel wieder auf das Loch in der Decke zu hochgeht mit Carol Doda darauf, die immer noch twistet und umherzuckt, wobei die Rampenlichter *sie* von unten anstrahlen, während sie nach oben entschwindet. *I lost my heart, in San Fran-cis-co.* Die schweigenden, eingeölten Köpfe der Kammgarnherzchen hier drinnen biegen sich wieder nach hinten, zurück, zurück, während Tony Cassara und Sam the Man die Nationalhymne von San Francisco spielen, ‹*I left my heart ...*›

Die Nationalhymne, wahrlich. Das Oben-ohne-Mädchen Carol Doda und *sie* sind plötzlich einer von San Franciscos großen Reichtümern, zusammen mit den Straßenbahnen, den Hügeln, der Bucht, der Panoramaaussicht und dem Golden Gate. Es gibt mindestens fünfzehn «Oben-ohne-Clubs» in San Francisco, meistens Nachtclubs wie der Condor, die barbusige Mädchen mit den Bikiniversionen des Schamschurzes anbieten wie Carol Doda; die stehen bloß da oben und ziehen ganz normale amerikanische Tänze ab wie Twist, Frug, Swim und so weiter. Und doch gibt es keine größere Touristen- und Kongreßattraktion in Amerika, ausgenommen vielleicht Manhattan.

Die wunderlichsten sind zwei Clubs, der «Of-Broadway» und der «Cellar», mit «Oben-ohne-Kellnerinnen», wie man sie nennt, die das Mittagessen servieren und nichts anhaben bis auf fleischfarbene Bikiniunterhöschen und hochhackige Schuhe. Die neue Geschäftsmittagspause für . . .

. . . die 6-Uhr-morgens-Gespenster von Russian Hill. Um 6 Uhr morgens kann man zum Russian Hill, San Franciscos bester Wohngegend, unten vom Broadway her hinaufblicken, dort wo sie plötzlich steil wird, über dem Tunnel, und da kommen, sich als Silhouetten gegen das erste aschrosafarbene Licht der Morgendämmerung abzeichnend, gute, ehrliche, geschniegelte und gebügelte Gestalten in festem Kammgarn den Hügel herunter und tragen Aktenkoffer, die ledernen Henkelmänner der Wall Street. Da gehen sie den Hügel herunter, der eine hier, der andere dort, die gutsituierten 6-Uhr-morgens-Gespenster von Russian Hill, mit After-Shave und Stephans Haaröl gesalbt, das ihnen der Stammfrisör zuteil werden läßt – die Börsenmakler aus San Francisco, die zur Montgomery Street zur Arbeit gehen, in den Finanzdistrikt, um 6 Uhr morgens, denn um die Zeit ist es in New York 9 Uhr, und die Börse wird geöffnet und wartet nicht, und so ziehen sie den Hügel hinunter wie in einer Einstellung von Fellini.

Eine Gruppe von «Underground»-Filmemachern, die neben der Berkeley-Bahnlinie in Bruchbuden wohnen, sind immer noch unterwegs und drehen von der Schulter ein paar Sequenzen, in denen drei in «Reynolds Plastikhüllen» eingehüllte Musikstudenten wie Raji-Putra, der indische Tänzer, in die Luft springen und sich gegen die ersten Strahlen der aufgehenden Sonne abheben. Sie starren die gesalbten Gespenster bloß stupide an, und der wirkliche Film entgeht ihnen. Spring, Raji-Putra! Gegen 12 Uhr drängen dieselben Börsenmaklergespenster von Russian Hill zusammen mit anderen, manchmal Hunderten von Geschäftsleuten aus San Francisco, dem Off-Broadway oder dem Cellar für ein «Oben-ohne-Lunch» mit geschätzten Kunden zu. Das ist eine *Schaffe*, eine Neuigkeit, ich meine, die Kunden haben da wirklich was von diesem verquasten Spektakel – aber es sind immer dieselben Gesichter, die wieder- und wiederkommen.

Im Off-Broadway herrscht eine tiefe Soho-Schwarzlicht-Düsternis.

Alle Oben-ohne-Clubs in Kalifornien sind in diese Düsternis getaucht, wahrscheinlich damit die Kunden das Gefühl haben, daß niemand sie sieht, während sie sich im Club die Amateurmilchstraße nackter Brüste ansehen.

Die Stil-Show beginnt. Mädchen paradieren auf dem Podium. Sandra hat ein durchsichtiges Spitzen-Bettjäckchen an oder was immer das ist, was ihr von den Schultern hängt, und schreitet in ihrer Bikini-Unterwäsche auf hohen Hacken nach Modeschauart über das Podium. Ein Mädchen am Mikrofon sagt in der Boulevardmanier der Modeschau-Ansagerin: «. . . trägt natürlich feste Stangen zur zusätzlichen Abstützung.» Das Off-Broadway sind *sie* – das Off-Broadway kennt ein Mädchen namans «Yvonne D'Anger». Sie kommt aus einer beleuchteten und mit Theatertüll abgehängten Garderobe am einen Ende des Podiums hervor – der Star! –, ein Mädchen mit rundem Gesicht, fast schmächtig, aber mit daransitzenden großen, hervorquellenden Fesselballonbrüsten.

Sie geht über die Bühne, zwängt sich zwischen den Tischen hindurch, geht zurück zur Bühne, wo sie eine sexy Pose einnimmt. Sie legt sich mit übereinandergeschlagenen Beinen hin, und ihre Brüste stehen stramm nach oben wie Vanille-Eiskrem, sie schwabbeln nicht zur Seite weg, wie das bei den meisten Mädchen sein würde, sondern sitzen fest nach oben gerichtet, und dann kommt ein anderes Oben-ohne-Mädchen heraus und macht mit einer Polaroid-Kamera eine Aufnahme von ihr – *zisch!* – das Blitzlicht fängt in diesem Augenblick all die Festes-Kammgarn-Gesichter, die ihre Hälse recken, ein, diese eingeölten und glotzenden 6-Uhr-morgens-Gespenster von Russian Hill.

Dabei versäumen sie jedoch die außergewöhnlichste Show des Off-Broadway; sie findet in der Küche statt. Es hat etwas Unvergeßliches an sich, wenn sich ein halbes Dutzend Mädchen, nur mit hohen Hacken und Schamschurz bekleidet, in unbequemen Stellungen über Serviertische im aufsteigenden Tagessuppendampf winden, um Salatschüsseln auf ihren Armen zu balancieren, während ihre Brüste hoffnungslos in die Dickichte des fettigen Roquefort, französischer Salatsoße, in die Green-Goddess- und Thousand-Island-Soßen hineinhängen und eine ganze Batterie von schwarzen Köchen sie anschreien, als wären sie nichts anderes als eine Horde ungewöhnlich ungeschickter Kellnerinnen zur mittäglichen Stoßzeit . . .

Carol Dodas Arzt auf der Ocean Avenue in San Francisco führt eine umfangreiche Warteliste mit Frauen aller Art, nicht Showgirls, die einen Satz Spritzen haben wollen. Warum sollte auch irgendeine Frau *warten* – worauf warten? –, wenn der Unterschied zwischen Trübsinn und *appeal* doch bloß ein paar Zentimeter festes Gewebe hier sind, eine gestraffte Falte dort, ein bißchen Körperausfütterung im Lendenbereich, dort vielleicht unter der Kehlkopffalte – oder vollkommene Brüste? Die Philosophie des «Man hat nur *ein* Leben, warum sollte man es nicht als Blondine verbringen?» reflektiert lediglich das *Gegebene*. Selbst im altmodischen New York ist kaum eine einzige grauhaarige Frau zu finden. Warum sollte man vor dem vollkommenen Busen zurückschrecken. Warum reden Leute von der «natürlichen Ordnung»? So eine alte europäische Vorstellung – gemeint ist doch, der *Zaster* hat die natürliche Ordnung verletzt, um Himmels willen. Warm und kalt fließendes Wasser hat die natürliche Ordnung verletzt, Backöfen in der Wand, Gewürzbars, Bier aus dem Heimsiphon und das ganze Wegwerfzeug zerstören die natürliche Ordnung – was sind da schon ein paar Kubikzentimeter Silikon?

Das Silikon wird in Form einer Emulsion in die Muskeln und das Gewebe um die Brüste herum eingespritzt, dort wo sie am Brustbein ansetzen. Was mit der Emulsion nach der Einspritzung geschieht, ist nicht bekannt. Etwas davon *bewegt sich*. Die Spritzen richten die Brüste zunächst steil auf, aber dann beginnen sie wieder zu sacken. Fortwährend sind weitere Spritzen notwendig. Manchmal scheint eine Reihe von Spritzen in einem See oder einem Tümpel irgendwo da unten zu verschwinden. Bisweilen verschwindet die Emulsion. Sie treibt irgendwohin in den Körper ab. Ob diese Emulsion Krebs verursachen kann oder nicht, ist schlichtweg unbekannt.

In Kalifornien gibt es jedoch genügend Frauen, die willens sind, das Risiko auf sich zu nehmen, worin immer es besteht. In Los Angeles wenden etwa 75 Ärzte diese Behandlung an, und einer von ihnen verarztet pro Woche 25 Frauen. Allein in Las Vegas lassen sich 200 Frauen behandeln. Über die Hälfte dieser Patientinnen sind Hausfrauen, und einige Frauen bringen auch ihre Teenage-Töchter mit, weil sie sich nicht schnell genug entwickeln, um . . . zu konkurrieren. Carmen *ist doch* so gesellig. Und tatsächlich ist das eine simple Geschichte in einer Männerwelt, in der die Männer so simple Vorstellungen haben. Schließlich hat sich auch Carol Doda entwickelt, von einem Busenumfang von etwa 86, hinauf, hinauf, Monat um Monat, auf 112, über zwölf Monate hinweg, acht Serien von Spritzen, 800 Dollar. Warum auch nicht? Schließlich hat doch ein jeder Plomben in den Zähnen, Platten im Schädel, einen Nagel in der Hüfte – was ist denn überhaupt der Sinn des Lebens? Ist es bloß weiterzuleben oder zu genießen, angebetet zu werden, umhätschelt, beachtet – oder . . .

Carol Doda wendet sich unter dem Baum um. Ein Mann im weißen Anzug kommt auf sie zu. Er ist ihr neulich zum erstenmal begegnet. Er lädt sie zu *Enrico's*, ins Café ein. Der Farbige hat sowieso kein Glück gehabt, als er ein Taxi rufen wollte. *Enrico's* ist eine Art Via-Veneto-Café von San Francisco. Es gibt dort Tische auf dem Bürgersteig unter einer

Markise, außerdem eine Straßenfront aus schwerem Glas und weitere Cafétische innen. Alle möglichen Leute sitzen da herum, Schauspieler, Werbeleute aus der nahen Jackson-Square-Gegend, Frauen aus Pacific Heights, die nach North Beach zum Einkaufen gekommen sind. Die beiden wollen hineingehen, aber Carol Doda sieht etwas beklommen aus. Sie trägt einen dünnen weißen Rollkragenpullover, und *sie* bilden einen recht ansehnlichen Erker, doch die Eton-Lederjacke bedeckt sie ganz gut. Jeder bei *Enrico's* erkennt sie. Burgess Meredith sitzt in einer großartigen Sportjacke da. Der Klatschkolumnist Herb Caen ist auch anwesend. Larry Hankin und eine Menge Leute vom «Committee» sitzen drinnen. Aber es besteht die Möglichkeit, diese Geschichte, na ja, ganz offen gesagt, rausgeworfen zu werden. Enricos Frau oder irgend jemand anderes hat sie schon einmal hinausgeworfen, und noch neulich hat Mrs. Pacini sie drüben bei *Amilio's* rausgeschmissen. Carol sieht sich ein bißchen in *Enrico's* um.

«Was sagen sie denn so zu dir?»

«Ich weiß nicht – die Frau sagte immer wieder, ‹Wir erlauben hier kein Oben-ohne. Ziehen Sie Ihren Mantel an, hier erlauben wir kein Oben-ohne.› Ich war doch gar nicht *Oben-ohne*. Ich hatte ganz normale Kleidung an, das was ich immer trage.»

Carol Dodas Mund wechselt von einem Lächeln zu einer Art Verblüfftheit, wenn sie über diese Dinge spricht. Sie hat eine etwas heisere, aber keine tiefe Stimme. Sie trägt eine große Fotomodell-Sonnenbrille, die wie zwei umfangreiche Schilde über ihr Gesicht hängt, und sie sieht sich immer noch um.

«Was denken denn deine Freunde?»

«Viele von ihnen . . . die haben einfach nicht mehr dieselbe *Einstellung*. Die haben mich immer ganz kumpelhaft behandelt. Ich meine, als ich noch Cocktail-Kellnerin war. Dann fangen die Leute plötzlich an, sich zu ändern. Sie benehmen sich so, als hätte *ich* mich geändert, die glauben, ich wäre jetzt ein Snob oder so etwas. Das hat mich wirklich geärgert, ich konnte mir einfach keinen Vers darauf machen. Ich finde, ich habe mich nicht geändert, *sie* hatten sich geändert. Das hat mir richtig weh getan. Dann ist mir klar geworden, daß die Leute einen einfach nicht in Ruhe lassen. Ich bin nicht versnobt. Sie sind es, sie weigern sich, einen zu akzeptieren, weil man eben bekannt ist. Ich weiß nicht, vielleicht muß man sich ändern, bloß weil die Leute darauf bestehen, daß man sich ändert.»

Sie ist ehrlich, was all diese Dinge angeht. *Sie ändert sich*. Sie hat eine Menge mitgekriegt vom alten North Beach Auf-der-Suche-nach-mirselbst, vom Selbstanalysen-Syndrom. Was geht hier vor? Sie ist eine Berühmtheit, und das macht ihr Spaß, aber die Leute haben eben komische Ansichten.

Sie *hat* sich geändert. Sehen Sie sich *sie* doch nur einmal an; vielleicht sticht das den Leuten in die Augen. Aber *sie* hat sich nicht geändert, sagt Carol Doda. Die Silikonbehandlung war lediglich kosmetisch. Das war gar nicht so drastisch. Sie hat als Cocktail-Kellnerin gearbeitet, und sie hatte sich im Condor tatsächlich eine große Anhängerschaft erworben. Natürlich kannten die Leute sie. Sie hat mit ihnen rumgeblödelt. Sie sah großartig aus. Sie hatte eine stramme Figur. Dann fing sie damit an, auf dem Flügel zu tanzen. Das war eigentlich erst nur ein Gag. Eines Abends – diese ganze Geschichte mit den Oben-ohne-Badeanzügen war in den Zeitungen und so weiter schon im Gange, und die Männer im Condor sagten, nun mach doch schon, geh doch *Oben-ohne*, Carol. Und das tat sie dann auch, einfach so, und *Oben-ohne* war geboren. Da war also Carol Doda, die in einem Bikinihöschen Oben-ohne tanzte.

Carol Doda – Oben-ohne! –, das war von Anfang an eine große Sache. Die Kunden drängten sich nur so. Carol – Carol hatte eine ansehnliche Figur, eine stramme Figur, eine richtige Tänzerinnenfigur, doch sie war nicht . . . spektakulär. Es war schon gut, wenn man eine ansehnliche Rundumfigur hatte, aber wenn man Oben-ohne war, mußte man schon irgend etwas Spektakuläres zeigen, denn warum sollte man sonst oben ohne was rumlaufen? So fingen die Männer im Condor an zu fragen: Warum läßt sie sich nicht *Spritzen* geben?

«Ich hatte wirklich Angst, als ich zum Arzt ging», sagt Carol zu ihrem Kumpel im weißen Anzug. Dann hebt sie die Hände. «Die Injektionsnadel – ja, die ist etwa *so* lang, das ist wie eine Pferdenadel oder so etwas. Die sieht wirklich furchtbar aus. Einige von den Spritzen setzt er hier herum an, ganz an der Oberfläche. Aber einige andere gehen wirklich tief. Wenn die Nadel eindringt – hab ich wirklich erst furchtbar Angst gehabt; die Schmerzen gehen hier durch bis in die Arme runter. Man kann das bis unten in die Arme spüren.»

«Machst du dir Sorgen um die späteren Auswirkungen, über das, was das Silikon vielleicht anrichtet?» fragt Weißer Anzug.

«Nein», sagt Carol, «das Gewebe wächst um das Silikon herum. Das dauert nur kurze Zeit.»

«Gibt dir denn das Ganze – deinen Brüsten – ein anderes Gefühl?»

«Ja.» Sie lacht, aber nicht besonders ausgelassen. «Ich bin mir . . . der Brüste . . . immer bewußt. Sie wiegen eine Menge mehr, ein paar Pfund. Ich muß einen extragroßen Büstenhalter tragen. Ich muß ihn auch nachts im Bett anbehalten, und ich kann nicht auf dem Bauch schlafen, das ist viel zu unbequem. Ich kann genaugenommen auch nicht auf der Seite schlafen, das ist auch unbequem. Ich muß auf dem Rücken liegen.

Das ist einer der Gründe dafür, daß ich Gymnastik treibe. Ich trainiere mit Gewichten in einer Turnhalle, um . . . meine Brustmuskeln zu stärken. Das hilft mir, die Brüste besser zu tragen.»

Selbstverwirklichung! Gewiß doch! Sie ist eine große Selbstverwirklicherin. Das geht Hand in Hand mit der Selbstanalyse. Sie raucht nicht; sie ißt Nahrungsmittel aus dem Reformhaus; dabei baut sie mit ihrer Nahrung solch eine ungeheure Energie auf, daß sie dafür ein Ventil finden muß. Das Tanzen ist nicht genug, das ist nicht einmal ermüdend. So geht sie jeden Tag in eine Turnhalle und macht Gymnastik. Sie hebt Gewichte; sie arbeitet sieben Tage in der Woche im Condor, jede Nacht kommt sie auf dem Flügel heruntergeschwebt, tanzt Swim und Watusi; das erfordert eine Menge Selbstdisziplin, wirklich. Ein Aspekt dieses Geschäfts, von dem keiner etwas weiß . . .

«Wenn ich manchmal aufwache, möchte ich am liebsten gar nicht aufstehen und das Ganze wieder von vorne durchmachen», sagt sie. Das Lächeln verschwimmt in gewisser Weise aus ihrem Gesicht, flutet zurück und verschwindet wieder. «Aber ich zwinge mich aufzustehen, denn wenn ich das nicht tue, schade ich wirklich niemand anderem, sondern enttäusche mich selbst.»

«Was möchtest du denn irgendwann einmal tun?»

«Na ja, ich möchte eine große Show bekommen. Ich möchte gern zur ersten Garnitur gehören, in New York oder Chicago oder Miami oder dergleichen. Ich hatte Gelegenheit, nach Nevada, nach Las Vegas, zu gehen, aber ich warte auf etwas wirklich Großes.»

«Du machst doch hier jetzt wahrscheinlich eine Menge Geld.»

«Eigentlich nicht. Ich hab tatsächlich als Cocktail-Kellnerin mehr Geld verdient . . . die *Trinkgelder* und so weiter . . .»

«*Da* hast du mehr Geld verdient?»

«Ja – aber, na ja. Mir bieten eine ganze Menge Clubs mehr Geld und alles Drum und Dran an, um ihren Laden aufzuwerten, aber ich sehe keinen Sinn darin, von einem zum andern zu ziehen. Da erreicht man eigentlich nichts. Ich warte auf etwas Erstklassiges. Wie meist du, würde meine Nummer in New York einschlagen?»

Ein hochgewachsener Mann mit ausgeprägten Gesichtszügen und langem Barrymore-Haar kommt plötzlich zu ihnen herüber, irgendein Bursche, den sie kennt, und fängt ein Gespräch an. «Hey, Carol, nimm doch bloß die Brille ab, ich kann dich überhaupt nicht *sehen.*»

Sie blickt zu ihm auf, wobei ihr Lächeln an- und ausgeht. «Kann ich nicht», sagt sie. «Ich hab kein Augen-Make-up drauf und fühl mich ganz nackt. Stimmt wirklich!»

«Ach was, Carol . . .» So geht das eine Weile weiter, und schließlich nimmt sie die Brille ab, die großen Fotomodell-Schilde, und – *Strega,* ehrlich, *Strega* – sie hat recht. Ihre Augen blinzeln inmitten eines vollkommen weißen Gesichts wie irgend etwas, das überrascht in einem Nest zusammenzuckt.

«Ich hab immer Wimpern dran, oben und unten.»

Klar! Eine Heldin ihrer Zeit! Carol Doda trägt künstliche Augenwimpern, aber nur abgestimmt auf ihr ostereigelbes Haar, das eigentlich braun ist und zu ihrer Specksteinhaut paßt, die absolut bleich ist, weil sie ewig, jede Nacht, innerhalb der heißen Fleischbank-Kasbah des Broadway bleibt – Elektra des Vergnügungsviertels! –, um der neuen Welt ein Paar – endlich! – vervollkommneter amerikanischer Brüste des 20. Jahrhunderts darzubieten. Man hat nur ein Leben. Warum soll man es nicht als ein zusammengesetztes Mädchen leben?

5 Der Mittags-Untergrund

Immer gerade bleiben. Halte deinen Schreibtisch geradeaus gerichtet, halte die Stifte gerade, halte die Büroklammern gerade, halte das Klebeband gerade halte die Nase gerade halte die Augen gerade halte den Schlips gerade umgebunden halte den Kopf gerade halte dein Frau gerade halte dein Leben gerade und das da draußen ist der Leicester Square und das ist ein gerader Platz und dies ist ein gerade ausgerichtetes Büro, das kerzengerades Geld macht – hei!

Haltet die Nasen gerade!

Richtet die Nasen aus! . . . Da . . . ist . . . ein . . . Botenjunge, Larry Lynch, ein 15jähriger aus dem Londoner Stadtteil Brixton, der zu der geraden Linie menschlicher Nasen hinaufstarrt. Gelegentlich ist jemand – was zum Teufel ist mit dem Burschen los? Der ist doch tatsächlich, 15 Jahre alt, besser angezogen als jeder andere im Büro. Er trägt einen karierten Anzug mit doppelreihiger Weste und einem Aufsatzkragen, und die Jacke ist in der Taille abgenäht, und die Revers sind so und die Abnäher etwa so und die Rockschöße so und die Hosen kommen ganz eng herunter und flattern dann mit Schlag nach außen, und ein maßgeschneidertes Hemd, das wie . . . *etwa so* am Halsansatz heraufkommt, kleine Einzelheiten, von denen nur sehr wenige Leute überhaupt etwas verstehen, schon gar nicht diese armseligen geraden Nasen hier oben, die viermal soviel verdienen wie er, und die noch nie einen Anzug in ihrem Leben gehabt haben, der nicht von der Stange kam. Er ist ein Arbeiterjunge, und wie die meisten Arbeiterjungen hat er die Schule mit 15 verlassen, vor der mittleren Reife. Aber seit er 12 war, hat er sich seine Anzüge in einem Geschäft namens Jackson's nach Maß bauen lassen. Sein Haar läßt er sich regelmäßig in einer Filiale des College Boy von einem Friseur mit Namen Andy stutzen. Diese . . . geraden . . .

. . . Nasen da oben haben bessere Jobs als er, bessere Adressen, sie sind nette alte Papas mit manikürten Gärten hinter dem Haus und mit Austin 1100ern, sie haben eine bessere Aussprache, aber er hat . . . *Das Leben* . . . und er kennt einen geheimen Ort, zu dem er zur Mittagszeit geht . . .

. . . einen Mittags-Untergrund.

Rumms – es ist Mittagszeit. Warum soll man es den geraden Nasen zu erklären versuchen? Larry Lynch setzt diesen sehr geraden Ausdruck auf wie eine afrikanische Tanzmaske, als würde er das Übliche tun, rausgehen und ein gutes, gerades Londoner Lunch zu sich nehmen. Die geraden menschlichen Muttchen-Männes streben hinaus zum genormten Londoner Büroangestelltenlunch. Mann! Hinaus in die Pubs, um sich die

Gaumen mit bitterem Bier und Sandwiches mit dazwischengelegter Brunnenkresse zu spülen. Oder sie gehen in Irgendwessen Chop House oder in eine Trattoria zum Großen Essen, schütten sich den großen Mittagsbauch und das große Mittagsego mit schottischem Lachs, französischem Wein und Coq au vin voll. Oder ein kleines Essen in irgendeiner Pinte, die wie eine Kathedrale von Le Corbusier aussieht mit weißem Rauhputz und Jazzorgel-Bleiverglasung, wo nette, glühendheiße, in Scheiben geschnittene Gartenschläuche auf Brötchen serviert werden. Aber . . . Larry . . . Lynch . . .

. . . mit . . . seiner . . . geraden Maske geht hinüber zur Shaftesbury Avenue und dann fast bis zur Tottenham Court Road, im Herzen des Einkaufszentrums Oxford Street. Die Sonne – die Sonne ist heute sogar draußen –, die Sonne scheint von den glitzernden Tropfen auf Tausenden aufbrechender einsamer Käfergesichter auf dem mittäglichen Bürgersteig wider, aber Larry Lynch schlägt einen Haken in den Eingang von 79th Oxford Street, in einen Schuppen, der Tiles heißt.

Es ist, als drehe man plötzlich das Licht aus. Der Zugang ist schwarz, die hinunterführenden Stufen sind schwarz, schwarze Wände, schwarze Decken, die sich hin und her winden wie in einem Irrgarten, hinunter in die Schwärze, bis es keinerlei Tageslicht und keine Richtung mehr gibt und plötzlich . . .

. . . Untergrund am Mittag . . .

. . . ein riesiger schwarzer Raum schwellend und atmend angefüllt mit Musik und menschlichen Körpern. Oben an einem Ende befindet sich ein kleines, erleuchtetes Orchesterpodium. Irgend jemand steht da an einem großen Plattenspieler, und Rockmusik füllt den Raum wie schweres Wasser . . .

. . . bei-bii-ii . . .

. . . und im Schimmer sind etwa 250 Jungen und Mädchen, in Sexy-Kluft, muß man wissen, Boys in Hosen mit Schamkeileinsatz, das Zeitalter der Hosen mit Schamkeil, Miniröcke, Netzstrümpfe, Halb-BHs, mußgeschneiderten mons veneris, Cardin-Jacken, bis zum Nabel ausgeschnittenen Hemden mit Knöpfkragen, Viktoria-Schuhe, eingenähten Bügelfalten; mehr Haar, mehr Augen – Augen! – Augen bis hier oben bemalt und bis da unten, mit Silber- und Goldflitter, wie Weihnachtskugeln in die künstlichen Augenwimpern gesetzt – alle toben herum, tanzen in der Schwärze Spasm, Hump, Marcel, Two-backed Beast, während ein Irrlicht von irgendwoher auf den mit Glimmer belegten Augenwimpern von irgend jemand explodiert . . .

. . . unten im Keller zur Mittagszeit. 250 Botenjungen, Büromädchen, Verkäuferinnen aus Kaufhäusern, Angehörige von Londons riesengroßer Kinderarbeitsreservearmee, die mit 15 die Schule verlassen, ergießen sich hier in diesen Keller von Tiles mitten am Tage, um Pause zu machen . . . zurück in *Das Leben*. Der Mann auf dem Podium, der die

Platten auflegt, ist Clem Dalton, ein Diskjockey. Auf der einen Seite im verschwommenen Dunkel befinden sich ein Tresen mit alkoholfreien Getränken, ein Schönheitssalon, der Face Place heißt, und eine Arkade mit Boutiquen, ein Ravel-Schuhgeschäft, eine Schallplattenhandlung, ein paar andere Läden, das Ganze läuft unter dem Namen Tiles Street. Draußen in der Arkade hängt ein Schild: Tiles Street, W1. Der Laden ist als Untergrundstadt für *Das Leben* angelegt.

Sofort hüllt einen die Musik wie eine Vibriermassage ein und – Larry Lynch schiebt sich gerade allein auf den Tanzboden – na wenn schon? – wer braucht schon einen Partner? – eine Menge Jungen und Mädchen kommen hier zur Mittagszeit her und verfallen in diese kinetische Trance, tanzen allein, lassen sich von der Musik packen und ihre Köpfe vernebeln. Berry Slee, ein 19jähriger Bursche aus Brixton, legt in der Dunkelheit am Mittag, he, einen vor wie ein Irrer, tanzt einen Tanz, der Rudy heißt, ganz allein, hat auch diesen irren Anzug an mit Klappen über den Taschen, die etwa zwanzig Zentimeter runterhängen, da wird dir der Kopf richtig vernebelt, und Berrys Freund, Ian Holton, der auch 19 ist, tanzt ebenfalls allein, und Gottogott, dieser *grüne* Anzug, den er anhat, der *vernebelt dir den Kopf*, diese Weste mit den sechs Knöpfen, die in Zweiergruppen angeordnet sind, große grüne Groupy-Arbeit von dem großen Jackson, und dann sind, weißt du, die Mädchen auch alle da unten, aber was soll's, es kommt doch gar nicht drauf an, daß man bei den Mädchen landet, hier gibt es eine Menge Mädchen, die auch allein tanzen, es kommt nur darauf an, daß man eine Stunde lang, jede Mittagspause, in Das Leben eintaucht.

Linda McCarthy vom Ravel-Laden ist da, tanzt mit irgendeinem Macker, läßt ihre Hüften in den Sockeln hin und her klinken. Linda mit . . . den Augen hat es wohl bald als Mannequin oder so was geschafft, könnte schon passieren, aber sie ist gerade erst 17 und arbeitet in dem Ravel-Laden, und in dem einen Augenblick verkauft sie ein Paar jesus-christusgelbe Schuhe und in dem anderen packt die Musik sie wie eine Vibriermassage, und sie verläßt den Laden und geht dort hin und tanzt sich aus und kommt dann zurück in den Laden, verkauf-ein-Schuh, und Jane Dejong ist auch da, macht es genauso, guter Gott, was für einen irren, hüftschwingenden Tanz sie abzieht. Ist das bekannt? Und Liz White und Jasmyn Hardwick, Chris Gray, John Atkinson, Jay Langford, ein 15-jähriger Amerikaner aus Los Angeles, nur daß er jetzt ein echter Engländer aus Willesden ist, und Steve Bashor, der am Strand wohnt und 17 ist, aber wie 21 aussieht; er ist schon in der Handelsmarine zur See gefahren und zurückgekommen, und jetzt geht er jeden Tag zur Mittagszeit in die Dunkelheit zu Tiles hinunter und steht an der Kante des Podiums und sieht zu, er tanzt nicht, er sieht bloß zu und läßt . . . sich von der ganzen Sache packen wie von der großen guten Vibriermassage, und Sunshine

Newman – o Gott, Sunshine hat seinen Job in der Schreibwarenhandlung in der Wardour Street verloren, kümmert sich aber einen Dreck darum, und Sunshine wird jetzt wirklich wild mit so einer Art gelber Brille auf, in seinem weißen Jersey mit dem Klappkragen und der großkarierten Jacke, Sexy-Kluft. Wer . . . schert . . . sich . . . schon . . . um . . . eine . . . Kündigung . . .

. . . im-Mittags-Untergrund. Abends gibt es bei Tiles die ganz normalen «Beat-Club»-Sessions mit namhaften Gruppen auf dem Podest, und da stehen sie dicht gedrängt wie in einer Menge anderer Clubs, wie im Marquee, im Flamingo, im Ramjam, im Locarno Ballroom und anderen. Doch die Mittagsszene bei Tiles, der Mittags-Untergrund, ist der perfekte Mikrokosmos Des Lebens von Arbeiterteenagern in England.

Was wichtig ist, Das Leben – der «mod»-Lebensstil, der etwa 1960 angefangen hat – hat sich innerhalb des letzten Jahres verändert. Es ist zum Leben totaler . . . diese Burschen haben einfach eine Möglichkeit gefunden, fast völlig aus dem konventionellen Klassenjobsystem in eine Welt, die sie unter Kontrolle haben, auszuflippen. Praktisch verlassen alle von ihnen mit 15 die Schule, warum also noch im alten Stil weitermurksen? Warum zu Hause wohnen, bis man 20 oder 21 ist, das alles einstecken, die irren Ausflipper bloß am Wochenende machen, Mod- und Rockerwettkämpfe nur im Frühling abziehen oder sich bloß samstagabends in irgendeinem Tanzsaal den Kopf vernebeln.

Im vergangenen Jahr sind Tausende von diesen Arbeitermods mit 16, 17 oder 18 von zu Hause weg, sogar Mädchen, besonders Mädchen eigentlich, und nach London in Wohnungen gezogen. Sie gehen arbeiten, in Büros, in Läden, in Kaufhäusern, für 8 bis 10 Pfund die Woche, aber das langt, sie in Das Leben einzuschleusen. Sie nehmen sich gemeinsam eine Wohnung, drei, vier, fünf Mädchen in einer Wohnung, in Wohngebieten wie Leicester Square – o Jesus, *Leicester Square* – Charing Cross, Charlotte Street, oder sie wohnen bei ihren Freunden, oder man zieht von einer Bude zur anderen. Jedenfalls spielt sich alles innerhalb eines sehr festgefügten Lebensstils ab, der weitgehend auf Kleidung, Musik, Frisuren und . . . einem supercoolen Ausblick auf die Welt beruht.

Das ist der Lebensstil, der sie einmalig macht, nicht Geld, Macht, Position, Talent, Intelligenz. Wie die meisten Leute also, die ihr Leben auf einen Stil einrichten, sind sie ziemlich großspurige, ungerührte Zyniker, was alles andere angeht. Sie haben wesentlich weniger nationalistische Gefühle zum Beispiel als der orthodoxe englische Linksintellektuelle. Sie akzeptieren England ganz einfach als ein Land, mit dem es bergab geht, was soll's auch, und Amerika als ein Land mit Macht, mit Geld, und wenn man etwas davon erwischen kann, fabelhaft; die Musik ist gut, und die kann man haben, und Vietnam interessiert sie überhaupt nicht, Krieg, die Bombe und all das, außer daß englische Armeeuniformen unbeschreiblich schäbig sind.

Ihre Kleidung symbolisiert ihre Unabhängigkeit von der alten Vorstellung eines Lebens, das auf einer Abfolge von Jobs beruht. Zur Hölle damit. Es gibt kaum einen Burschen in ganz England, der nicht die ehrliche Hoffnung hegt, auf überzeugende Weise durch Erfolg am Arbeitsplatz voranzukommen. Engländer beginnen schon früh zu spüren, daß die Entwicklung festgelegt ist, und die Arbeit dir lediglich hilft, an der Stelle über Wasser zu bleiben, in die du hineingeboren bist. Arbeiterteenager flippen deshalb einfach aus dem verfluchten System aus, aus dem Jobsystem, und sie flippen in Rollen wie . . . Ritter der Schamkeilhosen und Miezen vom Minimons . . . Das Leben.

Und kein einziger fällt in das alte Pubsystem zurück, in dem man sich den ganzen Tag die Eingeweide aus dem Leib schuftet und abends dann in den schäumenden Schwemmsand des grell aufgedonnerten Wirtshauses versinkt, wobei man die Wangen und die abgeschlafften Gewebe des Körpers mit dem schäumenden, klebrigen Etwas auflädt. Zum Teufel, eines wissen die Arbeiterteenager, daß man nämlich für fünf Shilling im Pub auf keine Art besoffen werden kann, aber für fünf Shilling kann man genug Pillen kaufen – «purple hearts», «Tiefenbomben» und andere Annehmlichkeiten der pharmakologischen Kunst – oder «hash» oder Marihuana – oh, irre Cannabis! –, um für Stunden high zu sein. Nicht daß bei Tiles im Mittags-Untergrund sich irgendeiner antörnt, aber unter Arbeiterteenagern ist Das Leben, selbst seine Höhen, verschieden. Zur Hölle mit Bitterbier, Brunnenkresse und dem alten Schmalzbauch, der dir zuruft, daß Zeit zum Austrinken ist.

Das Geld, naß vom klebrigen Schaum, ist viel besser in Kleidung angelegt. Praktisch alle Arbeiterteenager in Dem Leben geben ihren halben Lohn, vier bis fünf Pfund, für Kleidung aus. Einige geben das Geld jede Woche automatisch ihrem Schneider, denn der macht immer irgend etwas für sie. Es gibt keine Konkurrenz mehr zwischen «Mod»- und «Rocker»-Stilrichtungen. Der Mod-Stil und der Lebensstil haben völlig die Oberhand gewonnen. Arbeiterjungen, die sich nicht nach dem gängigen Mod-Stil kleiden – und sie brauchen eine Menge Geld und, normalerweise, einen Schneider –, sind einfach out. Kurz nachdem Larry Lynch auf die Tanzfläche hinausgeht, kommt so ein Typ, ein 17jähriger, in Nicht-Mod-Kleidung, in richtig uriger Kluft, in verwaschenen Levis und einer Jacke, die wie eine kurze Jeansjacke geschnitten ist, aber aus Wildleder, und mit langem Haar nach der Art der Rolling Stones, zu Tiles runter, und er spricht ein paar Mädchen am Rand der Tanzfläche an und geht lachend wieder weg und redet mit einem Amerikaner.

«Weißt du, was die zu mir gesagt hat?» sagt er. «Sie hat gesagt: ‹Schieb dich, mieser Gammler.› Die sind alle auf einen Macker in purpurrotem Mohairanzug aus. Das hat die zu mir gesagt – ‹Mieser Gammler›.»

«Wie heißt du denn?»

«Sebastian.»

Es stellt sich heraus, daß er Sebastian Keep ist, der als Fotoassistent in London arbeitet, aber aus einer wohlhabenden Familie in Hastings kommt. Er sieht bei Tiles mal von Zeit zu Zeit während der Mittagszeit rein, um mit Pat Cockell zu reden, die 19 ist und den Ravel-Laden bei Tiles leitet. Sie sind beide aus Hastings und sind irgendwann einmal zusammen auf Public Schools gegangen und haben all den Kram miteinander durchgemacht, aber andererseits demonstrieren sie den Klassenunterschied, der immer noch besteht, selbst in der Welt der Londoner Teenager.

Die ganzen Artikel über «Swinging London» schienen von der Voraussetzung auszugehen, daß das Klassensystem auseinanderfällt und daß diese großartig vitalen jungen Proleten vom East End ans Ruder kommen, und wenn man bei Dolly's, Sibylla's oder David Bailey's Studio reinkommt, sieht man, was sich abspielt. Eigentlich ist das ganze «Dabeisein», der «angetörnte» Set der jungen Londoner – oder das «Junge-Herren-Netz», wie es genannt wird, im Unterschied zum «Alt-Herren-Netz» in Eton und Harrow – fast völlig weg von den Mods aus der Arbeiterklasse. Er besteht vorwiegend aus Bürgerlichen, gelegentlich aus noch besser Gestellten, doch vorwiegend aus bürgerlichen jungen Männern und Frauen in freien Berufen, Fotografie, Mode, Showbusiness, Werbung, Journalismus. Außer den vier Beatles selber und vielleicht zwei Schauspielern, Terence Stamp und Michael Caine, und außer zwei Fotografen, David Bailey und Terence Donovan, gibt es überhaupt keine Arbeiterjungen im Junge-Herren-Netz.

Die Jungen Herren, einschließlich einiger Abenteurer und Voyeure aus der Oberklasse, haben in ihrem Lebensstil nachdrückliche Anleihen bei den Arbeitermods gemacht, wenn auch auf eine etwas verschämte Art. Sebastian Keeps Beruf, Assistent eines Fotografen, und sein Kleidungsstil, Rolling Stones 1964, sind in der Junge-Herren-Welt akzeptabel. Die Wildlederjacke – geschnitten und so genäht, daß sie dem Muster von Baumwolljeansjacken ähnelt – kostet 25 Guineas, und diese Art von Tiefstapeln, wie wenn man einen billigen Regenmantel mit Zobel füttert, wird von den Jungen Herren geschätzt, doch für die Mods – für die bedeuten 25 Guineas einen ungeheuren Mohairanzug bei Jackson's wobei die Revers so geschnitten sind wie eine Litewka, na klar, und . . .

Nur die Jungen Herren, die Bürger, gehen, um sich Kleidung zu kaufen, zum Londoner Herrenmode-Zentrum, der King's Road in Chelsea. Sowohl die Jungen Herren wie die Mods gehen zwar zur Carnaby Street, aber öfter noch sehen sich die Mods Carnaby Street wie eine Art Show oder ein Ambiente an, und dann ziehen sie wieder los und lassen sich ihre Kleidung genauso woanders machen, wo die Anzüge weniger kosten, selbst als bei einer so großen Herrenausstatter-Kette wie Burton's.

In Carnaby Street Schaufenstergucken! Bei Gott, vorher war man bei

Tiles, so macht es jedenfalls Sunshine jeden Tag um die Mittagszeit. Sunshine, dessen richtiger Name Tony Newman aus Stamford Hill, Tottenham, ist, und den sie auch schon mal Blossom, Blüte, genannt haben – Sunshine ist immerhin besser als Blossom – Sunshine haute aus seinem Schreibwarenladen, mit der geraden Mittagsmaske aufgesetzt, ab und dann geradewegs nach Carnaby Street, wo er bloß rauf und runter lief, die beiden Häuserblocks entlang, eine Stunde lang, am Lord John vorbei, an Male West One, an Tom Cat, Männerboutiquen mit wunderlichen, ungeheuer vergrößerten Fotografien im Schaufenster, auf denen junge Männer mit einer Art Batman-Strapsgürteln durch die Luft fliegen und Rockmusik aus den Türen strömt, und wo Burschen genauso wie er, wie Sunshine, auf und ab promenierten, und Touristen, Mann! Hunderte von Touristen, die da hinkamen, um sich gegenseitig vor Male West One anstatt vor Big Ben zu fotografieren, und wohin ganze Busladungen von Schulmädchen mit ihren grünen Blazern und den gestickten Schulwappen auf der Brusttasche kommen, um sich die unglaubliche Carnaby Street anzusehen, die sich dann als eine sehr kleine Straße mit Läden und Markisen und Leuten erweist, die mit der Kamera in der Hand herumstehen und mit den Sunshines, allen Sunshines dieser Welt, die ihre ganze Mittagszeit lang rauf und runter flanieren, ohne einen Fitzen zu essen, einfach nur tief in Das Leben eintauchen.

So war das, bevor es Tiles gab. Samstagabends gibt es bei Tiles eine All-Night Session, bei der Jungen und Mädchen völlig erschöpft ausgestreckt auf den Treppenstufen am hinteren Ende der Arkade liegen, wieder zu sich kommen, sich aufrappeln und zucken und noch ein wenig in einem komatosen Erwachen hüpfen, dann wieder erwachen und zurück auf die Tanzfläche gehen. Das ist wie mit den Schwestern in Weiß, die alleine zu den Rhythmen der Lärmband bei der Beerdigung von Daddy Grace in Washington, D. C., tanzten, in jene ekstatische kinetische Trance verfielen, o sweet Daddy, o du großer Laban, tanzten, bis sie schließlich zusammenbrachen, und man sie zur Seite wegzog, lang ausgestreckt, und sie so liegen blieben, bis ihre Köpfe wieder zu zucken begannen und sie aufstanden, jene Berge von hingebungsvollem Fett wieder anfingen, sich zu winden.

Am Pfingstwochenende macht Tiles den ganzen Tag und die ganze Nacht durch, und alle kriegen einen kleinen Einblick ins Totale Leben, an jenem Tag, an dem sie alle komplett zu leben vermögen, den ganzen Tag lang, in einer Welt des Mod-Stils, in Musik eingetunkt, ganz in Schale, ausgeflippt, zerfetzt, zerschunden, am Brennen, besoffen von allem, in einer Rolle aufgehend – die Ritter von den Hosen mit Schamkeil, Miezen des Minimons – nur bloß keinen Job. Die Idee von der Arbeiterklasse oder dieser oder jener Klasse wird irrelevant, außer daß . . .

. . . o Gott, wenn du nur irgendwie Geld machen könntest, ohne Das Leben hinter dir zu lassen, so wie Clem Dalton, der Diskjockey ist und bei

Tiles die Platten auflegt, in ein paar flotten amerikanischen Floskeln daherredet, die ganze Zeit die großen *Künstler* um sich hat, wie Lee Curtis, der in diesen amerikanischen Clubs in Deutschland singt, und Lyn Wolseley, die früher mal bei den Beat Girls war und eine große Tänzerin und überhaupt alles ist. Ein Diskjockey! Also wollen sämtliche Jungen Diskjockeys werden und sie tun alles für eine Chance.

Wie Sunshine – eine von Sunshines großen Ängsten besteht darin, daß er sich wieder auf einen Job festlegt, der so wie der im Schreibwarengeschäft ist, wo er einen Schlips tragen muß; denn man muß wissen, daß Sunshine seine eigene Variante des Mod-Stils entwickelt hat . . . ganz darauf abgestellt, Jerseypullover mit Klappkragen zusammen mit diesen großartig geschneiderten Jacken zu tragen, weißt du, ein *weißer* Klappkragen kann großartig aussehen, praktisch wie ein Abendanzug.

Sunshine jedenfalls ging zu Kenny Everett, der bei Tiles die Mittags-Sessions leitet. Kenny also ist ein Diskjockey, und Sunshine wollte einen Job als Diskjockey bei Radio Caroline oder Radio Luxemburg haben, einem der Piratensender. Das wäre doch groß – Sunshine, der am ersten Tag von der Küste ins Meer sticht, vorne in einem kleinen Boot, den Kopf nach oben gereckt, und der Wind prallt von seiner gelben Sonnenbrille ab, und dieser Klappkragenjersey, vielleicht ein roter, hochgeschlossen, und Sunshine hat die Hände in den Taschen. Kenny Everett sagte ihm, er solle doch mal ein Tonband aufnehmen, und dann wolle er sehen, was er für ihn tun könne. Er riet ihm, bloß so vor sich hin zu reden, als wolle er eine Platte ansagen, einfach so etwas lebendig, aber keine üblichen Gags oder so.

Also besorgte sich Sunshine ein Tonbandgerät, und dann kam der Tag, an dem er sich in sein Zimmer setzte und das Mikrofon des Bandgerätes hochhielt und sich konzentrierte auf – was zum Teufel sagen diese Diskjockeys noch? – Wo kommt bloß all das Zeugs her? –, und er hatte die Stimmen der Diskjockeys alle im Kopf, all das Zeugs, das sie so von sich geben wie «Jetzt, Baby, eine Platte für die künstliche Niere, eine Platte für euch und für die künstliche Niere, für alle Jungen und Mädchen der North-College-Kunstakademie, die gehen ja mit der Sammelbüchse rum, um Geld für die künstliche Niere zu sammeln, und Elise Thredder, die auch an der Akademie ist, weißt du, Elise, du hast mir über Cilla Black geschrieben, Elise, du hast gesagt, daß sie gesagt hat, wir sagen, daß die gesagt haben, ach mein Kopf, mein Kopf ist – auwei! –, hör mal zu, Elise, ich hab schwer einen Bock auf die, ich hab einen Bock auf die, ich hab einen Bock auf das Mädchen, laß dir das mal sagen, das sag ich dir, ich hab einen Bock, hab einen Bock, und ich hab auch einen Bock auf all die Polizeikadetten, ich meine es ernst, diese Platte ist für die künstliche Niere und die Polizeikadetten, jetzt für euch und tut mir leid, wenn mich mal einer erwischt, wenn ich gerade die Hand im Schaufenster habe, erinnert euch daran, ich hab hier eine Platte für die Polizeikadetten aufgelegt und für die künstliche Niere und für die Clubmitglieder überall, Gott segne ihre kleinen Herzen, ihre Winzlingherzen und ihre Winzlingleber und ihre Winzlingnieren, nein, ich mein das ernst, meine Damen und Herren und Freunde . . . ich meine das ernst mit der künstlichen Niere, die Mädchen in der North-College- Kunstakademie machen etwas durchaus Nachahmenswertes, sie haben es auf sich genommen, dem Leichenbestatter ein Schnippchen zu schlagen, das kann man wohl sagen, im Namen all der wunderbaren Leute mit dem . . . nein . . . ich meine das . . . und wir sind gar nichts, bis wir die große Prüfung auf dem Berg bestanden haben, und hier haben wir das Passende, Mr. Billy Walker und . . . *‹A Little on the Lonely Side›*.»

Wie machen die das bloß! Sunshine versucht es nachzumachen. Er spielt das Ganze noch einmal ab, aber irgendwie kommt das nicht richtig raus, er weiß nicht genau warum, und so hat er Kenny das Band noch nicht gegeben, aber eines Tages, irgendeines Tages . . .

. . . irgendeines Tages muß Sunshine, muß jeder einen Dreh finden wie Linda. O Gott, Clem Dalton ist das Idol der Jungens, die wollen alle Diskjockey werden, aber das Idol der Mädchen ist praktisch Linda, die im Schuhladen arbeitet. Linda steht gerade an der Schwelle des Erfolges, des Durchbruchs, so daß sie ihren ganzen Lebensunterhalt innerhalb Des Lebens verdienen kann, und dabei ist sie erst 17.

Linda kommt aus Grays in Essex. Mit 15 verließ sie die Schule wie die Mehrzahl ihrer sechs Brüder und Schwestern, aber die meisten blieben zu Hause in Grays, bis sie erwachsen waren, doch Linda, es ist ja nicht so, daß sie ein besonders wilder Zahn ist oder so etwas, es ist ja bloß, daß . . . Das Leben, sie war da schon mitten drin, bevor sie es überhaupt wußte. Sie konnte tanzen, und wie sie ihre Kleider trug – Linda hat keinen einzigen Rock, der länger als 20 Zentimeter über dem Knie ist, das ist wirklich wahr, und diese großen Hosen mit Schlag und ihre Augen, sie malt sich diese unglaublichen Augen an, ein breites Schattenband zwischen dem oberen Augenlid und den Augenbrauen, das fast drei Zentimeter breit aussieht, darunter ein schwarzer Rand, und dann malt sie auch die Wimpern an, malt sie an, unter ihre Augen malt sie diese Streifen, die einzeln auf ihre Backenknochen herunterreichen, und ihre schwarzen Fransen auf der Stirn fallen herunter und scheinen gemeinsam mit ihren Augen Teil eines unglaublichen Entwurfs zu sein, das alles ist ein großes Muster, eine Maske – jedenfalls, Linda ging nach London als sie 15 war, und sie und drei andere Mädchen zogen in eine Wohnung am mutterlosen Leicester Square, und ziemlich bald war Linda mitten drin in Dem Leben.

Sie nahm einen Job im Büro an, aber das war, als ob, weißt du, das war richtig Kacke, und Linda kam mittags runter zu Tiles, es war wie ein Zwang, mittags in Das Leben einzusteigen, bevor sie in dieser abgeleckten Bürowelt ausflippte, und eines Tages war sie wieder da unten mit ihrem großartig aufgemachten Gesicht, klickte mit ihren Hüften, war in die kinetische Trance versunken, und da sah Pat Cockell sie. Er brauchte jemanden, ein Mädchen, das im Ravel-Laden in der Arkade arbeiten wollte, jemanden, der verstünde, was all diese Mod-Mädchen aus der Arbeiterklasse wollten, wenn sie reinkämen. Da hat er sie eben gefragt.

Linda ging die Arkade entlang in den Laden, und selbst dort drinnen, durch die Tür, konnte sie die Musik vom Podium hören. Sie konnte die Musik hören und den Tanzboden, und die Kids wären nur etwa 15 Meter weit weg, das war es, und das war fast genauso, als wenn man die ganze Zeit mitten in Dem Leben stecken würde. Also nahm sie den Job an, und schon bald verkaufte sie einen Schuh, und dann ist einen Augenblick lang niemand im Laden, also geht Linda raus auf den Tanzboden und verfällt eine Nummer lang in die kinetische Trance, kommt wieder zurück und verkauft einem Mädchen einen jesus-christus-gelbes Paar Schuhe.

Linda machte 9 Pfund 10 Shilling die Woche. Etwa 25 Shilling gingen an die Steuer, 2 Pfund betrug ihr Anteil an der Wohnung, 3 oder 4 Pfund die Woche gingen für Kleider weg in Läden wie Biba – und 30 Shilling die Woche für Lebensmittel. Das ist alles! 30 Shilling – aber, mein Gott, seht sie euch an, sieht sie nicht großartig aus, und wofür sind denn diese ganzen, regelmäßigen, entsetzlich geraden, dreimal täglichen *Lebensmittelinjektionen* überhaupt gut. Und eines Tages verkaufte Linda ein Paar jesus-christus-gelbe Schuhe oder irgend so etwas und klickte dann draußen wieder auf dem Tanzboden, und jemand erzählte Marjorie Proops, der Klatschkolumnistin, von ihr, und die Proops brachte ihr Bild, und dann kam die Fernsehgesellschaft Desilu Productions, die irgend etwas über London machte, und brachte sie in einer Szene unter, und nun kommen die Fotografen und nehmen sie auf – und Linda steht *an der Schwelle*, sie könnte durchaus Mannequin werden oder ... eine *Persönlichkeit*, eine Berühmtheit, und das passiert manchmal tatsächlich, und sie hätte dann Pat Cockell als Manager, o Gott, Linda könnte es schaffen, sie könnte dann Das Leben total leben ... und dennoch hat Linda eigentlich nicht allzuviel dafür übrig.

Die Leute kommen rein und reden mit Linda, wie dieser Amerikaner, der gerade da drin war, und sie hört zu und antwortet auf Fragen, aber dann legt Clem Dalton da draußen wieder etwas auf, wie zum Beispiel ‹*Hideaway*› ...

... Hideaway ... Come on! ... far from the light of day ... Come on! ... leaving the world behind.

... und Lindas Augen bekommen plötzlich einen Glanz, und ihre Beine in den Nadelstreifenhosen mit Schlag beginnen zu pumpen, und dann ist sie schon zur Tür raus und taucht in die Dunkelheit, in die Mittagsdunkelheit bei Tiles ein. *That's where we're gonna stay.* Und was macht das schon, wenn sie es nicht schaffen sollte. Das Leben ist immer noch da, man kann es immer noch für weniger als 10 Pfund die Woche haben, Clem Dalton wird nie aufgeben, Jackson wird ewig leben, *I-love-you-drops, I-miss-you-drops,* und Ian Holton ist unterwegs in den Straßen von London mit einer grünen Weste, die einem den Kopf vernebelt, und Berry Slee und Jay, Liz, Jasmyn, Jane, alle Jays, alle Lizzes, Jasmyns und Janes dieser Welt – und Larry Lynch . . .

Hideaway – Larry Lynch sieht auf sein Handgelenk, wunderbar, wie die Manschette gewissermaßen hervorquillt, weiß, wie sie aus dem karierten Ärmel herauskommt, ein halber Zoll wunderschöne Brixton-Manschette bricht sie hervor, und, Jesus Christus, er ist schon zwölf Minuten zu spät dran, und er macht sich durch den Irrgarten von Tiles auf den Rückweg, durch die Schwärze, das ist, als entblättere man sich, und die schwarzen Stufen hinauf – rasch! –, die Sonne schlägt ihm entgegen und reißt ihm fast die Augen aus, aber die gleichen aufplatzenden Insektengesichter schweben immer noch auf und nieder, die Bürgersteige entlang, vorbei an den gleichen Geschäften, Taxis, Bullen, dem gleichen Marks & Spencer-Laden . . . der gleiche Leicester Square und – wie herrlich! – er wußte doch, daß es so wäre, dort, zurück im Büro, gleichmäßig, gleichmäßig, gerade, gerade, die gleichen Reihen von . . . geraden Nasen, die alle in dieselbe Richtung weisen, auf die Ewigkeit zu, als sei überhaupt nichts geschehen.

6 Die Milden

Gott weiß, wie viele tausend brave Arbeitspferdebürger in Columbus, Ohio, in Toms eigener Stadt, an der Harley-Davidson-Niederlassung, 491 West Broad Street, alltäglich vorbeifahren, ohne je *Toms Bombe* zu sehen, dieses verdrehte Monster im Schaufenster. Und doch gibt es viele Jungen und Männer, gewissermaßen religiöse Fanatiker in Los Angeles, Oakland, Chicago, Cleveland, die von dieser Maschine wissen. Sie haben auch von diesem *Ekstatiker* in Columbus, Tom Reiser, gehört – dem Macker, der ein Motorrad mit Automotor fährt . . .

Befreiung!

Toms Bombe steht auf einem Podest in einer Ecke des Schaufensters. Es ist eine Harley-Davidson 74-XA mit einer Chevrolet V 8-Maschine. Reiser hat einen ganzen Automotor in ein Motorrad eingebaut. Er mußte den Motor quersetzen, so daß der halbe Motorblock an der einen Seite des Motorrads hervorsteht und die andere Hälfte an der anderen, er ragt aus dem Rahmen hervor, direkt vor den Beinen des Fahrers und hinter dem Vorderrad. Die Proportionen sind wie die eines großen Findlings, der durch eine Sperrholzplatte gerammt wurde. Der Motorradrahmen wiegt 140 Kilo und der Motor 250 Kilo, ein Chevrolet V 8 mit allen Kühlvorrichtungen, Kabeln, Schwungrad, alles ist zu sehen.

Reiser hat die Idee von einem anderen Untergrundhelden der Motorradwelt, Ed Potter. Ed Potter ist im Motorradfahren das gleiche wie Chuck Berry, Muddy Waters, Hank Williams oder einer von diesen Leuten in der Musik, eine *urwüchsige* Folklorefigur der Route 422 oder sonstwoher. Potter baute einen vollständigen Automotor in einen Motorradrahmen ein und nannte die Maschine «Bloody Mary». Ein Getriebe brauchte er ebensowenig wie eine Gangschaltung. Er konnte nicht kalt starten und beschleunigen. Er mußte rausgehen auf die Drag-Rennpiste und dann mit seinem Kumpel Jimmy das Hinterrad aufbocken. Dann gab er Gas, bis sich das Hinterrad etwa mit der richtigen Umdrehungszahl für 180 km die Stunde drehte. Sein Kumpel Jimmy trat den Wagenheber drunter weg und – heiliger Bimbam –, das Hinterrad schlug auf den Asphalt und quietschte wie eine Frau, und er haute die Bahn hinunter ab, in sämtliche Richtungen wie ein Fischschwanz ausschlagend, manchmal auch geradewegs in die Menge. Er war eben ein richtiger Draufgänger.

Tom Reiser verfeinerte das Ganze. Er erfand ein Motorradgetriebe von der Art, wie sie an den Lenkstangen von Motorrädern bedient werden, für den Chevrolet V 8-Motor. Reiser ist wirklich ein Motorrad-Gelehrter; ein Aspekt, den die Leute im allgemeinen nicht verstehen, wenn es um die Motorradfans geht. Burschen, die an Rennen teilnehmen, ob nun an Drag-Rennen wie Reiser oder Moto-Cross-Rennen oder Straßenrennen über weite Entfernungen, Berg- oder Querfeldein-Rennen, sind äußerst eifrig. Sie entwickeln eine priesterhafte Leidenschaft für die Mechanik der Geschwindigkeit. Sie sind wirklich religiöse Männer, die durch Hingabe an die Befreiung durch den Verbrennungsmotor verpflichtet sind. Sie sind von dem meisten säkularen Krempel unabhängig. Praktisch verbringen sie ihre ganze Freizeit mit der Arbeit an den Maschinen. Selten trinken sie viel, denn dazu braucht man zuviel Zeit, auch rauchen sie nicht viel, weil das nur hinderlich ist, wenn man an der Maschine arbeitet.

Reiser sieht ungefähr wie Slats in dem Comic «Abbie und Slats» aus. Er ist 29 Jahre alt, groß, blond, knochig, offen und draufgängerisch. Er sieht nach einem *Western* aus, könnte man vielleicht sagen. Er ist verheiratet und hat zwei Kinder. Sein Vater, der im Ruhestand lebt, hatte einen Blumenladen, und seine Mutter war Näherin. Er ist in Columbus auf die South High School gegangen und wurde später in der Mechanikerschule von Harley Davidson in Kalifornien ausgebildet. Er war immer ein Genie, was Motorräder anging. Und Mut – einfach Nerven – damit schien es so, als ob seine priesterliche Leidenschaft für das Motorrad, für Geschwindigkeit, es ihm möglich machte, praktisch alles zu versuchen, Geschwindigkeit aus einem Motorrad herauszuholen. 1965 gewann Reiser die Kanadische Bergmeisterschaft, und er ist dabei, den Geschwindigkeitsrekord auf den Salzseen in Utah zu brechen. 1961 baute er «Toms Bombe» zusammen, und Gott sei Dank hatten sie gerade die Autobahn von Columbus nach Westen, nach Cincinnati, gebaut, die Route 71, denn dort gab es die Möglichkeit, die Maschine auszuprobieren.

Das bundesweite Autobahnprogramm ist überhaupt ein Gottesgeschenk für die Leute, die im Staat Ohio an der Geschwindigkeit basteln. Die schönste Zeit ist bald nachdem ein Autobahnabschnitt gebaut ist, aber bevor er für den Verkehr freigegeben wird. Ohios Speed Kids, die Motorradfahrer, die Drag-Rennfahrer sowohl mit Autos wie mit Motorrädern, folgen diesem wunderbaren Autobahnsystem, wohin die Straßenbaufirmen auch immer gehen. Nachts fahren sie schnell mal raus auf die großen, glatten Strecken der amerikanischen Superhighway und . . . machen einen her. Tom Reiser wärmte «Toms Bombe» draußen auf der Route 71 im Mondlicht auf, und dann brachte er sie zu einer Ausstellung auf die Drag-Rennbahn in der Nähe von Newark, Ohio. Alle sahen, wie die Maschine vorrollte zur Startlinie, und dann hörte man einen Schrei . . .

«Als ich loszischte», sagt Reiser, «schlug das Hinterrad so hart auf, daß ich zurückgeworfen wurde, und es fühlte sich an, als würde das ganze Motorrad nach hinten überschlagen. Es war, als ob das ganze Ding in die Luft ginge und nach hinten schlägt. Es war, als ob das ganze Ding in Rauch eingenebelt war, ich und alles. Ich konnte überhaupt nichts sehen.

Die Jungens dachten, die Maschine wäre in die Luft geflogen oder dergleichen. Das kam vom brennenden Gummi, aber die dachten, das ganze Ding brennt, und sie müßten mich da mit einem Feuerwehrschlauch rausholen. Das war schon ein dummes Gefühl. Es fing schon mit einer ganzen Reihe von Pannen an. Ich weiß gar nicht, was los war, es sei denn, daß so viel Kraft draufgewesen war, daß das Ding sich langsam selbständig machte, und dann haute es plötzlich ab, raus aus der Wolke, und danach konnte ich gar nichts anderes mehr tun, als *mich festhalten* . . .»

Als Reiser aus der Wolke rauskam, machte er schon runde 80 Kilometer. Als er dann auf 100 kam, hatte er den Kopf praktisch auf der Lenkstange, um sich klein zu machen und den Luftwiderstand zu verringern. Der Körper war auf die Chevrolet V 8-Maschine gestreckt, die zwischen Sitz und Vorderrad in den Rahmen eingebaut war. Mit jeder Sekunde weiterer Beschleunigung streckte er sich immer flacher, bis sich seine Füße von den Pedalen abhoben und die Beine sich gerade nach hinten streckten . . .

«Als ich etwa 150 draufhatte», sagt Reiser, «war es, als ob das Motorrad kaum noch die Straße berührte . . .»

. . . und als er über 200 draufhatte, da *wußte* er, daß es nicht mehr auf der Straße lag . . .

«Plötzlich bin ich richtig *gesegelt* – als berührte ich gar nicht mehr den Boden. Ich konnte kaum noch etwas sehen oder hören. Die Schwerkraft war aufgehoben, ich war bloß noch *am Segeln* . . .»

. . . und während er sprach, konnte ich es *sehen,* die äußerste Vision. Ich konnte sehen, wie sein gestreckter Körper sich immer fester an den V8-Motor preßte, bis sein Brustkorb praktisch damit vernietet war. Die feurigen Verbrennungen im Motor waren zugleich seine Nervenexplosionen, und seine Nervenexplosionen waren die feurigen Verbrennungen der Maschine. Sein Körper und der brüllende Motorblock waren ein und dasselbe Geschöpf, sie segelten – bei 200 – 250 – 280 – 300 Kilometer – *3000* Kilometer die Stunde – sie segelten! – endlich, der geflügelte amerikanische Zentaur, der amerikanische Traum, endlich: rasend über Gottes eigene gute grüne Große Tiefebenen Amerikas ohne Sattel auf einer 300-PS-Chevrolet V 8-Maschine!

7 Die Hair Boys

Freitagabend, der Abend, an dem man stilgerecht bei *Harvey's Drive-in* rumkreuzt. Ich stand in der Garage hinter den Büros von Ed Roth, dem König der Kustomizer, der Autofriseure, auf der Slauson Avenue in Maywood, einem guten . . . gammeligen Teil von Los Angeles. Das Licht aus den Montagelampen, die die Automechaniker benutzen, erhellte meinen Schlips, meine weiß-blau gestreifte Jacke, die weißen Samthosen und die weißen Schuhe. Ed «Big Daddy» Roth lag unter dem gelben Dragster «Yellow Fang», der ihm gehört, auf dem Rücken und zwängte seinen Kopf unter der Seite von dem Ding heraus, streckte mir seinen Bart entgegen und starrte mich an. George «The Bushmaster» Schreiber, der den Dragster für Roth auf Rennen fährt, setzte eine Dichtung am Sammlerring auf den Motor, blickte auf, wobei sein Fu-Manchu-Bart ihm aus dem Gesicht hing und starrte mich an. Lou «Supermouth» Schorsch stand da bloß rum und meditierte über irgendeinen neuen . . . gammeligen Werbetext für Roths Nuttenpuppe – *aus hundert Prozent garantiert japanischem Plastikmaterial minderwertigster Qualität* –, und plötzlich starrte Schorsch mich an.

«Du kannst doch nicht so zu *Harvey's* gehen», sagt Roth. «Die erschießen uns.»

«Sie *erschießen* uns, und dich *bringen sie um*», sagt Lou Schorsch.

«Wieso denn? Für meine Verhältnisse ist dieser Aufzug ziemlich lässig.»

«Nee», sagt Roth, «nee. Das läuft nicht.» Er überlegt einen Grund, aber eigentlich ist es unter seiner Würde, überhaupt darüber zu reden. «Hol ihm mal ein T-Shirt. Hol ihm eins von den Surfer-Hemden. Vielleicht können wir ihn als Surfer reinschmuggeln.»

Das oxfordblaue Hemd, der Schlips – der ging zuerst flöten –, die weiß-blau gestreifte Jacke. Plötzlich befand ich mich in einem Bereich des Hohen Stils, wo ich doch vollkommen stillos war. Einen Burschen mit Jacke und Schlips zu *Harvey's Drive-in* mitzunehmen, wäre genauso, als wolle man den Parkuhrenableser im September mit zu Dior nehmen, einen Parkuhrenableser in Khaki-Hemd und ausgebeulten Khaki-Hosen, mit einem ledernen Bleistiftetui um den Bauch geschnallt und einem Notizblock.

Klar! *Harvey's Drive-in* auf dem Firestone Boulevard zwischen Paramount Boulevard und Garfield Avenue in Downey, einer Stadt südöstlich von Los Angeles, ist der führende Salon der Welt des neuen Hohen Stils, der die radikalsten Veränderungen auf dem Gebiet der Herrenmode seit dem Verschwinden von Wams, Kniehose und Seidenstrümpfen im frühen 19. Jahrhundert kreierte. Harvey ist der Dior, der Balenciaga, der Chanel der neuen Welle: Herrenbekleidung, die nicht nur für Jobs geschaffen wurde, sondern für *Lebensrollen*, für die Rolle des Highlife-Fans, des Swingers, Künstlers, Hippies, Tigermannes und des Hell's Angels.

Jeden Freitagabend kommen etwa von 21 Uhr 30 an die Typen aus allen Teilen der Los Angeles Teenage-Unterwelt, aus West Los Angeles, Bell, Maywood, Hollywood, Gardena, San Pedro, aus dem weißen Watts, San Gabriel, ja selbst aus Santa Ana, Santa Monica, Covina zu *Harvey's.* Alle fahren in ihren Kreuzern zu *Harvey's Drive-in* rüber. Es sieht aus, als kämen sie nur hin, um etwas zu essen, Hamburger, doppelte Cheeseburger, Fritten, Shrimp Splits, Mexicali Chili-Barbecues, alles was die ruhmreichen Eigenschaften von kochendheißem Schmalz und scharfem Pfeffer nach Amerika gebracht haben. Der wirkliche Grund warum sie kommen, ist jedoch ganz einfach, hier zu promenieren oder, um es in der Sprache von *Harvey's Drive-in* auszudrücken, zu *kreuzen.* Sie kreuzen in ihren Wagen auf dem großen Parkplatz von *Harvey's* rum, Jungen und Mädchen, führen sich gegenseitig die letzte Mode in Autos, Haartrachten (männlich und weiblich) und Bekleidung der Teenage- und der Zweitgenerations-Teenagewelt von Los Angeles vor. Gammelig modern! Teenage-Paris! *Harvey's Drive-in*!

Ich ziehe mir das schwarze Surfer-Hemd an «So ist das schon viel besser, Tom Coyote», sagt der Bushmaster. Wir setzen uns in Roths 1955er Chevrolet und zischen zu *Harvey's* rüber. Roth, Schorsch und Schreiber sind nicht nach dem neuen Hohen Stil gekleidet. Roth trägt zum Beispiel normalerweise ein T-Shirt, wobei die große Tätowierung auf seinem linken Oberarm angebracht ist und schlicht «Roth» lautet. Alle haben jedoch ein Gefühl fürs Angemessene. Wir fuhren deshalb in Roths 1955er Chevrolet, weil der 1955er Chevrolet einer der klassischen Wagen für das Hot Rodding und Autofrisieren ist. Der 1932er Ford ist auch so ein Typ. Auf dem Weg strichen wir die Hauptstraße runter, an den Zeichen für das Einkaufszentrum vorbei, als drei Typen in einem 1965er Mustang links an uns ranzogen und dann vorbeijaulten. Roth konnte es nicht lassen. Er knallte den Gashebel runter – brrrrruuuuch – einen Augenblick war es so wie in den guten alten Tagen, als Roth und Schorsch in der Gegend von Maywood und Bell aufwuchsen, wo sie Autos frisierten und man in den Straßen Drag-Rennen sehen konnte. Vom plötzlichen Spurt wurden sie alle in die Sitze zurückgedrückt, und die drei in dem Mustang wurden aus der Wanne geblasen, wie sie beim Stock-Car-Rennen sagen. Es bedeutet schlicht, daß sie auf die Plätze verwiesen wurden, nichts Ernstes. Roth hatte in seinem Chevrolet eine 7-Liter-Maschine.

Dieses kleine Schaurennen versetzte alle in die richtige gammelige Stimmung. Supermouth sprach über das Wort gammelig.

«Heute mögen die Kids Sachen, die gammelig sind», sagt er. «Das ist ganz anders als zu meiner Zeit. Früher war es eine große Sache, wenn dein Alter einen Thunderbird oder so was gekriegt hat. Dann liefst du gleich nach nebenan und erzähltest: ‹Mensch, mein Alter hat gerade einen Thunderbird gekriegt. Den mußt du dir mal angucken.› Und der Bursche nebenan sagte dann: ‹Mensch, is ja großartig. Ich wünschte, mein Alter machte auch mal so was Umwerfendes.›»

«Heute kümmern die sich einen Dreck darum, ob der Alte einen Thunderbird kriegt. Das einzige, was der Alte überhaupt noch machen kann und was den Sohn irgendwie beeindrucken würde, ist etwas *Gammeliges.* Das ist genauso, als wenn dein Alter deine Mutter eine . . . nennt. Das ist echt gammelig. Verstehst du. Der Alte kommt nach Hause, und sofort meckert sie ihn an, daß er sich fürs Abendessen frisch machen soll. Er will aber bloß aufs Klo, sich hinsetzen und ein bißchen leichte Lektüre lesen, wie zum Beispiel die Gebrauchtwagenanzeigen der Konkurrenz. Also sitzt er da und liest die Gebrauchtwagenanzeigen der Konkurrenz, und sie schreit nach ihm, er soll zum Essen kommen, und da sagt er schließlich ‹Ach, halt doch die Klappe, du . . .› Das Wort, das er benutzt, ist ein uraltes proktologisches Wort. Das ist gammelig! Heute läuft ein Kind dann gleich zum Nachbarn und sagt: ‹Hör dir das bloß an! Stell dir mal vor, wie mein Alter meine Mutter gerade genannt hat!› Und der andere Brusche sagt dann: ‹Darf ja wohl nicht wahr sein! Is ja großartig. Ich wünschte mir, mein Alter würde auch mal so was abziehen.› Das ist *gammelig.*»

«Yeah», sagt Roth, «du mußt dir mal ein paar von den gammeligen Hemden angucken, die die Burschen sich heute kaufen. Ich mein, da sind wirklich scharfe Sachen drunter.»

Auf ihnen stehen so Sprüche wie «Bist du Manns genug, mit Oma Holle in die Federn zu steigen?» Roth stellt auch selber T-Shirts und Hemdenpullis für junge Leute her, aber seine Hemden haben nur halbwegs gammelige Sprüche drauf wie zum Beispiel «Mutter hat unrecht».

Gammelig! Gammelig ist natürlich hervorgegangen aus Verrottet. Roth und Schorsch sind noch in der verrotteten Zeit von Los Angeles' Teenagern großgeworden. Damals mußte man eine vollständig verrottete Haltung gegenüber der Erwachsenenwelt haben, womit auf lange Sicht die ganze etablierte Statusstruktur, das ganze System von Menschen, die ihr Leben um *einen Job* herum organisieren, die sich einer gesellschaftlichen Struktur anpassen, die die ganze Gemeinschaft umfaßt, gemeint war. Verrottet bedeutet ursprünglich die Absicht, aus der herkömmlichen Statuskonkurrenz in die kleinere Unterwelt des Verrotteten Teenage-Alters auszuflippen und seinen eigenen Verein aufzumachen.

Harvey's! Tausende von jungen Leuten in ihren Kreuzern drängten sich auf dem Asphalt von *Harvey's Drive-in*. Sie standen alle hintereinander bis raus zum Firestone Boulevard und warteten bloß darauf, rein und auch auf die Kreuzspuren zu kommen. *Harvey's* ist ein riesiger Drive-in-Laden mit einem ganz auf Stromlinie getrimmten modernen Hallenbau. Es gibt viele stromlinienförmige moderne Hallengebäude in der Gegend von Los Angeles, hauptsächlich für Drive-ins und Auto-Waschanlagen, aber auch für Tankstellen mit abfallendem Dach und einer Menge hart nach oben strebender Diagonalen. Jedenfalls befinden sich unter dem Hallendach eine Menge heller Lampen, und rundherum sind Parkplätze für etwa hundert Wagen. Doch ein paar tausend Wagen schieben sich langsam auf den großen Parkplatz. Keiner ist eigentlich besonders scharf darauf zu parken. Jeder will bloß . . . *kreuzen* und alles sehen. Die fahren immer bloß auf den Kreuzspuren herum und tummeln sich.

Sonderbarerweise gibt es eine ganze Reihe Parkplätze am Bürgersteig bei der großen Halle unter den Lampen, wo stramme kleine Häschen mit bloßen Beinen und schwarzen Stiefeln, die Autokellnerinnen, hektisch die Doppel-Cheeseburger abliefern, und dort parken nur ein oder zwei Autos. «Das ist der Mickey-Mouse-Bereich», sagt Supermouth. Ich habe nie begriffen warum. Roth ist das egal; er braucht nichts unter Beweis zu stellen. Er parkt im Mickey-Mouse-Bereich, und die Kids kreuzen immer noch rum und schreien: «He, Roth!» Sie rollen an der Halle zwischen Reihen von geparkten Wagen vorbei, und man kann feststellen, daß die alte Autofrisierkunst in Kalifornien weitgehend ausgestorben ist. Die haben alle neue Wagen, sogar Lincolns, Stingrays, Mustangs, bestenfalls noch mit einem Spezialanstrich, mit Flockenfarbe und Rennreifen, Michelin Triple-X, so dick, daß sie sich unter den Kotflügeln hervordrängen. Immer wieder kommt mal einer in einem der alten Klassiker vorbei, etwa in einem 1960er Pontiac, der abgeschnitten und stromlinienförmig umgebaut ist, bis auf etwa fünf Zentimeter Bodenhöhe heruntergesetzt mit einem hydraulischen System, das das große Ding wieder hochdrückt, wenn die Bullen in die Nähe kommen, denn heutzutage sind die niedrigliegenden Wagen nicht erlaubt. Aber meist sieht man hier brandneue Autos. Sie fahren immer noch rum und rum. Manchmal sieht man einen erst mit zwei Jungens auf den Vordersitzen, und wenn sie das nächste Mal vorbeikommen, sitzt einer von den beiden auf dem Rücksitz, und jeder hat ein Mädchen neben sich, kleine gelbe Löwenzahnbabies mit schwarzen Paradiesjungfrauen-Augen. Sie reden kein Wort miteinander. Sie sind bloß am Kreuzen. Zuerst müssen sie ja wohl irgendwas gesagt haben, damit die Jungens sie überhaupt mitnehmen konnten und so, aber das Wichtigste ist, daß man einfach rumfährt. Wie sie so immer wieder vorbeikommen, beginne ich allmählich zu erkennen, was das ist . . . der Stil.

Die Jungens haben das Aussehen der neuen Los Angeles Autogeneration. Sie tragen nicht mehr den Entenschwanzhaarschnitt. Der Entenschwanz wurde an den Seiten zurückgekämmt und oben nach vorn gedrückt, so daß er sich über die Stirn lockte. Der new look ist so, daß das ganze Haar nach hinten gekämmt wird, aber nach oben und vorn hochstehend, so daß ein Windstoßeffekt entsteht, und das Ganze wird in einer massiven, plastisch gestalteten Frisur zurückgekämmt, praktisch vollkommen glatt, alles genau nach Vorschrift, hoch aufgetürmt, makellos. Andere Kids nennen sie die Hair Boys. Die Hair Boys haben auch alle den gleichen Pullover an, eine Strickweste, vorne ganz offen, eine sehr weit fallende Strickweste in Pastellfarben, gelblich, pfirsichfarben, himmelblau, einen wiederum groß ausfallenden Pullover mit weit geschnittenen Ärmeln, fast wie Puffärmel, doch ab den Handgelenken wieder ganz eng anliegend, dem Körper reichlich Platz lassend, ausufernd – aber mit engen, leichten Hosen, normalerweise dunkel, die auf verschiedene spitze Schuhe hinunterlaufen, auf Zwickelschuhe und so weiter, auf spitze Schnallenschuhe, Rip-van-Winkle-Stiefel. Manchmal sieht man ein einfaches T-Shirt oder einen Jersey-Pulli mit Rollkragen oder auch ein weiches Hemd mit hohem Kragen, wie eine Litze oder ein «Dino», doch – das ist wohl *klar* – kein Schlips.

Diese Jungens haben fast schon etwas Feminines an sich. Ich meine die hochaufgedrehte, perfekte Frisur, die Aufmerksamkeit, die man einer Modesilhouette schenkt – die Art und Weise, in der die Pullover große, sanfte, volle Linien schaffen, wobei die Hosen und Schuhe den dramatischen Kontrast dadurch bieten, daß sie eng und dünn sind. Natürlich ist das Ganze nur feminin im Vergleich mit den herkömmlichen Erwachsenennormen für Männer. In einem anderen Zeitalter käme das ja wunderlich dem nahe, was die Männer, die Macht hatten, die wirklichen Beweger und Erschütterer, trugen. Ich rede von der Hofmode im England des 17. Jahrhunderts.

Zu jener Zeit setzte sich die Kleidung der mächtigsten Männer aus Wams, Kniehose und Seidenstrümpfen zusammen. Die Wämser hatten wie die Pullover der Hair Boys keine Aufschläge. In den Ärmeln waren sie breit und nach heutigen Vorstellungen feminin, denn sie bestanden aus verschiedenen Seidenstoffen – Satin, Damast, Samt und so weiter – oder aus Tuchen mit Gold und Silber durchwirkt, aus Spitzen und Geklöppeltem, aus Bändern. Die Perücken oder Haarteile, jene raffiniert aufgemachten Allonge-Perücken, die die Männer trugen, waren den Windstoßfrisuren der Hair Boys von heute sehr ähnlich, sie waren etwas sehr *Festgelegtes* und Stilisiertes, und sie waren höchst modern. Die Kniehosen, Strümpfe und Schnallenschuhe gaben denselben dramatischen Kontrast, den die Hair Boys zu erreichen versuchen.

All diese Hochstile des 17. Jahrhunderts, und dazu gehören auch noch die meisten Stile, die vom 18. Jahrhundert rückwärts verbürgt sind, symbolisieren irgendeine charismatische *Rolle*. Die raffinierten Hofmoden symbolisierten ja nicht den *Job* des Regierens, sondern die Majestät der Rolle, die göttlichen Rechte und so weiter. Einige Stile aus der Zeit vor 1800 gibt es immer noch in unserem Land, und sie alle symbolisieren irgendeine charismatische – will sagen, von Gott inspirierte – Rolle im Leben: Gerechtigkeit, Gnade, Weisheit. Die Talare, die heute noch die Richter tragen, gehen auf das 15. Jahrhundert zurück. Die Kleider, die Nonnen immer noch tragen, sind das gleiche, was Witwen im 16. Jahrhundert als Trauerkleider zu tragen pflegten. Die Doktorhüte graduierter Studenten sind versteifte Ausführungen der Kappen, die die fahrenden Studenten im 16. Jahrhundert trugen.

Die größte Revolution in der Herrenmode kam im 19. Jahrhundert gleichzeitig mit der industriellen Revolution auf. Es geschah in Stufen, aber allmählich begannen die Männer, sich nicht mehr für eine Rolle – Regent, Gottesmann, Krieger, Weiser, Rechtsträger – zu kleiden, sondern für einen Job. Die aufsteigende Klasse der Geschäftsleute vereinfachte die Kleidung, teils als Reaktion gegen das Leben am Hofe, teils aus praktischen Gründen, wobei die Kosten einer der Gründe war. Der Herrenrock, kürzer und mit Kragen und einer Menge Taschen, ersetzte das Wams. Hosen ersetzten die Kniehosen mit Strümpfen. Einfache Tuche kamen auf.

Der Sitz der Kleidung, nicht der Schnitt, wurde zum wichtigsten Kriterium, wobei man die Kleidung den Körpermaßen anpaßte. Während der höfischen Mode, wo man schwere Seidenstoffe verwandte, waren es nicht die Maße, sagen wir eines Wamses, die den Ausschlag gaben, sondern der Schnitt – das mächtige Sich-Ausbauschen der Ärmel, das flauschige Hervordrängen des Rockes, Flausch, da mochte man den Flausch. Das gleiche – Schnitt vor Sitz – gilt heute noch für die Damenmode.

Bei der Männerkleidung hingegen kann man die drastische Veränderung sehen, die der Geschäftsstil des 19. Jahrhunderts mit sich gebracht hat, man muß sich nur einmal in einem x-beliebigen Büro umsehen. Eine Frau im Büro, selbst eine Stenotypistin mit 80 Dollar die Woche, sitzt da nicht angezogen wie eine Stenotypistin. Sie, nichts weniger als ein Filmstar, zieht sich an, um wie eine Frau auszusehen – ihrer *Rolle* im Leben entsprechend, wie sie sie versteht. Die Männer dagegen ziehen sich für den Job an. Sie ziehen sich zunächst einmal an, um wie Rechtsanwälte, Bankangestellte, Verkaufsmanager oder Boten oder Hausmeister oder Fensterputzer auszusehen. Erst in zweiter Linie, beiläufig gewissermaßen, betont das, was sie tragen, die Rolle, die sie auch noch spielen . . . als Männer.

Nach dem Zweiten Weltkrieg begann eine ganze Anzahl von Gruppen junger Männer in Kalifornien, aus dem rationalisierten Jobsystem auszuflippen und eigene Statussphären zu kreieren. In jedem Fall bestanden sie darauf, neue Moden hervorzubringen, *Rollen*kleidung, um ihren neuen Lebensstil zu symbolisieren. Das war die Beatgeneration, das waren die Motorradgangs, die Autokids und in jüngerer Zeit die Rock 'n' Roll Kids, die Surfers und natürlich die Hippies. Zur Hölle mit den Jobs, die sie hatten oder jemals bekommen würden. Sie wollten Rollen, Rollen als Rebellen, als Swinger, Künstler, Dichter, Mystiker, Tiger der Verbrennungsmotoren, Mönche des Meeres, alles, was dramatisch, aufregend, nicht mächtig oder nützlich oder tüchtig war, sondern . . . ja! ein kleines bißchen *göttlich*, geradewegs der alten Göttlichkeit des Helden entsprungen.

Sie waren in der Lage, das auch durchzuziehen, ihren eigenen Lebensstil zu etablieren und darin weiterzumachen und das Ganze auch sichtbar werden zu lassen wegen der außerordentlichen Menge Geldes, die dabei herumfliegt. Es ist ja nicht so, daß irgendeine dieser Gruppen jemals reich wäre. Es ist einfach eine Tatsache, daß soviel Geld herumkommt, daß sie die Finger auf genug legen können, um sich auszudrücken und Zeit darauf zu verwenden, sich auszudrücken, und das in einem Maße, wie es niemand in ihrer Unterweltsposition je zuvor hätte tun können. Die Beatniks, die Motorradfahrer, Rock 'n' Roll Kids, Surfers, Hippies betonen alle den Schnitt – das Aufgebauschte – vor dem Sitz, um die Rolle zu symbolisieren, die sie spielen wollen, aber sie bleiben alle ziemlich beim *niederen Stil.* Sie wollen vergammelt aussehen, zumindest an herkömmlichen Normen gemessen, um unter anderem die Rebellenrolle zum Ausdruck zu bringen. Die Surfers zum Beispiel tragen weit geschnittene Shorts und große Nylon-Windjacken, die wie Segel aussehen, und lassen ihr Haar mit rabbinischer Hingabe lang wachsen, geben ihm jedoch keine Form. Sie sind Rebellen, sie sind die Mönche des Meeres. Die Autokids jedoch – die Hair Boys – drängen, obwohl sie doch als Mexikaner bei den Surfern gelten, auch weiterhin zum *Hohen Stil.* Vielleicht ist das so, weil sie schon immer in erster Linie einem solch reichverzierten, glitzernden, hochstiligen, plastischen Objekt, dem amerikanischen Automobil, verpflichtet waren.

Die Vorstellung der *Rollen*kleidung beginnt heute unter vielen älteren und wohlhabenderen Männern Platz zu greifen. Ich sehe, wie sich eine Stilschizophrenie entwickelt. Diese Männer haben Jobs, und sie gehen mehr oder weniger zur Arbeit gekleidet wie die Männer in den Büros in England und Amerika während der letzten 130 Jahre. Nach der Arbeit jedoch und an den Wochenenden – *Rollen*kleidung. Die Rolle, ganz simpel ausgedrückt, ist . . . Mann zu sein; viril, ein freier Naturbursche, der sein Mennen-After-shave-benetztes Gesicht in den Wind reckt. Sie kaufen alle Arten von *schweren*, gemusterten Tuchen, Hafenarbeiterjakken, Lederkleidung, englische Schafsledermäntel mit Wollfutter, grobe Rollkragenpullover, wobei sie das harte Gewebe direkt auf der Haut tragen, dänische Seemannspullover, Hosen aus Trenker-Cord, alle möglichen Arten von schwerem *Schuhwerk*, Wüstenschuhe, reichverzierte Wanderschuhe, die einen schottischen Highlander verblüffen würden, Zwickelstiefel, Motorradstiefel, Tweedjacken, die praktisch gleich den Stacheldraht der Schafhirten und die Baumrinde mit eingewebt haben. Nichts von diesen Dingen zu beiläufigen Preisen, denn die Schafsledermäntel schlagen mit etwa 175 Dollar, die dänischen Pullover mit 45 bis 55 Dollar und so weiter zu Buch.

Und der Schnitt – es ist der Schnitt für die Jäger-, die Förster-, die Kämpfer-, die Motorradrenner-, die Hengst-*Rolle*.

Großartige Sache! Seit langem wurden die neuen Stile für Männer fast ausschließlich vom Adel kreiert. 1666 berichtet Samuel Pepys, wie der König behauptete, *den* besten Stil für alle Zeiten entdeckt zu haben, daß er ihn nie ändern würde und er nie geändert werden könnte, nämlich eine Art Weste, die er sich erträumt hatte, nur eine Weste, so lang und so hochstilig wie eine Soutane, so daß er diese Weste zum Stil erklärte, und sie wurde zum Stil. Noch 1870 kreierte Albert Edward, Prince of Wales, Königin Victorias ältester Sohn, der spätere Eduard VII., den Stil der Kniffe in den Hosen. Auf dem Weg zu einem Cricket-Spiel trug er weiße Flanellhosen und wurde in der Stadt vom Regen überrascht. Die Flanellhosen waren ruiniert. So hielt er vor einem Konfektionsladen an, nahm ein Paar Flanellhosen aus einer Schublade, kaufte sie, zog sie an und eilte zum Match. Weil die Hosen in der Lade auf einem Stapel gelegen hatten, hatten sie einen Kniff bekommen; aber alle Welt sah Albert Edward mit Kniffen in den Hosen, und das war's. Das genügte.

Heute jedoch, in Amerika – in *Harvey's Drive-in* – was da geschieht – wissen Sie – brrrruuuuuch . . .

«Was zum Teufel ist das?»

«Da hinten jagt einer mal den Motor hoch», sagt Roth.

«Dafür werden sie ihn schon rankriegen», sagt Supermouth. «Der kriegt ein Strafmandat. Da drüben steht schon ein Bulle, der bloß darauf wartet. Das ist echt *gammelig*, so wie sie es sehen. Irgendein Kid will bloß mal richtig durchtreten, aber für die ist das echt *gammelig*.»

Ein Hair Boy da hinten beim Herumkreuzen in seinem Stingray mit den großen Michelin Triple-X-Rennreifen, die sich unter den Kotflügeln hervorwölben, hat diese ganze Kraft da drunter, und alles, was er will, ist, den Motor einmal in den Leerlauf schalten, ihn *hochjubeln*, die ganze Kraft durch die Falltanks jagen, so daß es jeder bei der Stil-Kreuzfahrt hört. Die Bullen hören es aber auch. Das ist so wie ein Schlachtruf für – was? – niemand weiß es so recht. Der Bulle gibt dem Kid also ein Strafmandat. Roth, Bushmaster, Supermouth und ich blicken hinter uns, die Kreuzfahrt geht weiter . . .

. . . brrrrrruuuuuuch . . .

. . . die Herrenmodentrompete der sechziger Jahre ertönt, und aus der taufrischen Luft von *Harvey's Drive-in*, inmitten der Doppel-Cheeseburger, der Fritten, Shrimp Splits, Mexicali Chili-Barbecues und der strammen kleinen Autokellnerinnen-Häschen zieht die Modevision herauf, die *Silhouette,* die Wämser aus Downey, Kalifornien, bauschig, aufgeblasen, die Kniehosen und Strümpfe, Ofenrohre, Lärmrohre, die neue *Rolle* für jedermann wird hier ausgeflippt, hinausposaunt . . . gammelig! aus der Wanne rausgepustet. Fröhliche Massenalberei.

8 Was, wenn er recht hat?

Zum erstenmal begegnete ich Marshall McLuhan im Frühjahr 1965 in New York. Das erste, was ich an ihm bemerkte, war, daß er eine Art Patentschlips mit einer verborgenen Plastikkragenklemme trug. Ein hochgewachsener Mann, 53 Jahre alt, gut aussehend, mit einem länglich starken Gesicht, aber ungeheuer bleich. Er hatte graues Haar, was er straff zurückkämmte. Oben war es schon etwas dünn, aber er konnte es immer noch in ansehnlichen Locken über die Ohren kämmen. Er sah vornehm aus, könnte man sagen. Andererseits waren da die Plastikklemmen. Ein Stückchen von der Plastikklemme war zwischen seinem Kragen und dem Schlipsknoten zu sehen. Ich konnte einfach die Augen nicht davon lassen. Eine Art Schlips, wie man sie von einem Drehständer im Kaufhaus Rexall für etwa 89 Cents kauft. Man schiebt die Plastikklemme – zwei kleine Stäbchen, die aus dem Knoten wie Flügel hervorkommen – einfach unter den Kragen, und fertig ist der Schlips, hängt herunter und kann benutzt werden, Pree-Tide.

Wir waren zu fünft beim Mittagessen, im Garten eines französischen Restaurants mit Namen *Lutèce*, 249 East 50th Street. *Lutèce* ist ein kleines Lokal, aber eines der vier oder fünf modischsten Restaurants in New York, glaube ich. Gewiß ist es eines der teuersten. Es ist so teuer, daß nur die Karte des Gastgebers Preise aufweist. Die eigene Karte führt nur die einzelnen Speisen auf. Auf diese Weise hat man kein schlechtes Gewissen. Bei *Lutèce* stellt man Karaffen mit destilliertem Wasser auf die Tische, und sie haben auch einen echten Weinkellner. Es ist eines jener Lokale in den East Fifties in Manhattan, wo sich die großen Tiere aus Neuengland und die Matronen vom Mode-Set zum Hauptereignis des Werktags, zum Statusessen, versammeln. Manager, Kulturschaffende, reiche Frauen, über die in *Women's Wear Daily* geschrieben wird, Erlauchte aller Art treffen sich dort in einem wunderbar komponierten Choral von King-Sano-Zigaretten und Ostküsten-Nasallauten-Gemurmel.

Die Frauen kommen herein und sehen aus wie 45 mit Eistherapie, zwangsgefastet, mit Perücke und beim Friseur lackbespritzt, mit pfauenfarbenen Pucci-Kleidern, die oben bei der Gurgel mit «Emilio» signiert sind, sie schauen sich «die Leute» gründlich an, saugen für ihren Auftritt die Backen nach innen und rufen den Eigentümer von *Lutèce* bei seinem Vornamen André, in einem Kontraalt, der durch das 15- bis 20jährige Inhalieren von King-Sano-Zigaretten rauchveredelt ist, King Sano ist die Zigarette der Damen der New Yorker Gesellschaft. Die Männer treten ein mit rautenförmigen Manschettenknöpfen mit richtigen Kettengliedern und Edelmetall, das sowohl an der Innen- als auch an der Außenseite der Manschettenknöpfe sichtbar wird, nicht mit jenen billigen Dingsbumsknöpfen, die man mit Klicken ineinandersteckt, und sie beginnen sich gegenseitig und André anzutönen, sie sprechen in einem Tonfall, der als das Internatsgetön der Ostküste bekannt ist, in einem nasalen, langgedehnten Sprachtonus, den Nelson Rockefeller, Huntington Hartford und Robert Dowling neben anderen eminenten Amerikanern perfekt beherrschen. Hier paßte er wirklich hin, wie gesagt. Alles erfüllt vom Getön und vom rauchveredelten Gemurmel.

Unser Tisch war keineswegs der höchstillustre, aber immerhin, es war den Versuch wert: eine Filmschauspielerin; die Tochter einer der reichsten Frauen in Amerika; einer von New Yorks führenden Chefredakteuren und, natürlich, McLuhan. McLuhan war jedoch zu jener Zeit noch keine Berühmtheit. Ich bezweifle, daß irgend jemand außer uns im Restaurant je von ihm gehört hatte.

Und umgekehrt. Weniger hätte McLuhan gar nicht die besondere New Yorker Pracht zur Kenntnis nehmen können, in der er gelandet war. Ich glaube, er nahm die Leute überhaupt nicht wahr. Er interessierte sich für den kleinen Garten oder genauer gesagt, für dessen Thermodynamik, für die Art und Weise, wie dieses Gärtchen hier in der Mittagssonnenhitze genutzt wurde.

«Die Wärme steigert die Empfindlichkeit des Tastsinnes und reduziert den visuellen», erzählte er uns sofort – wenn ich mich recht an seine Worte erinnere –, ich konzentrierte mich nämlich auf die Plastikklemme. «Dabei wird man mehr einbezogen. Der visuelle Sinn löscht die Distanz zwischen Menschen. Er ist buchstäblich ‹intimer›. Deshalb sind die sogenannten ‹Gartenrestaurants› ein Erfolg.»

Just bevor er diese Erklärung abgab – und er analysierte seine Umgebung stets lauthals –, hakte er sein Kinn über dem Schlüsselbein fest. Das war wie ein unbewußtes Signal – *jetzt*! Ich beobachtete, wie sich der Schlipsknoten über das kleine, verräterische Plastikstückchen schob. Das Plastikmaterial war perfekt rexall-milchweiß.

Damals war ich mir nicht bewußt, daß McLuhan hierher nach New York, zu *Lutèce*, gebracht worden war, um *Haute New York* vorgestellt zu werden. Er war auf diese Weise gewissermaßen dabei, sein Debüt zu geben. Er stand an der Schwelle des Wandels von Herbert Marshall McLuhan, dem 53jährigen kanadischen Englischprofessor, in *McLuhan*. Er benahm sich gewiß nicht danach. Es war zwar alles geplant worden, aber nicht von ihm. Für ihn gab es kein *Haute New York*. In dieser Stadt war für ihn alles Vergangenheit. Gegen Ende der Mahlzeit senkte sich sein Kinn wieder, der Knoten schob sich über das Plastikstück – Stimmen murmelten und tönten reichlich um uns herum –, und er drehte die Augäpfel nach oben, den großen Bürogebäuden zu, die sich über unserer kleinen thermodynamischen Enklave erhoben.

«Natürlich hat sich eine Stadt wie New York völlig überlebt», sagte er. «Die Menschen werden sich nicht länger in großen urbanen Arbeits-Zentren konzentrieren. New York wird ein Disneyland, ein Vergnügungspalast werden . . .»

Irgendwie, Plastikklemme hin, Plastikklemme her, besaß er das Charisma eines Haruspex, eines Eingeweidebeschauers, die unwiderstehliche Gewißheit des Monomanen. Ich konnte mir die Verwandlung New Yorks in ein riesiges Astrodom vorstellen, mit zerlumpten kleinen Puberteenagern in weißen Courrèges-Stiefeln, die sich kichernd und kreischend umherbewegten und durch die Atmosphäre taumelten wie der Schnee in einem jener weihnachtlichen Briefbeschwerer, die man, um es schneien zu lassen, auf den Kopf stellt . . .

Was, wenn er recht hat   Was . . . wenn . . . er . . . recht . . . hat W-a-s-w-e-n-n-e-r-r-e-c-h-t-h-a-t

		R		
		E		
W		C		?
A	WENN	H		
S	ER	T	HAT	

Eine Menge amerikanischer Geschäftsleute, so erwies sich, hatten sich bereits dieselbe Frage gestellt. Es gab zahlreiche Koryphäen der Geschäftswelt, Designer von Frühstücks-Nährmittelpackungen, Leiter von Dramaturgieabteilungen des Fernsehens, «Medienvertreter» aus der Welt der Werbung, Erben von Beleuchtungskörper-Vermögen, Patentanwälte, Industriespione, Aufsichtsratsvorsitzende mit der Wir-brauchen-Weitsicht-Attitüde – alle Arten von Geschäftskoryphäen, wie gesagt, die sich fragten, ob McLuhan vielleicht . . . recht hätte. Zu jener Zeit war McLuhan noch ein Lehrer, der von einem kleinen Büro am Rande der Universität von Toronto aus arbeitete, das wie die Annahmekiste eines Buchantiquariats aussah. Dort saß er und *zensierte Arbeiten,* zensierte Arbeiten, tagelang, stand morgens auf, klappte sich den alten Pree-Tide-Schlips an, lehrte Englisch, zensierte noch mehr Arbeiten . . .

Aber was wenn – große Firmen versuchten bereits, McLuhan in den Kasten zu bekommen. Wertvoll! Unser Mann! Nehmen wir einmal an, er *ist,* was er verspricht, der wichtigste Denker seit Newton, Darwin, Freud, Einstein und Pawlow, Koryphäen des Intelligenzspiels – nehmen wir einmal an, er *ist* das Orakel der modernen Zeit – *was, wenn er recht hat?* –, dann haben wir ihn, in unserem Kasten.

IBM, General Electric, Bell Telephone und andere hatten bereits McLuhan von Toronto nach New York, Pittsburgh und allen möglichen Orten geflogen, damit er ihren Hierarchen private Vorträge über . . . diese nie gesehene Welt der elektronischen Umwelt hält, die *nur er voll zu sehen vermag.* Eine Gesellschaft bot ihm 5000 Dollar, um einen Kabel(*unser!*)fernseh-Vortrag zu halten, wie die Produkte dieses betreffenden Industriezweigs in Zukunft verwendet werden würden. Eine andere Gesellschaft stiftete einen spürbaren Betrag für McLuhans Institut für Kultur und Technologie an der Universität Toronto, das trotz des gewaltigen Namens zu jener Zeit im wesentlichen nur aus McLuhans Genie und einem Stapel bedruckten Briefpapiers bestand. Eines Tages logierte McLuhan in New York in Howard Gossages Suite im *Lombardy-Hotel.* Gossage ist ein Werbemann aus San Francisco. McLuhan wohnte dort, als Vertreter von zwei überregionalen Wochenmagazinen kamen. Beide boten ihm ständige Büroräume in ihren Häusern an, plus Honorar, um gelegentlich als Berater zu arbeiten. Lediglich, um ihn im Kasten zu haben, vermutlich . . .

«Was soll ich tun, Howard?» sagt McLuhan.

«Nimm beide an!» sagt Gossage. «Du brauchst doch Büros auf beiden Seiten der Stadt. Stell dir mal vor, du bleibst im Verkehr hängen?»

McLuhan sieht etwas ratlos aus, aber Gossage ist schon in Gelächter ausgebrochen. Dieser Gossage hat ein ganz bestimmtes, wildes, kosmisches Lachen an sich. Seine Augen blitzen auf wie die Sterne von Bethlehem. Das Lachen kommt in Wellen, ganz aus der Tiefe seiner Gurgel, wie Echos aus der 27. Bahn eines großen Bowlingcenters, das Lachen rollt und tönt weit über den gegenwärtigen Anlaß hinaus . . .

. . . jedenfalls provozierte McLuhan stets dieses Lachen. Vielleicht, weil es zu dem Zeitpunkt tatsächlich zwei widersprüchliche, unvereinbare McLuhans gab. Selbst sein Aussehen konnte sich beachtlich von einer Situation zur anderen wandeln. In einem Augenblick sah er lediglich aus wie der Englischlehrer mit dem Pree-Tide-Schlips, naiv, schlechten Witzen zugeneigt, die sich aus seinem Studium von *Finnegans Wake›* und aus schlechteren Witzen von weiß-Gott-woher ableiteten, ein etwas zerzauster Mann, freundlich, unorganisiert – das getreue Abbild des zerstreuten Professors. Im nächsten Augenblick sah er dann aus wie der, der er tatsächlich geworden ist: der Superweise, der Freud unserer Zeit, der allwissende *philosophe,* der unerschütterliche Dialektiker. Das geschah stets, wenn es um das Thema Die Theorie ging, und das war meistens der Fall. Bei diesen Gelegenheiten setzte ein Monolog ein, und McLuhan war schlechthin der Meister. Er zog sokratische Dialoge vor, wobei ihm sechs bis zehn Leute die Aufwartung machten. Ein sokratischer Dialog ist wie eine Pfingstpredigt, ein Monolog, der durch ergebendste Unterbrechungen interpunktiert wird. «Marshall ist wirklich sehr höflich», sagte einer seiner Freunde, der zuvorkommend sein wollte. «Er wartet immer, bis sich die Lippen des anderen nicht mehr bewegen.»

Unter Kunden aus der Geschäftswelt war McLuhan stets Monomane und Meister. Die Geschäftskoryphäen saßen dann unter Neonleuchten in ihren Konferenzzimmern, und die vollklimatisierte Luft strömte unter den Managementvorhängen hervor. Senkrechtstarter im Management, die wirklichen Koryphäen, die Leute, die bereits umgestiegen sind von den flachen Bürstenhaarschnitten auf die zurückgebürsteten Big-Boy-Haarschnitte von Eric Johnston und von den Oxford-Hemden mit Knopfkragen auf Tripler-Hemden mit Punktmuster, die bringen alles mit ein, eine 80000-Dollar-Hypothek in New Canaan, ein paar Kinder in Deerfield und Hotchkiss im Internat – sie bringen alles ein, weil sie genau wissen wollen, was in dieser Firma eigentlich läuft – und da sitzen sie, während ihnen die erste Bloody Mary des Tages durch die Kapillaren spritzt, und dieser Mann mit einer Plastikkragenklemme, die sich am Rande des Kragens hervorschiebt, der gerade aufgehört hat, *Arbeiten zu zensieren*, erzählt ihnen, ach du lieber Gott, mit einer Stimme, in der immer wieder das *natürlich* mitschwingt, und mit seinen Ich-bin-geduldig-Augen, der erzählt ihnen also genaugenommen ganz höflich, daß sie alle eigentlich gar nichts wissen . . . wenigstens nichts von dem wirklichen Geschäft, in dem sie stecken . . .

. . . Gentlemen, die General Electric Company bezieht einen beachtlichen Anteil ihrer Gewinne aus elektrischen Glühbirnen, aber sie hat noch nicht entdeckt, daß sie gar nicht im Glühbirnengeschäft tätig ist, sondern im Geschäft der Informationsvermittlung. Genauso wie A. T. & T. *Natürlich-will-ich-gern-geduldig-sein.* Er zieht das Kinn zum Hals und blickt aus seinem länglichen Schottenbaronsgesicht auf. Ja. Das elektrische Licht ist reine Information. Ein Medium ohne Botschaft gewissermaßen. Ja. Licht ist ein selbstgespeistes Kommunikationssystem, in dem das Medium die Botschaft ist. *Das verdaut mal in Gedanken – ich-will-gern-geduldig . . .* Als IBM entdeckte, daß es eigentlich gar nicht auf dem Gebiet der Herstellung von Büroausrüstungen oder Büromaschinen tätig war . . .

. . . sondern auf dem Gebiet
der Verarbeitung
von Informationen,
begann IBM
mit
Klarsicht
zu navigieren.

Jawohl!

Wunnebar! Aber wo kam dieser Bursche nur her? Was bedeutet dieses kryptische, delphische Urteil: *Das elektrische Licht ist reine Information.*

Delphisch! *Das Medium ist die Botschaft. Wir bewegen uns aus dem Zeitalter des Visuellen in ein Zeitalter des Auditiven und Taktilen . . .*

Es war herrlich. McLuhan übertraf sich darin, bedeutenden und offenkundig beschlagenen Leuten zu erzählen, daß sie nicht die geringste Ahnung von ihrem eigenen Oberstübchen hätten. Er tat das nie mit irgendeinem Unterton von Jetzt-werde-ich-euch-mal-was-erzählen. Er schien weit, weit darüber zu stehen, außerhalb, auf einer Schwelle, wo alle kosmischen Schaltungen programmiert wurden. Ich sehe ihn noch vor mir, wie er im Konferenzzimmer auf dem Oberdeck einer ganz unglaublichen Fähre saß, die Walter Landor, einer der führenden Verpackungsdesigner des Landes, für etwa 400000 Dollar zum Büro- und Designzentrum hatte umbauen lassen. Dieses große Verpackungsdesign-Flaggschiff nistet im Wasser an Pier 5 in San Francisco. Die Sonne flutet von der Bucht herein auf die handgewebten Auslegeteppiche und glitzert auf den Knöpfen von Landors Filmprojektionskonsole. Unten auf dem Hauptdeck befindet sich ein vollständig eingerichteter Supermarkt, in den man Leute führen und die Wirkung von Verpackungen testen kann – und McLuhan sagt, fast beiläufig: «Natürlich werden in wenigen Jahren die Verpackungen ein Ding der Vergangenheit sein. Die Menschen werden taktile Erfahrungen machen wollen, sie wollen das Produkt fühlen, das sie kaufen . . .»

Und . . .

McLuhans Kinn fällt hinunter, seine Mundwinkel fallen nach unten, die Augen rollen mit seinem *natürlich*-Ausdruck nach oben: «Die Produkte werden aus Kartons verkauft. Die Leute gehen einfach zu den Kartons und nehmen sich die Sachen, sie *fühlen* sie lieber, als daß sie eine verpackte Sache akzeptieren.»

Landor, der Verpackungsdesigner, gerät nicht in Panik; er guckt bloß vor sich hin – *was, wenn er recht hat?*

. . . Die menschliche Familie existiert heute unter den Bedingungen eines globalen Dorfes. Wir leben in einem einzigen eingeengten Raum, der von Urwaldtrommeln widerhallt . . . Und diese gleichmäßige, gleichmäßige, gleichmäßige Stimme fährt fort . . .

McLuhan sitzt mit Gibson McCabe, dem Präsidenten von *Newsweek*, und mehreren anderen hochgestellten Kommunikationsleuten im *Laurent Restaurant* in New York, und McCabe erzählt von den Millionen, die *Newsweek* in Leserbefragungen gesteckt hat, in Marktforschung, Werbung, den Ausbau der Redaktion, in alles, und wie sich das in den letzten fünf Jahren durch einen riesigen Anstieg der Auflage bezahlt gemacht hat. McLuhan hört zu, dann rutscht das Kinn wieder nach unten: «Na ja . . . natürlich hätte sich Ihre Auflage ohnehin um etwa die gleiche Zahl gesteigert, wo doch die neue Gefühlsbalance der Menschen so gestaltet ist . . .»

Der Buchdruck gab dem Wilden ein Auge für ein Ohr.

McLuhan sitzt am Konferenztisch im oberen Zimmer in der Werbefirma von Gossage in San Francisco, ganz oben in dem Gebäude, das einmal eine Feuerwache war. Einige Zeitungsleute sind dabei und reden darüber, daß sie sich völlig sicher sind, ihre Leser wollten dieses und jenes lesen – McLuhan zieht das Kinn in den Hals hinein: «Na ja . . . natürlich *lesen* die Leute die Zeitungen gar nicht. Sie werfen sich jeden Morgen in sie hinein wie in ein heißes Bad.»

Spitze! Delphisch! Kryptisch! Aphoristisch! Epigrammatisch! Mit dieser gleichmäßigen, gleichmäßigen, gleichmäßigen Stimme, diesem ausgesprochen gelehrten Aplomb – mit *Verkündigungen* . . .

Das Telefon klingelt in der Suite von Gossage, und das Gespräch ist für McLuhan. Am anderen Ende ist ein Mann von einer der größten Verpackungsfirmen Amerikas. Die Firma will McLuhan in die Hauptniederlassung einfliegen lassen, damit er drei Vorträge, einen pro Tag, für das Topmanagement hält. Wieviel er dafür nehmen werde? McLuhan legt die Hand über die Sprechmuschel und erklärt Gossage die Situation.

«Wieviel soll ich verlangen?»

«Was kriegst du normalerweise für einen Vortrag?» sagt Gossage.

«Fünfhundert Dollar.»

«Sag ihm hunderttausend.»

McLuhan sieht betreten drein.

«Na ja», sagt Gossage. «Sag ihm fünfzigtausend.»

McLuhan zögert und sagt dann ins Telefon: «Fünfzigtausend.»

Jetzt ist der Mann am anderen Telefon betreten. Die Summe liegt etwas außerhalb des Honorarrahmens, den wir im allgemeinen haben, Herr Professor. Sie nennen ihn alle Professor oder Doktor. Wir erwarten ja nicht von Ihnen, daß Sie speziell für uns neues Material vorbereiten, verstehen Sie, und es wären ja nur drei Vorträge . . .

«Na ja, dann . . .», sagt McLuhan, «fünfundzwanzigtausend.»

Großer Seufzer der Erleichterung. Na ja, das liegt schon eher innerhalb unseres möglichen Rahmens, Herr Professor, und wir würden uns freuen, Sie bei uns begrüßen zu dürfen!

McLuhan hängt auf und starrt Gossage völlig verdutzt an. Aber Gossage ist schon in sein kosmisches Lachen ausgebrochen, das losröhrt, davongaloppiert, aufsteigt, mit glitzernden Augen – *¡más allá!* – *¡más allá!* just über die nächste Skyline hinweg! – El Dorado, Marshall! Begreifst du nicht!

Wenn ich so zurückdenke, kann ich mir vorstellen, daß Gossage, aber nicht McLuhan, wußte, was mit McLuhan während der folgenden sechs Monate geschehen würde. Nämlich, daß dieser 53 Jahre alte kanadische Englischlehrer, ergraut wie eine Parktaube, plötzlich zur internationalen Zelebrität und zum berühmtesten Mann werden würde, den sein Land je hervorgebracht hat.

McLuhan stieg aus einer Welt auf, die für die große Mehrheit der Menschheit obskurer, unsichtbarer, unbekannter ist als ein Bantu-Dorf oder der Südostteil der Bronx. Er kam nämlich aus der akademischen Welt der EngLit – englischen Literatur. Tongaland und die Slums von

Puerto Rico stinken wenigstens in der Vorstellung vieler Leute nach Blutrünstigkeit und nach Lenden, aus denen es nach Sonnenuntergang hervorquillt. Der akademische EngLit-Bereich stinkt nach der Vorstellung der Außenwelt weder, noch blüht er. Vielleicht gibt es dort den gelegentlichen Geruch von verrottenden Tweed-Stoffen, ansonsten herrscht der Duft des Nichts. Es ist eine Welt der geisteswissenschaftlichen Gelehrten, der Diplomandensemester, der Bibliotheks-Kabüffchen für die Doktoranden und der monströsen Babysitterausbildungsmethoden für Englischstudenten im ersten Semester. Ein wesentlich zurückgezogeneres Leben als in der Dachstube des Künstlers. Leben in der Dachstube? Heute verbringen die Künstler ihre Zeit damit, bei Bloomingdale's anzurufen, um nachzufragen, ob die Milo-Laducci-Sessel aus gelbem Samt, die sie bestellt haben, bereits angekommen sind.

Die Gelehrten der englischen Literatur beginnen in kleinen Bibliotheks-Kabüffchen, zwischen den Bücherregalen von Universitätsbibliotheken, mit nichts als ein paar metallenen Do-it-yourself-Gestellen voller Bücher, die sie am Leben erhalten. Sie sitzen da und stellen gelehrte Analogien an – entdecken Anzeichen von Rabelais bei Sterne, Anzeichen von Ovid bei Pound, Anzeichen von Dickens im Werk von Dostojewski, Anzeichen des Blumensymbolismus im 19. Jahrhundert bei Melville, Anzeichen des Schlegelianismus bei Coleridge, Anzeichen des Konjunktivs in der wörtlichen Rede bei Hemingway, Anzeichen, Analogien, Einsichten – ständig *Einsichten*! – o goldenes *Desideratum*! –, über den Tisch gebeugt, Schweigen, nur durchbrochen von den weit entfernt klingenden Geräuschen Maggies, einer Königin der Buchregale, einem Mädchen aus der Stadt, das die Bücher wieder auf die Regale stellt – na schön, aber sie ist all right, ein bißchen unterschichtartig durch die Nase pustend, kapiert?, aber . . . nur ihr Geräusch injiziert ein zufälliges *sportliches* Denken in diese intensiv isolierte Lebensweise. Der Gelehrte, der die Kandidaten unterrichtet, wird schon im frühen Lebensalter, wenn die Säfte noch steigen, seßhaft, führt ein Leben in kleinen Kabüffchen, mit wenig Geld, kleinen Zeitschriften, in denen seine Erkenntnisse, wenn er außerordentlich tüchtig ist, eines Tages vielleicht überliefert werden. Ein Volkswagen, eine zu kleine Wohnung, dänische Möbel aus dem Kaufhaus, die holzverdübelt sind an den Beinen – bevor er 30 ist, wenn erst einmal das kulturelle Charisma der *Literatur* seinen Charme verloren hat, hat seine Frau bereits begonnen, ihn als einen besonders traurigen Versager zu verachten. Wieviel besser ist es da doch, beim Ölsuchen versagt zu haben oder in einer Firma, die Austauschwindeln liefert, als . . . bei praktisch nichts!

1933 machte McLuhan an der Universität von Manitoba sein Diplom, ging dann nach England und erwarb sich noch einen B. A. in Cambridge (1936; und 1942 schließlich den Doktortitel).

In Cambridge waren die Literaten in den dreißiger Jahren scharf auf

Pop-Kultur. Kino, Werbung, Rundfunk, Schaufenstergestaltung waren etwas, das man als «Sprache» analysieren konnte, eine Art technologischer Kreolenslang, den man in der Masse instinktiv verstand (Prole Slob!). Es oblag den Literaten, die Grammatik und Syntax zu trennen (O linker Kitzel!). Wyndham Lewis hatte umfangreiche Werke über Volkskultur geschrieben. F. R. Leavis schrieb *‹Kultur und Umwelt›*. Joyce' *‹Finnegans Wake›*, Eliots *‹The Waste Land›* und Pounds *‹Cantos›* schienen in den Räumen der Dozenten in Cambridge wahre Nigger-Nachtclubs der Pop-Kultur zu sein. Lewis beeinflußte McLuhan ganz besonders.

1936 nahm McLuhan sein erstes Lehramt an der Universität von Wisconsin an. Er fand sich sofort in einer der exquisitesten Elendshöllen wieder, die dem Angehörigen der Mittelklasse offenstehen: Englisch für Erstsemester an einer Universität im Mittleren Westen. Das offensichtlich ernsthafte Interesse des Lehrers an solchen Leuten wie Donne, Shakespeare oder Milton brandmarkt ihn natürlich sofort als Pedanten und deshalb als einen um so hoffnungsloseren Narren. Das einzige, was der arme Wicht in dieser Situation tun kann, ist, *‹Der Alte Mann und das Meer›, Von Mäusen und Menschen›* oder irgendein anderes Märchenbuch mit kurzen Worten auf den Lehrplan zu setzen und zu hoffen, daß dies die kleinen Bastarde zehn oder zwölf Wochen lang bei der Stange halten wird.

McLuhan jedoch hatte Stolz und Ehrgeiz. Er nahm seine Zuflucht zur Linkskitzel-Pop-Kultur von Cambridge. Er zeigte den kleinen Bastarden Anzeigen, die gleichen Anzeigen, die ihre klebrigen kleinen Gehirne jeden Tag außerhalb des Lehrsaals aufsaugten. Was vermitteln diese Anzeigen *wirklich*? pflegte er zu fragen.

Das lief tatsächlich. Eine nette Kriegslist. Andere wandten diese List natürlich auch mit Erfolg an, besonders Orwell in Essays wie *‹Die Kunst des Donald McGill›*. Man legt eine Anzeige für Gotham Gold Stripe-Nylonstrümpfe vor, auf der ein Paar eleganter und glänzender Damenbeine auf einem Podest steht. Oder eine Lysol Vaginalwäsche-Anzeige, die eine umwerfende Frau im Abendkleid zeigt, die in einem Sumpf versinkt, dessen einzelne Wellen beschriftet sind: Zweifel, Komplexe, Unwissen, Unwohlsein. Oder eine Bayer Aspirin-Anzeige, die eine Tambourmajorin mit Militärhelm und Paradestiefeln zeigt, die einen Tambourstab trägt, und die Anzeige besagt: «In 13,9 Sekunden kann eine Tambourmajorin ihren Tambourstab fünfundzwanzigmal herumwirbeln ... aber in nur ZWEI SEKUNDEN fängt Bayer Aspirin bereits an zu wirken!» Was ist die wahre Sprache dieser Anzeigen? Was vermitteln sie *wirklich*? Ja, die Vermählung von Sex und Technologie (die mechanische Braut), das Auseinanderbrechen des Sexualobjekts, der Frau, in Maschinenersatzteile: die Bakelit-Beine auf einem Podest, die antiseptische, körpergeruchsfreie, plastische Vagina, die «parademarschklopfende Kombination von Militärmechanismus und gestiefeltem Erotizismus».

Ja! *Es steht geschrieben – Ich aber sage Euch* . . . Von Wisconsin ging McLuhan an die Universität von St. Louis, an die Assumption University (Windsor, Ontario) und ans St. Michael's College der Universität von Ontario. In der Zwischenzeit wurde er so etwas wie eine charismatische Gestalt in der phlegmatischen, verbittert düsteren Welt des EngLit-Akademikertums. Er zog ganze Kreise von Studenten an sich und sprach vor Studentengruppen, *extra curricula*, sowohl in Vorlesungen als auch bei sokratischen Zusammenkünften. Er zeigte Dias von Anzeigen, Comic strips und Zeitungen, wobei er die verborgene Sprache der «Folklore des Industriemenschen», wie er es nannte, erkundete.

Nach Wisconsin war jede Institution, an der McLuhan lehrte, römisch-katholisch. Mitte der dreißiger Jahre war er zum Katholizismus konvertiert. Seine Eltern waren schottisch-irische Protestanten aus Westkanada. McLuhan war offensichtlich von katholischen Intellektuellen aus England, besonders von Chesterton und Hopkins beeinflußt worden. Zwanzig Jahre später sollte er dann einen Bereich der Pop-Kultur entdekken, der für ihn auf wunderliche Weise katholisch, von katholischer Kraft und weltumfassend war: das Fernsehen.

1951 veröffentlichte McLuhan sein «Industriefolklore»-Material in einem Buch: *‹Die mechanische Braut›*. Das Buch blieb praktisch unbeachtet und war dann vergriffen. McLuhan behielt ganze Stapel von Exemplaren. 1966, bevor das Buch als 2.95-Dollar-Paperback wiederveröffentlicht wurde, brachten Exemplare dieses Titels 40 und 50 Dollar das Stück ein.

Verglichen mit seinen beiden wichtigeren Büchern. *‹Die Gutenberg-Galaxis›* (1962) und *‹Die magischen Kanäle›* (1964), ist *‹Die mechanische Braut›* fast peinlich moralisierend. Das Buch ist mit dem herkömmlichen antiindustriellen Vorurteil eines *Literaten* des 19. Jahrhunderts geschrieben, wobei McLuhan den Ausdruck Literat später mit der schlimmsten Art intellektueller Beschränktheit und Nachhutgarde verbinden sollte. *‹Die mechanische Braut›* wird ausdrücklich als ein Buch präsentiert, das dazu gedacht ist, dem westlichen Menschen als Schutz gegen die geheimen Verführer der Madison Avenue, der Presse und des Showbusiness zu dienen. «Warum nicht die neue kommerzielle Erziehung als Mittel zur Aufklärung des ausgespähten Beutetieres benutzen? Warum nicht der Öffentlichkeit dabei helfen, ganz bewußt das Drama zu beobachten, das eigentlich dazu gedacht ist, unbewußt auf sie selbst einzuwirken?»

‹Die mechanische Braut› führte jedoch als Buch über Folklore und den «öffentlichen Kollektivgeist» McLuhan mehr und mehr in Richtung der Anthropologen und Historiker. Gewiß kam einer der großen Einflüsse auf sein Denken von seinem Freund und Kollegen an der Universität

Toronto, Edmund Carpenter, einem Anthropologen, mit dem er gemeinsam ein Buch unter dem Titel ‹*Forschungen auf dem Gebiet der Kommunikation*› herausgab.

1950 und 1951 wurden von Universitätsverlagen zwei Bücher veröffentlicht, die McLuhans Leben veränderten, meiner Meinung nach jedenfalls. Es waren ‹*Empire und Kommunikation*› und ‹*Das Vorurteil der Kommunikation*› von Harold Innis. Innis lehrte zu jener Zeit an der Universität Toronto. Er vermittelte McLuhan die grundlegende Erkenntnis seiner Karriere, die er dann später in dem Aphorismus zusammendrängen sollte: *Das Medium ist die Botschaft*. Man liest selten etwas über Innis in den zahlreichen Kritiken über McLuhan. Das ist jedoch nicht McLuhans Schuld. Er zollte Innis in der ‹*The Gutenberg Galaxy*› (S. 50) vollen Kredit: «Innis erklärte ebenfalls, warum der Buchdruck Nationalismus und nicht Tribalismus bewirkt; und warum der Buchdruck Preissysteme und Absatzmärkte verursacht, wie sie ohne ihn gar nicht existieren können. Kurzum, Harold Innis war der erste, der den Prozeß der Veränderung als Grundbestandteil in den Erscheinungsformen der Medientechnologie erkannte. Das vorliegende Buch versteht sich als Fußnote zur Erklärung seiner Arbeit.»

McLuhan war darüber hinaus von Henri Bergson beeinflußt. Er verarbeitete einige von Bergsons Theorien über das Zentralnervensystem. Diese Theorien hatten auch schon Aldous Huxley beeindruckt. Bergson hatte die Vorstellung, daß das Gehirn ein «Reduzierventil» ist. Die Sinne, so sagte er, schicken eine übermäßige Flut von Informationen zum Gehirn, die das Gehirn dann zu einem regelmäßigen Tröpfeln herunterfiltert, mit dem es zum Zweck des Überlebens in einer konkurrenzintensiven Welt zurechtkommt. Der moderne Mensch, so glaubte er, ist so rational, so utilitaristisch, so der Klassifizierung von Informationen zu praktischen Zwecken verschrieben, daß dieses Tröpfeln in der Tat sehr dünn und destilliert wird und dennoch wirksam bleibt. Mittlerweile, sagte Bergson, hat der moderne Mensch die reichsten und wunderlichsten Teile seiner Erfahrung bereits erfaßt, ohne es selbst zu wissen. Bestandteil seiner Theorie ist die Vorstellung, daß irgendwann in der Vergangenheit der primitive Mensch die ganze reiche und sprühende Flut der Sinne voll erfahren hat. Das stimmt mit einer der ältesten metaphysischen Glaubensvorstellungen überein, mit dem Glauben nämlich, daß irgendwo dort draußen, jenseits des Schleiers, der unsere modernen egozentrischen Geister blendet, unser vergessenes Geburtsrecht liegt, eine Welt der Ganzheit, der Einheit und Schönheit. Als Katholik, übrigens, fand McLuhan diese Vorstellung äußerst kongenial: «Die christliche Vorstellung vom mystischen Leib – alle Menschen als Glieder des Leibes Christi – wird technologisch gesprochen unter elektronischen Bedingungen zur Tatsache.» *Das Alles-in-einem.*

McLuhans großer Wurf bestand darin, die Ideen von Innis und Bergson vorwärts zu denken, über das Druckmedium hinaus, über die Schranken der gelehrten Vergangenheit, und sie wie ein Anthropologe in die Gegenwart zu stellen. Kurzum, er machte ihre Ideen für die Pop-Kultur lebendig, für das Fernsehen, den Film, den Rundfunk, das Telefon, den Computer, für die Fotografie und Xerographie: für *die Medien.*

In den fünfziger Jahren hatte McLuhan genügend Pop-Kultur vor Augen. Er hatte ein Haus voller Kinder. 1939 hatte er Corinne Lewis, eine amerikanische Schauspielerin, geheiratet. Sie haben zwei Söhne und vier Töchter. Die regierten natürlich das Haus. Drinnen Fernsehen, Plattenspieler, Radios, Telefone und Kinder – während McLuhan über die Stammestradition und die Gutenberg-Revolution schrieb; von Raum und Zeit und vom Zusammenprall von Zivilisationen; vom nahtlosen Gewebe und von der elektronischen Vereinigung der Menschheit. Er schrieb auf einer Tischtennisplatte im Garten hinter dem Haus.

McLuhan zitiert gern das Diktum von Daniel Boorstin: «Die Berühmtheit ist eine Person, die wegen ihrer Wohlbekanntheit bekannt ist.» Das kennzeichnet im großen ganzen auch McLuhan. McLuhan ist eine jener intellektuellen Berühmtheiten wie Toynbee oder Einstein, die als Name überaus bekannt sind und auch als *Weise,* während ihre Theorie ein einziges großes Fragezeichen bleibt. Ein Teil der Schwierigkeit ist darauf zurückzuführen, daß McLuhan der Welt als «der Kommunikationstheoretiker» präsentiert wird. Sein erstes Buch, *‹Die mechanische Braut›*, war ein Buch über Kommunikation. Seither jedoch hat sich McLuhan kaum je mit Kommunikation beschäftigt, wenigstens wenn man Kommunikation als «Wechselwirkung von Gedanken oder Meinungen» definiert. Er beschäftigt sich fast ausschließlich mit den Auswirkungen der Kommunikationsmittel (des Mediums) auf das Zentralnervensystem. Seine Theorie fällt eindeutig in ein Gebiet, das als kognitive Psychologie bekannt ist, selbst wenn sich seine Interessen über viele Sachgebiete erstrecken. Die moderne kognitive Psychologie ist hochwissenschaftlich, sie beschäftigt sich mit komplizierten physiologischen Experimenten. McLuhan tut das nicht. Er ist in der Tat ein theoretischer kognitiver Psychologe.

Das wird in der *‹Gutenberg-Galaxis›* recht klar herausgestellt. *‹Die magischen Kanäle›* ist in Wirklichkeit eine Flugschrift für die Theorie der *‹Gutenberg-Galaxis›*.

Diese Theorie betrifft, wie gesagt, das Zentralnervensystem. McLuhan bringt eine Reihe von Mutmaßungen à la Bergson über die Art und Weise ins Spiel, in der das Zentralnervensystem Informationen verarbeitet. Er glaubt, daß die Menschen ein «Sinnesgleichgewicht» haben – ein Gleichgewicht unter den fünf Sinnen: sehen, hören, fühlen, riechen und schmecken. Dieses Gleichgewicht, sagt er, verändert sich entsprechend der Umwelt. Wenn zum Beispiel der Lichtsinn getrübt ist, intensiviert sich der Gehörsinn (wie bei Blinden); wenn der Gehörsinn gesteigert wird, verringert sich das Gefühl für Schmerzempfindungen (so wie ein Zahnarzt dem Patienten Kopfhörer aufsetzt, die Lautstärke aufdreht und dadurch seine Schmerzempfindlichkeit verringert). Große technische Veränderungen, so sagt er weiterhin, können diese «Sinnesverhältnisse» für ein ganzes Volk verändern. McLuhan beschäftigt sich vorwiegend mit zwei dieser großen technologischen Veränderungen: (1) der Einführung des Buchdrucks im 15. Jahrhundert (angeblich durch Johann Gutenberg) und der Verbreitung des Alphabetismus in den nächsten vierhundert Jahren; (2) der Einführung des Fernsehens im 20. Jahrhundert.

Der Buchdruck, sagt McLuhan, hat den Lichtsinn des abendländischen Menschen auf Kosten seiner anderen Sinne höher entwickelt. Das führte, sagt er, zur «Aufsplitterung der Sinne, der Funktionen, der Arbeitsvorgänge, der emotionalen und politischen Zustände wie zur Aufsplitterung der Aufgabenbereiche». Dies, sagt er, hatte überwältigende historische Folgen: Nationalismus und nationalistische Kriege (kulturelle Aufsplitterung); das moderne Heer, Industrialisierung und Bürokratie (Aufsplitterung der Aufgabenbereiche); der Markt und die Preisstruktur (ökonomische Aufsplitterung); der Individualismus und die schlechte Angewohnheit der Geheimnistuerei (Aufsplitterung zwischen Individuum und Gemeinschaft) – und Schizophrenie und Magengeschwüre (verursacht durch die Aufsplitterung sowohl des Intellekts als auch des emotionalen Verhaltens); Pornographie (Aufsplitterung von Sex und Liebe); der Kindheitskult (Aufsplitterung nach Alter); und eine allgemeine Verarmung des intuitiven und künstlerischen Lebens des Menschen (auf Grund der Aufsplitterung der Sinne). Und das sind nur ein paar der Konsequenzen, die er erwähnt.

Auftritt des Fernsehens. Fernsehen und die elektrischen Medien im allgemeinen, sagt McLuhan, drehen den Prozeß um; sie bringen das Sinnesverhältnis des Menschen zurück auf den Stand vor dem Buchdruck, vor der Alphabetisierung, also auf das «Stammes» – Gleichgewicht. Der Gehör- und der Tastsinn kommen wieder ins Spiel, und der Mensch beginnt sofort wieder, alle seine Sinne in einem einheitlichen «nahtlosen Gewebe» der Erfahrung zu benutzen. (Das Fernsehen ist nach McLuhans Psychologie nicht vorwiegend ein visuelles Medium, sondern «audio-taktil».) Die Welt wird zum «globalen Dorf», um eine seiner glücklichen Formulierungen zu benutzen.

Der unmittelbare Effekt des Fernsehens auf das Zentralnervensystem, sagt McLuhan, ist unter den jungen Menschen von heute zu sehen, der ersten Fernsehgeneration. Die sogenannte «Generationslücke», wie er sie diagnostiziert, ist keineswegs eine Geisteshaltung, sondern eine neurologische Tatsache. Es handelt sich um die Unvereinbarkeit zwischen einer visuellen, druckorientierten Generation und deren audio-taktilen, neotribalistischen Nachkommen. Schulversager, sagt er, sind lediglich die offensichtlichen Opfer in einer großen Masse von «psychischen Versagern». Es handelt sich um Kinder, die von den elektrischen Medien dazu erzogen sind, einheitliche, alles beanspruchende Sinneserfahrungen zu erleben. Sie sitzen verdutzt und gelangweilt im Klassenzimmer, das von Lehrern beherrscht wird, die das Wissen in «Fächer», Disziplinen, Fachgebiete aufsplittern und auf der Klassifizierung von Daten bestehen (anstatt das «Erkennen von Grundmustern» zu lehren, wobei es sich um das Prinzip der Computer handelt). Das bedeutet, sagt er, daß das Erziehungssystem vollkommen geändert werden muß. Auf lange Sicht gesehen, meint er, wird das neue Nervengleichgewicht in allem eine totale Veränderung bewirken: «. . . totale Veränderung, die in psychischem, sozialem, wirtschaftlichem und politischem Spießertum endet. Die alten staatsbürgerlichen und nationalen Gruppierungen sind nicht mehr funktionsfähig. Nichts kann weiter vom Geist der neuen Technologie entfernt sein als ‹ein Platz für alles und alles an seinem Platz›. Es *führt* kein Weg zurück.» Viele der Schlußfolgerungen dieser Theorie sind in der Tat sehr erfrischend: kein bitterer Nationalismus mehr – statt dessen das globale Dorf; keine ausgeschlossenen, ins Getto verbannten Minderheitsgruppen mehr (rassische Aufsplitterung) – statt dessen sind alle «unwiderruflich mit dem anderen beschäftigt und füreinander verantwortlich»; keine ermüdenden *Jobs* mehr (mechanistische Aufsplitterung) – statt dessen allumfassende *Rollen*; keine verarmte Intuition mehr (aufgesplitterte Sinne) – statt dessen erweiterte, alles umgreifende sinnliche Bewußtheit und so weiter. Der Mensch wieder ganz gemacht!

DER MENSCH WIEDER GANZ GEMACHT

Ich starrte auf das bedruckte Papier.
Es riß mir die Glieder vom Leib.
In Freimaurerurnen fand ich meine Ohren.
Meine Füße ließ ich auf Automotoren,
Meine Khaki-Klauen im Krieg fremder Toren.
In der Zeit der schielenden Augen im Kopf
Kam mir dann meine Seele abhanden.
Weh mir!
Und dann –
berührt' ich einen Fernsehknopf
Und – knack! –
war wieder ganz vorhanden.

Für einen klinischen Neurologen oder Psychologen ist McLuhans Neurologie heiße Luft. McLuhans Zentralthema ist, wie bereits gesagt, nicht die Kommunikation, sondern das Zentralnervensystem. Das Zentralnervensystem ist heute vielleicht der größte weiße Fleck auf der Landkarte der physikalischen Wissenschaften. Selbst über die krudesten Nervenfunktionen ist äußerst wenig bekannt. Erst in den fünfziger Jahren haben die Forscher nach und nach durch Experimente in verschiedenen Ländern die tatsächlichen Prozesse entdeckt, durch die selbst ein so primitiver Impuls wie Hunger dem Gehirn übermittelt wird. (Neal Miller in Amerika, W. R. Hess in der Schweiz, Konorski in Polen, Anand in Indien, *et alii.*) Man brauchte ein halbes Jahrhundert seit der Entwicklung der Methode von stereotaxischen Nadeleinpflanzungen, um solche winzigen Schwellenwerte zu erhalten. Erst 1962 entdeckten die Physiologen unter Anwendung von Mikroelektroden, wie das Auge Formen und Umrisse ans Gehirn vermittelt. Von diesem Niveau zu schließen auf das Postulat, daß das Fernsehen die Nervenfunktionen ganzer Völker, selbst einer Einzelperson zu ändern vermag – das könnte nur einem Kliniker als Romantik vorkommen.

McLuhan war jedoch auf die Kritik vorbereitet. Er bestand darauf, daß er keine in sich schlüssige Theorie vorlege, sondern lediglich «Sondierungen» vornehme. Er sieht sich als einen Menschen, der versucht, den dunklen Kontinent für die systematische Erforschung durch andere offenzulegen. Er sagt, daß er keine Schlußfolgerungen ziehe, sondern die verfügbaren Tatsachen als «Mittel des Vordringens in neue Gebiete» benutze. Er sagt sogar, wenn er genügend Forscher davon überzeugen könne, die Auswirkungen der neuen Technologien systematisch zu untersuchen, würde er mit Freude dahin zurückkehren, woher er gekommen, nämlich zu seinen «literarischen Studien». Zugleich hat er versucht, seiner Theorie einige wissenschaftliche Stützen zu geben, indem er psychologische Studien über befragte Gruppen in Kanada und Griechenland einleitete, in deren Verlauf das «Sinnesgleichgewicht» der Befragten vor und nach der Einführung des Fernsehens in ihren jeweiligen Heimatorten untersucht wurde.

Woran also liegt es, daß McLuhan so außerordentlich Furore machte? Sicherlich hatte dies keine wissenschaftlichen Gründe, trotz der Tatsache, daß er sich selbst nunmehr als Wissenschaftler bezeichnet, vom «klinischen Geist» spricht und seine Methoden mit denen der modernen Psychiatrie, Metallurgie und Strukturanalyse vergleicht.

Ein Hinweis findet sich meiner Meinung nach in den Parallelen zwischen McLuhans und Freuds Geschichte. Wenn man die Sache historisch betrachtet, sind die beiden Männer Zeitgenossen (Freud starb 1939). Beide warteten mit verblüffenden Erkenntnissen innerhalb einer Zeitspanne (1850 bis zur Gegenwart) ungeheuer intellektueller Verwirrung, ja, Verkrampfung auf, im Gefolge dessen, was Nietzsche den «Tod Gottes» und Max Weber «die Entmystifizierung der Welt» nannte. Beide Männer erklären *alles* mit Hilfe von . . . *Heiliger Strohsack! Vulgär wie Hühnerkacke! Die ganze Zeit hatten wir es vor Augen! So naheliegend, daß wir uns nie die Mühe gemacht haben, einen Schritt zurückzutreten, um es als das, was es war, zu erkennen!* Freud: Sex. McLuhan: Fernsehen. Beide Männer elektrisierten die Intellektuellen ihrer Zeit – versetzten sie in Aufruhr! –, indem sie die lebenswichtigsten, kompliziertesten kosmischen Phasen der menschlichen Erfahrung mit solch unvornehmen Dingen erklärten: das heißt, mit dem Anus; mit dem verflixten Fernsehgerät. Den größten Heuler, den Freud je hervorrief, erreichte er mit einem zweiseitigen Manuskript, in dem behauptet wurde, daß anale Empfindungen in der Kindheit durchaus in der Lage sind, die gereifte Persönlichkeit eines Mannes in ganz besonderer Weise zu beeinflussen. Freud war zu seiner Zeit genausosehr Gegenstand des Spottes wie McLuhan in unserer, und wie McLuhan zog er daraus Nutzen. Freud sagte zu Jung: «Viel Feind, viel Ehr'»; McLuhan könnte sehr wohl das gleiche von sich behaupten. Schließlich, wo Rauch ist, ist auch ... *was, wenn er recht hat?* McLuhan sagte zu seinem Jünger und Famulus Gerald Stearn: «Niemand glaubt, daß diese Faktoren auch nur die geringsten Auswirkungen auf unsere menschlichen Reaktionen haben. Es ist wie in der guten alten Zeit, als die Leute noch mit Radium herumspielten. Sie bemalten Zifferblätter mit Radium und leckten die Pinsel ab. Sie glaubten einfach nicht, daß Radium Menschen schaden könne.»

Freud war natürlich Doktor der Medizin und ein ausgebildeter Kliniker und ein beglaubigterer wissenschaftlicher Denker als McLuhan. Aber wie McLuhan strebte Freud nach kosmischer Erkenntnis. Die gestrengen Psychologen von heute wie auch die meisten forschenden Ärzte betrachten Freud als Romantiker, fast als Metaphysiker. Sie stellen sich den alten Knaben als eine Art Wiener Bischof Berkeley vor. Man hegt den Verdacht, daß Freud zwischen dem – *aha! sehr bezeichnend!* – reichlich vorhandenen Samt und dem Klüngel von einigen wenigen großbürgerlichen Wiener Haushalten, darunter seinem eigenen, herumstöberte – *Papa, der Schweinekerl, hat meine Schwester verführt* – und dann seine Einsichten durch die Eingangstür zur Klinik als Forschungsergebnisse einbrachte, die das Verhalten der ganzen Menschheit erklären sollten. Fragt sich, ob das nicht auch bei McLuhan der Fall ist. Da sitzt der Meister im Garten an der Tischtennisplatte. Drinnen im Haus sitzen die Kinder, starren auf ihre Schularbeiten – inmitten eines rasenden, abkapselnden Sinnestaifuns von Fernsehgeräten, Transistorradios, Plattenspielern und Telefonen –, und doch schaffen sie es, in der Schule mitzukommen – *sehr aufschlußreich!* Sogar erstaunlich. Eine neotribalistische Einheit der Sinne. «Der Familienkreis hat sich erweitert. Die weltweite Informationssammelstelle, die durch die elektrischen Medien – Film, Telstarsatellit, das Fliegen – gezeugt wird, übertrifft jede potentielle Einflußnahme, die Mami und Papi heutzutage noch geltend machen können.»

PINGPONG

Ins Wohnzimmer wollte ich mich begeben,
Da schlägt mir Stereo-Rock entgegen.
Hier unten ist für mich keine Bleibe –
Da tanzen die Nymphen auf der Hit-Scheibe.
Und auch im privaten Refugium
Nervt Daddy das laute Panoptikum.

Großartig, was?
Übermenschen! Tauben aus Gold!
Transistor direkt in den Schädel gepolt.
Die Strahlung! Welch ein elysischer Glanz!
Tuberkulös-blau strahlt der Mattscheibenkranz.
Solch reine Zulu-Euphorie
Durchflutet die Sinne mit Hi-Fi-Philie.

Großartig, was?
Dies neotribalistische Fest,
Ich halt' es solange aus, wie ich kann.
Multimedia-Reiz, der gibt mir den Rest.
Die Audio-Durchdringung der Stimmen hält an.
Da bleibt mir doch nur die eine Wahl:
Entweder ich kann es erreichen, das Schweigen,
Oder . . . durch Extrapolieren der Qual
Das Schicksal des Abendlands zeigen.

Freud und McLuhan wurden beide im gleichen Lebensalter berühmt, nämlich Anfang ihrer fünziger Jahre, und auch unter ähnlichen Umständen. Beide begannen mit ziemlich obskuren Cliquen akademischer Anhänger. Freud hatte eine kleine Gruppe von Getreuen, die jeden Mittwochabend in seinem Wartezimmer Diskussionen führte und als die psychologische «Mittwochsgesellschaft» bekannt war. McLuhan besaß seine Anhänger an verschiedenen kanadischen Universitäten, und sie kamen, gemeinsam mit Amerikanern, die an seiner Arbeit interessiert waren, häufig bei ihm zu Hause zusammen. Wenn man ein genaues Datum für Freuds Hervortreten als Person des öffentlichen Interesses wählen müßte, wäre es wahrscheinlich der 26. April 1908, als eine *Zusammenkunft für Freudsche Psychologie* im Hotel *Bristol* in Salzburg stattfand, an der Jung, Adler, Stekel und andere teilnahmen. Für McLuhan wäre es der 30. Januar 1964, als der Lehrkörper der Universität von British Columbia das veranstaltete, was bei seinen Anhängern als ein «McLuhan-Festival» in der Universitätsturnhalle galt. Dabei hingen große Plastikbahnen von der Decke, wodurch ein Irrgarten entstand. Kinoleute richteten Lichtprojektionen auf die Plastikbahnen und die Leute, die durch den Irrgarten gingen. Ein Filmprojektor zeigte einen langen, nichtssagenden Film vom Inneren der leeren Turnhalle. Aus den Lautsprechern kamen Spukgeräusche, eine Glocke ertönte, auf einem Podium schlug jemand Holzblöcke gegeneinander. Ein anderer versprühte Parfum. Tänzer schlängelten sich durch die Menge, und hinter einer Wand aus Stretchnylon – einem Rahmen mit überspanntem Stretchmaterial – befand sich ein Mädchen, das sich gegen diese Stretchwand drückte, die wie eine Wand aus Stretchnylon-Strumpfhosen wirkte, die *hin und her wogte,* und dahinter preßte sich das Mädchen immer wieder gegen das Material. Jeder sollte heraufkommen und *das anfühlen* – das Mädchen gegen das Stretchmaterial gelehnt –, um die «taktile Kommunikation» zu begreifen, von der McLuhan sprach.

Keines der beiden Ereignisse, das Freudsche Psychologentreffen und das McLuhan-Festival, erhielten große Publizität, aber beide waren wichtige, wenn auch esoterische Ankündigungen der Tatsache, daß *dies* der neue Name ist, mit dem künftig zu rechnen sei. Wie Freud sagt . . . wie McLuhan sagt . . . McLuhans Freund Carpenter hatte es bereits in Worte gekleidet: «McLuhan ist einer der epischen Neuerer des elektronischen Zeitalters. Seine ‹*Gutenberg-Galaxis*› ist das wichtigste Buch dieser Generation auf dem Gebiet der Soziologie. In Reichweite und Tiefe überschattet es jeden anderen Beitrag.»

Sowohl Freud als auch McLuhan diente eine andere obskure, aber wichtige Quelle ihrer Unterstützung: Junge Künstler und junge literarische Intellektuelle, die in ihnen Visionäre sahen, Männer, «die das berühmte Rätsel wahrgesagt hatten» (Sophokles, ‹*Oedipus rex*›), um ein Medaillon zu zitieren, das die Freunde von Freuds Mittwochsgesellschaft ihm 1906 zu seinem fünfzigsten Geburtstag überreicht hatten. Sowohl McLuhan als auch Freud legen wissenschaftliche Theorien vor, aber in einem uralten priesterlich-aristokratischen Idiom, das literarische und künstlerische Seelen verführerisch finden. Beide stützen ihre Arbeit mit traditioneller literarischer Bildung ab. Freud legt seine berühmteste Einsicht natürlich in Form einer manirierten literarischen Spielerei, i. e. «der Ödipus-Komplex», vor. Um Freuds stark literarische Neigungen zu spüren, braucht man lediglich zehn Seiten Freud und dann zehn Seiten Pawlow zu lesen. Der Unterschied an geistiger Atmosphäre, hier das Literarische, dort das Klinische, sticht sofort hervor. Freud hatte den typisch literarischen Respekt vor dem künstlerischen Genie. Er beschrieb den Künstler als einen Menschen, der die Macht hat, offen und gläubig die Welt der Phantasie darzustellen – die Verbindung zwischen dem Bewußten und dem Unbewußten –, die normale Sterbliche nur zufällig in Tagträumen zu erahnen vermögen. Freud wurde der Schutzpatron der Surrealisten, die sich als Gleichgesinnte verstanden (Dali besuchte Freud kurz vor dessen Tod, zeichnete ihn und sagte ihm, daß surrealistisch gesehen sein Schädel an eine Schnecke erinnere).

McLuhan war natürlich als Literaturgelehrter ausgebildet. Er beginnt die ‹*Gutenberg-Galaxis*› mit drei Kapiteln, in denen er etwas abstrus ‹*König Lear*› analysiert. À la Freuds Ödipus beginnt er seine Erörterung der «Sinnesverhältnisse» mit einer griechischen Legende (dem Mythos von Cadmus: der Phönizier, der Drachenzähne säte – und heraus sprossen bewaffnete Männer; der das Alphabet in Griechenland einführte – und heraus sprossen Spezialistentum und Aufsplitterung der Sinne). Diese Neurologie ist völlig literarisch. Joyce, Matthew Arnold, Dr. Johnson, Blake, Ruskin, Rimbaud, Pope, Cicero, Pfarrer Swift, Montaigne, Pascal, Tocqueville, Cervantes, Nashe, Marlowe, Shakespeare, Ben Johnson, St. Augustinus – sie zwitschern und schimmern wie Berühmtheiten, die in einer Limousine vorfahren.

Künstler nehmen mittlerweile in McLuhans Galaxis genau die gleiche Rolle ein wie bei Freud. Sie sind Genien, die die unsichtbaren Wahrheiten intuitiv entdecken und sie symbolisch zum Ausdruck bringen. Sie sind göttliche *Naturkinder*, begabt, aber weitgehend der Bedeutung ihrer eigenen Kräfte unbewußt. McLuhan sieht die Künstler als das «Frühwarnsystem» der Menschheit an. Sie besitzen eine größere Einheit und Offenheit der Sinne und reagieren deshalb früher auf die Änderung der «Sinnesverhältnisse», die durch die Wandlungen in der Technologie verursacht werden. McLuhan ist heute der Schutzpatron der meisten «Mixed-media»-Künstler und auch von vielen jungen «Underground»-Filmemachern (wegen solcher Sprüche wie «Die Tage der durchgehenden Geschichte, der Handlung, sind vorbei»). Er war auch der spürbare Schutzpatron der umfassenden Mixed-media-Show «Kunst und Technologie», die Robert Rauschenberg und andere 1967 in der großen Sporthalle in der 27th Street von New York veranstalteten. Im übrigen sind die Künstler offenbar geneigt, McLuhans Theorie zu übersehen, sofern sie sich mit ihrer Fähigkeit der «Frühwarnung» beschäftigt. Nach McLuhan handelt es sich dabei nämlich um eine ziemlich rückschrittliche Leistung. Die «Avantgarde» jeder Epoche, sagt er, ist immer um eine technische Entwicklungsphase zurück. Maler entdeckten Die Landschaft erst im frühen 19. Jahrhundert, als der aufkommende Maschinenzeitalter-Industrialismus sie dazu brachte, die Technologie der Landwirtschaft – das heißt Das Land – zum erstenmal als eine Kunstform zu erkennen. Sie entdeckten die Maschinenformen (Kubismus) erst, als das elektrische Zeitalter begonnen hatte. Sie entdeckten die Formteile der Massenproduktion (Pop Art: Roy Lichtensteins Comics, Andy Warhols Campbell-Suppenbüchsen) erst, als das Zeitalter des Fließbands dem Zeitalter der Elektronik Platz gemacht hatte. McLuhan sagt, daß dies nichtsdestotrotz die Frühwarnung ist – ein Gedanke, der die Künstler froh stimmte.

Ältere literarische Intellektuelle reagierten jedoch auf McLuhan mit jener Art *Ressentiment*, um Nietzsches Wort zu gebrauchen, das anzeigt, daß McLuhan auf eine wunde Stelle gestoßen ist. Die erste Salve der alten Garde wurde schon im Juli 1964 durch einen langen Aufsatz von Dwight Mcdonald abgefeuert. Er enthielt die meisten Einwände, die seither so vertraut geworden sind: die schlichte Schlußfolgerung, daß McLuhan Unfug schreibt (eine typische Reaktion auf Freud), daß sein Stil sich wiederholt und «langweilig» ist, daß er gegen das Buch und für die neue Barbarei ist (Fernsehen, Elektronengehirne), oder umgekehrt, daß er unmoralisch ist und keine Werte kennt. Abermals erinnert man sich an das Beispiel Freuds. Nach der Veröffentlichung von Freuds Clark University-Vorlesungen erklärte der Dekan der Universität von Toronto: «Ein normaler Leser würde wohl annehmen, daß Freud die freie Liebe befürwortet, die Aufhebung aller Schranken und einen Rückfall in die Barbarei.» Tatsächlich nahm Freud natürlich die traditionelle Philosophie barbarisch auseinander und löschte sie fast aus, jene Königin der Wissenschaften des ganzen 19. Jahrhunderts. Was blieb schon übrig von der hochtrabenden Metaphysik von Gott, Freiheit und Unsterblichkeit, wenn sie jetzt plötzlich Produkte des Anus und der Glans Penis waren?

McLuhan seinerseits zerrupfte die literarischen Intellektuellen. Er gab die rasendmachende Erklärung ab: Ihr seid irrelevant.

Er traf ein längst fälliges Ziel. Die literarisch-intellektuelle Art, die in den Vereinigten Staaten und England immer noch am Leben ist, wurde vor über 150 Jahren im England der Regency-Zeit mit der Gründung von literarischen Magazinen wie *Edinburgh Review, Quarterly, Blackwood's, London Magazine, Examiner* und *Westminster Review* geprägt. Diese Zeitschriften dienten wohlgebildeten Gentlemen-Amateuren als Plattform, von der aus sie in gelehrter Weise ihr Urteil über zwei Gebiete abgeben konnten: Bücher und Politik. Das schien zu jener Zeit eine ganz natürliche Kombination, denn viele Literaten waren durch die Französische Revolution und ihre Nachwirkungen begeistert worden (zum Beispiel Byron, Wordsworth, Shelley, Hazlitt, Francis Jeffrey). Die *Edinburgh Review* hatte einen blau-gelben Einband, also in den Farben der Whigs, der Konservativen. Bemerkenswerterweise blieb die literarisch-intellektuelle Mode über eineinhalb Jahrhunderte lang genau auf dieses Format eingeschworen: Bücher und moralischer Protest, vorgetragen von Gentlemen-Amateuren in der höflich-essayistischen britischen Art.

McLuhan trat hervor als ein Mann mit makellosen literarischen Zeugnissen, um diesen Leuten zu sagen, daß das Spiel aus ist. Er bezichtigte sie des «Primitivismus» und der Ignoranz ausgerechnet in dem Medium, das sie zu schätzen vorgeben: dem Buch; sie «haben niemals auch nur eine Minute lang über das Buch als Medium oder als Struktur nachgedacht und darüber, wie es sich als Struktur zu anderen Medien verhält, politisch gesehen, verbal gesehen und so weiter . . . Sie haben niemals irgendein Medium untersucht.» Er warf ihnen den Fehdehandschuh hin, damit sie – wie er es getan hat – mit den nüchternen empirischen

Methoden der Forschung, die in den Sozialwissenschaften und in der Physik in den vergangenen fünfzig Jahren entwickelt worden waren, endlich einmal fertig werden. Wenn sich der literarische Intellektuelle auch weiterhin vor all diesen Dingen in die hohe Region der Werte zurückzieht, sagt McLuhan, «dann ist es aus mit ihm».

Das war eine äußerst peinliche Angelegenheit für die literarischen Korporationen, wie er sie nennt. Während der vergangenen fünf Jahre war deren Reaktion auf die überwältigende Flut von wissenschaftlichem Empirismus *die literarische Verschanzung* – ein sich immer entschlosseneres Verschanzen hinter dem Moralistenstandpunkt der Regency-Literaten («intellektueller» Protest gegen die Tyrannen und Übel der Zeit). Selbst heute noch stoßen literarische Intellektuelle praktisch in das gleiche Horn, wobei sie beteuern, daß die Aufgabe des Intellektuellen in einem brutalen Zeitalter in der Wahrung geheiligter Werte liegt (zum Beispiel Naom Chomsky in seinem Manifest «Die Verantwortung der Intellektuellen» in *The New York Review of Books*). Somit werden die Intellektuellen zu einer Art Geistlichkeit ohne Weihen. Mcdonald zum Beispiel hat die vergangenen zwanzig Jahre seiner Karriere auf die *Verschanzung* verwandt. Er grub sich emsig gegen alle Formen des Empirismus im 20. Jahrhundert ein, von der Soziologie bis zur Linguistik. Er fiel sogar über ein so konservatives und wohlmeinendes Eindringen des Empirismus in die literarische Welt wie in der dritten Ausgabe von ‹*Websters Wörterbuch*› her – mit der fadenscheinigen Begründung, das Wörterbuch habe seiner moralischen Verantwortung abgeschworen, in Grammatik und Diktion das Gute gegen das Böse abzuwägen. Alldieweil ließ er aus seiner Verschanzung heraus die Fahne der «Werte» flattern.

McLuhans nietzschesche (*Jenseits von Gut und Böse*) «Aphorismen und Randbemerkungen» zu diesem Thema waren besonders gallig: «Viele Jahre lang habe ich beobachtet, daß der Moralist in typischer Weise Ärger an die Stelle von Erkenntnis setzt. Er hofft, daß viele Leute seine Verärgerung irrtümlich für Einsicht halten . . . Der nur moralistische Ausdruck der Zustimmung oder Ablehnung, der Vorliebe oder Verachtung wird gegenwärtig in unserer Welt als Ersatz für Beobachtung und als Ersatz für das Studium benutzt. Die Leute hoffen, wenn sie laut genug über ‹Werte› schreien, werden andere sie irrtümlich für ernsthafte, empfindsame Seelen halten, die höhere und edlere Einsichten haben als gewöhnliche Menschen. Warum würden sie sonst so laut schreien? . . . Moralische Verbitterung ist eine grundlegende Methode, dem Idioten Würde zu verleihen.»

Noch bitterer für die Literaten ist, fürchte ich, daß es kein Medium gibt, dem sie sich zuwenden können, seien es nun Bücher oder andere, esoterische oder populäre, ohne daß ihnen die Sprüche McLuhans entgegendonnern, begleitet von einem furchtbaren Fanfarenton.

Ecce Berühmtheit.

McLuhans Aufstieg zum Status einer internationalen Berühmtheit kam schneller als bei Freud, nicht zuletzt auf Grund des übersteigerten Tempos, das *die Medien* heute an den Tag legen – und wegen der Tatsache, daß das Phänomen Freud die Presse bereits konditioniert hatte, den esoterischen Guru als Star auszuschlachten. Freuds Aufstieg war allmählicher, aber völlig gleichmäßig. Zuerst trat Freud 1908 bei der Zusammenkunft für Freudsche Psychologie hervor. Bis 1910 hatten seine Schriften bereits ein Trommelfeuer von aufgebrachten Besprechungen in amerikanischen und europäischen Intellektuellen-Zeitschriften nach sich gezogen, wobei die Kritiken bisweilen einen Umfang von mehr als hundert Seiten annahmen. 1915 wurde sein Essay ‹*Zeitgemäßes über Krieg und Tod*› ein Publikumserfolg und mehrfach nachgedruckt. 1924 war er dann endgültig *Freud*; sowohl die *Chicago Tribune* wie die Zeitungen der Hearst-Gruppe boten ihm riesige Summen und die Fahrt auf einem eigens für ihn bereitgestellten Überseedampfer und so weiter an, damit er in die Vereinigten Staaten käme und eine Psychoanalyse der sensationellen Lustmörder Leopold und Loeb durchführe (er lehnte ab).

Sowohl Freud als auch McLuhan erreichten jedoch den Höhepunkt ihrer Publicity nach Reisen in die Vereinigten Staaten. Freuds folgte 1909 nach einer Reihe von Vorlesungen an der Clark University in Worcester, Massachusetts, anläßlich des zwanzigsten Jahrestages der Universitätsgründung. Als sein Schiff am 27. August in New York anlegte, wurde er nur in einer einzigen Zeitung erwähnt, lediglich erwähnt, und zwar als «Professor Freund aus Wien». Als er am 21. September die Rückreise nach Europa antrat, hatte er seinen ersten Ehrendoktor (von der Clark University) und war auf dem besten Wege, eine maßgebliche Sensation und öffentliche Schande zu werden.

McLuhans ausschlaggebende Reise in die USA fand im Mai 1965 statt. Wie schon gesagt, hatten amerikanische Unternehmen bereits damit angefangen, ihn für Privatvorträge zu importieren. Dies hatte die Veröffentlichung der ‹*Magischen Kanäle*› im Jahr 1964 bewirkt. Zunächst einmal war da ja die äußerst interessante Möglichkeit – *was, wenn er recht hat?* Dann gab es noch den wunderlichen Minderwertigkeitskomplex des Auf-der-falschen-Seite-Stehens, den solche Firmen gegenüber der akademischen und intellektuellen Welt zu empfinden scheinen. Jeder Gelehrte mit guten Referenzen, der ein ernsthaftes, vages optimistisches oder gar neutrales Interesse an den Angelegenheiten der Geschäftswelt, zum Beispiel an der Technologie zeigt, wird wärmstens aufgenommen. McLuhans Reise nach New York im Mai 1965 fand jedoch auf Betreiben zweier ziemlich außergewöhnlicher Männer aus San Francisco, Howard Gossage und Dr. Gerald Feigen, statt.

Gossage ist ein großer, bleicher Werbemann mit einem der ansehnlichsten Grauschöpfe in den USA, wobei das Haar wie bei John Barrymore zurückflutet. Feigen ist ein Psychiater, der Chirurg geworden ist;

dunkelhaarig mit großen Augen und einem Opiumraucherschnurrbart wie Jerry Colonna. Darüber hinaus ist er Bauchredner und trägt ständig eine makaber aussehende Puppe namens Becky mit sich herum. Gossage und Feigen gründeten eine Firma Generalists Inc., die als Berater für jene Leute dient, die das, was sie brauchen, von den Spezialisten nicht bekommen können, denn sie brauchen die überdimensionale Selbstdarstellung. Ihr erster Kunde war ein Mann, der mit einem teuren Skilift in Squaw Valley hängengeblieben war, der die Hälfte des Jahres nicht in Betrieb war. Sie rieten ihm, oben am Hang einen piekfeinen und ziemlich formellen Restaurant-Nachtclub aufzumachen, den man nur mit dem Skilift erreichen könnte. Der Mann folgte dem Rat. Das Restaurant erhielt den Namen *High Camp* und wurde sofort zum großen Erfolg. Ein Umstand, der Gossage und Feigen für McLuhan einnahm, war dessen Glaube, daß das Zeitalter der Spezialisten (Aufsplitterung des Intellekts) vorbei war.

Gossage und Feigen investierten etwa 6000 Dollar in eine Rundreise, auf der sie McLuhan mit einflußreichen Leuten außerhalb der akademischen Welt ins Gespräch brachten, vorwiegend im Bereich der Kommunikation und der Werbung, und zwar an beiden Küsten Amerikas. Gossage sagt, sie hätten kein klar festgelegtes Ziel gehabt (keine Aufsplitterung; freie Bahn). Sie wollten die ganze Geschichte lediglich «dick, dumm, fröhlich» angehen und abwarten, was geschähe.

So veranstalteten sie im Mai 1965 bei *Laurant, Lutèce* und in anderen Schlemmerlokalen für große Spesenkonten in den östlichen fünfziger Straßen in Manhattan eine Anzahl von Zusammenkünften und Mittagessen speziell für McLuhan, Zusammenkünfte mit Männern vom Kaliber eines Gibson McCabe. Die ersten Treffen und eine Cocktail-Party in der Suite von Gossage im *Lombardy-Hotel* waren auf einen Montag angesetzt. Aber McLuhan kam einfach nicht. Gossage erreichte ihn an jenem Abend schließlich telefonisch in Toronto. Marshall, was zum Teufel machen Sie ...

«Ich zensiere Arbeiten.»

«Zensieren Arbeiten?»

«Und warte auf den Billigflug.»

«Den Billigflug! Was für ein Billigflug?»

... den Mitte-der-Woche-Billigflug der Fluggesellschaften. Er konnte etwa 12 Dollar für den Hin- und Rückflug sparen, wenn er erst am Dienstagmorgen nach New York flog.

«Aber Marshall, Sie *zahlen* doch nicht einmal die Kosten!»

... aber das war eben der Englischprof mit dem Pree-Tide-Fertigschlips. Er hatte eine Frau und sechs Kinder und dreißig Jahre hinter sich, in denen er mit einem Englischlehrergehalt immer gerade so hingekommen war. Da saß er also in seinem Kabuff, zensierte Arbeiten, kratzte vor sich hin ...

«Hören Sie», sagt Gossage, «es gibt jetzt viele Leute, die Geld in Ihre Arbeit investieren wollen, da brauchen Sie nie wieder Arbeiten zu zensieren.»

«Sie meinen, von jetzt an macht es nur noch Spaß?» sagt McLuhan.

«Alles läuft wie geschmiert», sagt Gossage.

Schon im Januar 1966 war der McLuhan-Boom nicht mehr aufzuhalten, und das mit einer Macht, wie gesagt, von der McLuhan selbst nie geträumt hatte. Ich erinnere mich, McLuhan im August 1965 in dem Feuerwachen-Büro von Gossage in San Francisco getroffen zu haben. Gossage und Feigen veranstalteten gerade ihr eigenes «McLuhan-Festival», wie sie es nannten. Sie luden eine Woche lang jeden Morgen und jeden Nachmittag kleine Gruppen einflußreicher West-Coast-Leute zu sokratischen Dialogen mit McLuhan ein. Eines Nachmittags saß McLuhan an dem runden Tisch in Gossages eigenem, bequem eingerichteten großen Büro mit einem halben Dutzend Leuten, Gossage, Feigen, Mike Robbins von der Werbeagentur Young & Rubicam, der Romancier Herbert Gold, Edward Keating, damals Chefredakteur und Herausgeber der Zeitschrift *Ramparts*, und ich. Jemand fragte McLuhan, was er von der großangelegten Kommunikationskonferenz hielte, die zu jenem Zeitpunkt gerade im *Hilton-Hotel* von San Francisco mit einer Teilnehmerzahl von tausend Gelehrten, an ihrer Spitze der anerkannte Semantiker S. I. Hayakawa, stattfand.

«Na ja . . .» sagte McLuhan, zog sein Kinn an und drehte die Augen nach oben, «die gehen in ihrer Arbeit natürlich von sehr überholten Voraussetzungen aus. Das liegt fast in der Natur der Sache.»

In der Natur der Sache?

«Gewiß. Bis man tausend Leute dazu kriegt, sich über genügend prinzipielle Dinge zu einigen, damit man eine solche Zusammenkunft abhalten kann, haben sich die Grundbedingungen bereits wieder geändert. Die Prinzipien sind inzwischen nutzlos geworden.»

Die Hayakawa-Konferenz . . . verlief im Sande.

Vier Monate später erinnerte ich mich an diese Bemerkung. McLuhan war schon vor längerer Zeit eingeladen worden, vor dem regelmäßig jeden Monat stattfindenden Lunch eines New Yorker Werbeunternehmens einen Vortrag zu halten. Der Kreis traf sich immer in einem Speisesaal im Zwischengeschoß des *Plaza-Hotels*. Selten kamen mehr als hundert Leute. Plötzlich machte jedoch McLuhans Erscheinen das Ganze zu einer Art Theaterpremiere mit einem blendenden neuen Star. Das Mittagessen mußte in den großen Ballsaal des *Plaza-Hotels* verlegt werden – und die Teilnehmerzahl betrug . . . tausend Gäste.

Wenn ich so zurückblicke, war McLuhan an jenem Tag umwerfend. Anstatt dem plötzlichen allgemeinen Aufsehen Tribut zu zollen, stand er da oben am Rednerpult und wurde ganz besonders kryptisch, delphisch, esoterisch. Er wirkte wie ein ernsthaft dreinschauender Lewis Carroll. Niemand verstand, was zum Teufel er sagte. Ich saß an einem Tisch mit einigen Time-Life-Leuten. Mehrere von ihnen waren durch diesen Auftritt äußerst verärgert. Sie stöhnten, rollten mit den Augen und drehten dann tatsächlich ihre Stühle herum und begannen, noch während er redete, sich zu unterhalten. Nichts hätte stärker an das Freud-Phänomen vor fünfzig Jahren erinnern können. *Viel Feind, viel Ehr'!*

Ich habe Freunde McLuhans sagen hören, sein Publicity-Boom sei so angestiegen, daß er Gefahr liefe, allzusehr herausgestellt und zu trivial zu werden. Mag sein; sicher erscheinen einige seiner jüngeren Beiträge, wie zum Beispiel ein Artikel in *Look* über «Die Zukunft des Sex» (als Co-Autor fungiert ein *Look*-Redakteur), recht trivial. Ich glaube aber dennoch, daß er alles in allem die ganze Sache wie ein Champion angegangen ist. Wie Freud läßt er sich nie auf die Debatte eines Einzelaspekts ein («Ich will Beobachtungen, nicht Übereinstimmung»). Im wesentlichen hat er immer weiter auf die Pauke gehauen, in jedem Medium, an das er herankommt, in Büchern, Zeitschriften, im Fernsehen, im Rundfunk, in Vorträgen, Seminaren und Symposien. Er hat sogar die Bedeutungsschranke durchbrochen. Erst im Winter 65/66 sagten mir Leute der Canadian Broadcasting Company, daß sie McLuhan gern im kanadischen Fernsehen auftreten lassen wollten, daß sie aber den Eindruck hätten, er wäre für ihre Zuschauer zu unverständlich. Heute wäre dieser Einwand ein Witz, selbst bei der CBC. Es wäre genauso, als wollte man sagen, wir können Richard Burton nicht bringen – der kriegt seine Sätze nie zu Ende.

McLuhans Monomanie für seine Theorie – und deren hingebungsvolle Fortführung inmittem der ganzen Schaumschlägerei um seine Person – hat ihm einen skurrilen Frieden gebracht. Es ist die Ruhe im Auge des Hurrikans oder die Ruhe, die der Architekt, Professor Silenus, in Evelyn Waughs ‹*Auf der schiefen Ebene*› beschreibt. Professor Silenus beschreibt das Leben als eine jener sich wirbelnd drehenden Scheiben in den alten Vergnügungsparks. Sie sind einer gigantischen Schallplatte gleich, 15 Meter im Durchmesser. Man stellt sich auf die Scheibe, und sie beginnt, sich zu drehen. Je schneller sie sich dreht, desto größere Zentrifugalkräfte entwickeln sich, den Fahrgast abzuwerfen. Die Geschwindigkeit am äußeren Rand der Scheibe ist so groß, daß man sich um jeden Preis festhalten muß, um auf der Scheibe zu bleiben. Je näher man jedoch an den Mittelpunkt der Scheibe herankommt, desto geringer ist die Geschwindigkeit, und desto leichter ist es, aufrecht stehen zu bleiben. Theoretisch muß es im Zentrum einen Punkt geben, der vollständig bewegungslos ist. Im Leben kommen die meisten Menschen gar nicht erst auf die Scheibe. Sie sollten das auch gar nicht versuchen. Sie besitzen weder den Nerv noch den Elan dazu. Sie sitzen lediglich auf der Tribüne und sehen zu. Einige Leute wollen aber gern auf den äußeren Rand und klammern sich daran und fahren wie der Teufel – Leute wie McLuhans irre Impresarios Gossage und Feigen. Andere richten sich auf und fallen hin, stolpern, schießen auf den Mittelpunkt zu. Und wenige, sehr wenige, erreichen die Mitte, dieses vollkommen bewegungslose Zentrum, und stehen genau im toten Punkt des rasenden Karussells, als könne nichts auf der Welt klarer und weniger verwirrend sein – Leute wie McLuhan.

Ja. Ich habe McLuhan einmal zu einem Oben-ohne-Essen in San Francisco mitgenommen. Es war in einem Club am North Beach, der sich «Off-Broadway» nennt, und wo die Kellnerinnen barbusig das Mittagessen servieren. Gossage, Feigen und Herb Caen, der berühmte Kolumnist aus San Francisco, nahmen ebenfalls daran teil. Wir hatten alle von Oben-ohne-Essen gehört, aber keiner von uns hatte so etwas je erlebt. Ich fand, daß etwas Sonderbares passiert, wenn Männer zum erstenmal in einen Raum voller nackter Mädchen kommen. Sie sind nämlich sprachlos. An jenem Nachmittag erlebte ich das mehrfach. Das ganze Vokabular des maskulinen Humors über weibliche Nacktheit beruht eigentlich auf der Voraussetzung, daß die Mädchen teilweise bekleidet sind, daß viel, aber bei weitem nicht alles offengelegt wird. Wenn Männer in ein Restaurant kommen und ein Dutzend Mädchen vorfinden, die nichts anderes tragen als fleischfarbene Schamschurze und hochhackige Schuhe, wissen sie einfach nicht, was sie sagen sollen – nicht einmal ein mit allen Wassern gewaschener Boulevardier wie Caen. Alle waren baff, alle, muß man sagen, außer McLuhan.

Innerhalb von 30 Sekunden hatte McLuhan die ganze Szenerie einfach . . . der Theorie einverleibt. Er zog sein Kinn an.

«Well!» sagte er. «Sehr interessant!»

«Was ist interessant, Marshall?»

«Die tragen *uns.*» Er sagte es mit einem leichten Schulterzucken, als sei es das Selbstverständlichste der Welt.

«Das versteh ich nicht, Marshall.»

«Wir sind ihre Kleider», sagte er. «Wir werden zu ihrer Umgebung. Wir werden zu Erweiterungen ihrer Haut. Sie tragen *uns.*»

Wir setzten uns. Das Lokal war mit Geschäftsleuten vollgestopft. Es war in einer Schwarzlichtdüsternis gehalten, offensichtlich um die Verlegenheit nicht sichtbar werden zu lassen, genau wie in den alten Varieté-Häusern. Nur wurden hier große, schwere Spesen-Mittagessen von barbusigen Kellnerinnen serviert. Ihre Brüste baumelten und wackelten und schwitzten über dem Teller, während sich die Mädchen in ihrer Fleischhülle streckten, um die Suppen, die Salate, das Brot, die Cocktails zu reichen. Man konnte kaum den Teller vor sich sehen, nur strahlende Brüste in der Düsternis einer nächtlichen Stadt. Eine reine Beknacktenfarce war anscheinend alles, was man davon haben konnte. Es sei denn, man war McLuhan.

«Wenn man den Lichtsinn reduziert», sagte er, «steigert man den Geschmackssinn. Deshalb sind diese sogenannten ‹schummerig beleuchteten Restaurants› ein Erfolg. Deshalb sind sie buchstäblich ‹intim›. Man wird sinnlich und sinnenhaft zusammengefügt, aus der Isolierung des optischen Menschen herausgezwungen.»

Später widmeten wir uns der Diskussion über den relativen Charme unserer schwitzenden Paradiesjungfrauen, und Caen meinte, daß ein bestimmtes Mädchen «gut aussehe» . . .

«Wissen Sie, was Sie da gesagt haben?» sagte McLuhan. «Gut *aussehen.* Das ist eine optische Orientierung. Sie trennen sich von den Mädchen ab. Sie setzen sich einfach hin und *sehen.* Das Licht hier drinnen ist jedoch trübe. Es ist als *taktile* Erfahrung gedacht, aber der optische Mensch reagiert nicht so.»

Jeder sah zu McLuhan hinüber, um sich zu vergewissern, ob er nicht einen Scherz mache. Doch es ist unmöglich, sich darüber in der taktilen Nacht Gewißheit zu verschaffen. Was klar ist, ist lediglich . . . ja, McLuhan hat bereits das ganze rasende Karussell in das bewegungslose Zentrum absorbiert.

Nach der Mahlzeit präsentierte das Off-Broadway seine Stil-Show. Sie bestand darin, daß verschiedene Mädchen mit ungeheuren Titten – «Brüste» langt einfach nicht –, aufgeblasen durch Silikonspritzen und deutlich aus den diversen Unterkleidern und Gewändern hervorstechend, die Kleidungsstücke «als Modelle» vorführten. Die ganze Zeit parodierte eine Zeremonienmeisterin am Mikrofon jene leichtgeschürzten weiblichen Kommentare, die man auf Modeschauen zu hören bekommt. «Und hier ist Denise», sagte sie etwa, «in ihrem Spitzenchemise –» und ein junges Ding kommt heraus mit einem Paar gewaltiger Euter, die an ihrer Vorderseite hervorschwellen und an den Brustwarzen stark mit Rouge betupft sind; dabei hat sie ein durchsichtiges kleines Spitzenjäckchen über die Schulter gelegt, das mit einer Schleife im Nacken geknotet ist. «Diese letzte Kreation», sagt die Zeremonienmeisterin, «ist aus *schwerer* belgischer Spitze . . . wegen der so, so *notwendigen zusätzlichen* Abstützung . . .»

Nach der Show wendet sich McLuhan an die Zeremonienmeisterin, die Frau am Mikrofon – sie war übrigens bekleidet –, er bittet sie an unseren Tisch und sagt zu ihr: «Ich habe etwas für Sie, was Sie bei Ihrem *Gerede* verwenden können.»

«Was wäre das?» sagt sie. Ihr Gesicht nimmt allmählich jenes kugelsichere Lächeln an, das Kellnerinnen und Barfrauen aufsetzen, um mit betagten Witzbolden fertig zu werden.

«Na ja, es wäre», sagt McLuhan – und ich muß hier einfügen, daß erst unlängst Oben-ohne-Mädchen in einem Musterprozeß in San Francisco vor Gericht gestanden und gewonnen haben –, «es wäre dies», sagt

McLuhan. «Sie können doch einfach sagen, Sie können denen erzählen –» und hier verlangsamt sich seine Stimme, als wolle er die äußerste Bedeutung dessen, was er sagt, betonen – *«die Oben-ohne-Kellnerin ist der Angriffskeil des Versuchsballons!»*

Dann sieht er sie mit einem unergründlichen Lächeln an.

Ihr Lächeln dagegen gefriert. In ihren Augen gehen die Lichter aus. Sie sieht plötzlich aus wie ein alterndes Mutterschaf, dem man eines mit dem Schlachtbeil vor den Kopf gehauen hat. Sie starrt McLuhan sprachlos und ohne eine Miene zu verziehen an . . .

Klar wie Kloßbrühe!

. . . was, wenn er recht hat?

Kennen Sie schon die Zinsgespritzten . . .

Teil Zwei

9 Bob und Spike

Sieh nur! Sie nickt dir zu! Mit ihren tiefliegenden, hochklassigen schwarzen Augen! Hier bei der Dinnerparty in Alfred Barrs Apartment, in einem Raum voller Männer, die sich ihre Hemden von Hand für 90 Cents bei Forziati auf der East 74th Street waschen lassen, und Frauen, die sich mit einem kleinen Haarputz um 4 Uhr nachmittags bei Kenneth auf der East 54th Street allmählich auf das Dinner vorbereiten – hier in diesem Raum nickt sie dir zu, die Liza. Liza Parkinson, Mrs. Bliss Parkinson, Präsidentin des Museum of Modern Art, Tochter von Cornelius Bliss, Nichte von Lillie P. Bliss, die eines der Gründungsmitglieder des Museums war, Schwester von Anthony Bliss, dem Präsidenten der Metropolitan Opera-Vereinigung – Liza, die wahre Verkörperung all dessen, was besonders gesellschaftsfähig, besonders hochklassig ist und ganz besonders zu tun hat mit dem protestantischen Stammbaum und dem gehämmerten Briefpapier mit Wasserzeichen in dieser totalen Kunstwelt und ihrem sozialen Drumherum. Liza nickt Spike zu. Und Spike sieht zu Bob im anderen Teil des Zimmers hinüber. Und Bob ermutigt Spike. Nur ran, Mädchen. Dies ist der Augenblick – zunickende schwarze Augen!

Bob und Spike – ja, *Spike* –, als Bob, Robert Scull, Amerikas berühmtester Sammler von Pop und anderer avantgardistischer Kunst, seine Frau Ethel, Ethel Redner von der West 86th Street, zum erstenmal irgendwann 1943 bei einer Verabredung ins Blaue traf, da sagte er sich: «Ethel, was für ein furchtbarer Name.» Also nannte er sie Spike. Spikes Familie hatte ein bißchen Moos; aber Bob und Spike waren so pleite, daß sie in einem Zimmer an der West 56th Street mit einem Schrankbett lebten. Sie kauften sich eine 12-Dollar-Mitgliedskarte für das Museum of Modern Art, drei Häuser weiter, auf der West 53rd Street, und benutzten Museum, Gartenrestaurant und alles dort als Wohnzimmer, wo man sich mit Gästen unterhielt. Ist das Ironie oder nicht? Bob begann, sich da recht nachdrücklich für Kunst zu interessieren, und legte sich seine eigene Schattensammlung an, indem er die Titel von Bildern niederschrieb, die er zu besitzen wünschte, und zwar auf ein Stückchen Karton, wie es in der Wäscherei in die Hemden gesteckt wird, das er immer in seiner Brieftasche mit sich führte. 1947 oder 1948 begann Bob seine Laufbahn im New Yorker Taxigeschäft, das zu jener Zeit ein recht rauhes Geschäft war, voller – na ja, da fragt man besser nicht. Die Hälfte der Burschen waren ausgemusterte Typen von den mafia-trainierten Hoteldetektiven, Bob aber begann, Geld zu machen, und der Rest ist Geschichte. Er begann tatsächlich, selbst Bilder zu kaufen. Er mußte sich eine Menge Spott und so manches mehr gefallen lassen, wie 1959, als er Jasper Johns' Bierbüchsen kaufte, zwei Büchsen Ballantine Ale, um genau zu sein, aber jeder nannte sie die Bierbüchsen, und die Zeitschriften und Zeitungen kamen zu ihm, um Aufnahmen zu machen, und er war sehr stolz, Japs Bierbüchsen gekauft zu haben. Konnte man denn wirklich annehmen, daß die ihn bloß auf den Arm nahmen? Yeah! da kamen in der Schule die Jungen und Mädchen zu seinen Kindern und sagten: «Sag mal, ist dein Alter der Irre, der die Bierbüchsen gekauft hat?» Aber er sammelte weiter, und schon sehr bald wurde der Name Robert Scull zum Synonym für Pop Art, und Bob und Spike kommen jetzt gerade so richtig ins Spiel mit der geselligen Museum of Modern Art-Clique, und schließlich findet hier das große Abendessen in Alfreds Wohnung statt – Alfred Barr ist nämlich der Direktor des Museum of Modern Art . . .

Hier, inmitten von Kristall, silbernen Spargelhaltern und Forziati-Bügeleisenjobs, trifft man Leute von der Größenordnung Lizas und Philips – dabei handelt es sich um Philip Johnson, den Architekten, Gesellschaftslöwen und Kunstkenner –, und Bob und Spike sehen großartig aus. Bob, der 49 ist, kommt gerade, schneidermäßig gesprochen, von der Phase des großen Mackers aus der 57th Street weg. Der 57th-Street-Macker-Look ist das Aussehen der Männer in New York, die um die 40 oder 50 sind, wenn es mit dem Geld so langsam stimmt, und ihr Haar wird auf dem Kopf schon dünner, aber sie kämmen es immer noch direkt zurück, wie es die wirklichen Erfolgsleute aus der amerikanischen Geschäftswelt tun, Lyndon Johnson zum Beispiel. Sie nehmen eine opulente Molligkeit an, sind nicht gerade fett und haben kein Doppelkinn, sondern bloß eine große, sanfte, wohlgebräunte Fülle in den Backen, die durch ein gutes Sulka-Hemd und ein bißchen Gräfin Mara im Schlips und durch einen Anzug von den Frank Brothers und eine Frau mit aprikosenfarbenem Haar wieder wettgemacht wird – sie besitzen alle Frauen, die aus irgendeinem Grund aprikosenfarbenes Haar haben –, und sie buchen die Weihnachtskreuzfahrt auf der *S. S. France.* Nur Spike hatte den aprikosenfarbenen Haartick nicht mitgemacht. Sie war bereits in die große Welt der Mode aufgestiegen. Sie ist schlank und recht hübsch. Ihr Haar, das vorwiegend ananasblond erscheint, ist großartig, und Kenneth macht ihr die Frisur. Ihre Kleider kommen von St. Laurent, Dior, Chanel, Courrèges, Mainbocher, Cardin, Ken Scott und von wem man gerade spricht. Die Weihnachtskreuzfahrt auf der *S. S. France* gefiel ihr nicht. Alle Frauen kamen schon mit Pelzen und genug Diamanten zum Frühstückstisch, um das Schiff untergehen zu lassen. Spike zog sich in ihre Luxuskabine zurück und kam einfach nicht mehr raus.

Schließlich ist der große Moment gekommen. Bob und Spike essen beide in kontinentalem Stil, dessen sie sich jetzt bedienen: Sie halten die Gabel in der linken Hand und das Messer in der rechten. Liza Parkinson nickt, winkt Spike zu, sich zu ihr zu begeben, so daß sie mit ihr reden kann. Solche tiefliegenden dunklen, aristokratischen Augen – sie ist das *echte Wahre* in diesem ganzen sozialen Klüngel der Kunstwelt –, und Bob nickt Spike ermutigend zu, und geradewegs, ohne daß sie auch nur ein Wort reden müßten, denken Bob und Spike an das gleiche. Dies ist der Augenblick. Liza wird Spike etwas sagen, wie: Könnten Sie denn nicht auch in unseren Vorstand kommen oder was auch immer, oder: Dürfen wir Ihren und Bobs Rat über dieses oder jenes lebenswichtige Projekt erbitten, oder zuallermindest: Würden Sie zu dieser oder jener Dinner-Party kommen – man weiß, sie sagt jetzt etwas, was die Tatsache symbolisiert, daß Robert und Ethel Scull nun zum inneren Kreis dieses ganzen Klüngels gehören – und Liza nimmt Ethel beiseite, und dann stellt Liza – königliche Augen!– die Frage . . .

Nachher, als Spike zurückkommt, kann Bob es kaum erwarten.

«Was hat sie gesagt?»

«Bist du bereit?» sagt Spike.

«Yeah . . .»

«Ist dein Herz auch völlig in Ordnung?»

«Yeah . . .»

«Sie sagte, ‹Ethel, würde es Ihnen was ausmachen, mir zu sagen, wer Ihr Haar macht?›»

Wer Ihr Haar macht?

«Ja und – was hast du dazu gesagt?»

«Ich hab's ihr gesagt.»

«Und was hat sie geantwortet?»

«Sie hat gesagt, ob ich ihn fragen könnte, ob er ihr Haar vielleicht auch machen kann.»

«Das ist alles, was sie zu sagen hatte?»

«Nein. Sie wollte auch noch wissen, was es kostet.»

Das ist es also. Das ist bloß ein Zwischenfall, aber er gibt eine Vorstellung davon, womit Bob und Spike in diesem ganzen Kunstweltklüngel fertig werden müssen. Bob macht alles richtig, er macht es besser als richtig. Er arbeitet sich aus der Lower East Side und deren psychologischen Partnern, der Bronx und Long Island, hinauf bis zu einer Achtzimmerwohnung auf der Fifth Avenue mit Blick auf den Central Park und zu einem Sommerhaus in East Hampton. Er bringt eine riesige Sammlung von Pop Art und Op Art und Primary Art zusammen, ja von allem, was es seit dem abstrakten Expressionismus gegeben hat, die tatsächlich besser ist als die Sammlung des Museum of Modern Art auf diesem Gebiet. Wie eine Menge ehrgeiziger Burschen, die den Weg über die Abendschule nehmen mußten, studiert er sein Fachgebiet sehr sorgfältig, redet stundenlang mit den Künstlern, bis er vielleicht mehr über Pop Art und Nach-Pop Art weiß als irgend jemand im Lande, außer Leo Castelli, Ivan Karp, Henry Geldzahler und ein paar anderen. Er weiß vermutlich eine Menge mehr darüber als Alfred Barr. Und trotzdem – was wollen sie von

Bob und Ethel Scull im Museum of Modern Art? Sie wollen 1000 Dollar im Jahr, dafür können sie dann Mitglieder im Internationalen Beirat werden, und sie wollen, daß Ethel eine Party organisieren hilft – und wo läßt sie ihr Haar machen?

Wer hat das nötig? In dieser Saison wechseln Robert und Ethel Scull mit ihrer Unterstützung vom Museum of Modern Art zum Whitney Museum. Nun gut, die ganze Kunstwelt wird nicht gleich auf den Rücken fallen wie Charlie Brown im Comic, wenn sie davon erfährt; aber es ist doch ein Anzeichen dieses ganzen Gesellschaftsklüngels in der Kunstwelt, von dem eigentlich niemand irgend etwas weiß. Sie können über *moderne Kunst und Gegenwartskunst* reden soviel sie wollen, und es ist doch derselbe alte Gesellschaftsklüngel, der in der Kunst schon seit hundert Jahren den Ton angegeben hat, den Generalbaß des protestantischen Kulturestablishments, und . . .

Aber dann blickt Spike Bob an, und Bob blickt Spike an, und er zuckt mit den Schultern, zieht seine Schlüsselbeine bis an den Kopf hoch und lächelt breit, mit einer Urzeitgeste der New Yorker Straßen, der Was-kannst-du-schon-dagegen-machen-Schulterhochziehgeste, und er sagt: «Spike, kennst du meine Philosophie? Meine Philosophie ist: Freu dich des Lebens.»

Freu dich des Lebens! Also hier auf der obersten Leitersprosse klappt es mit einigen Dingen nicht. Die Hauptsache ist doch, daß man hier oben sitzt, nicht wahr? Das ist doch etwas, das niemand versteht, wenn es um Leute geht, die so etwas durchgemacht haben wie die Lower East Side – die West Bronx, und die dann ihren Weg gemacht haben in New York. Ein paar verächtliche Gesten, ein paar Enttäuschungen, ein bißchen spöttisches Kichern auf dem Weg – soll man sich denn dafür gleich den Hals durchschneiden? Das Wichtigste an der ganzen Sache ist doch, daß Robert und Ethel Scull eine *der* großen gesellschaftlichen Erfolgsgeschichten seit dem Zweiten Weltkrieg in New York verwirklicht haben.

In achtzehn Jahren haben sie *es geschafft*, und zwar ganz bis oben, oder praktisch vom Nullpunkt angefangen bis ganz oben – raufgeklettert von der Lower East Side, von der West Bronx, angefangen haben sie an jenem Punkt vor bloß achtzehn Jahren, als Bob Scull ein Niemand war, ein 31jähriger Geschäftsmann, dessen Geschäft zum Teufel gegangen war, und er und Spike wachten jeden Morgen in dem klapperigen Bett auf, bis . . . heute. Heute haben sie es zur großartigsten Adresse in New York – Fifth Avenue gegenüber dem Central Park – gebracht, und nicht nur in puncto Geld sind sie richtig drin in dieser ganzen Welt von Ausstellungseröffnungen und Parties, über die in den Zeitungen berichtet wird, von Chauffeuren, die praktisch zur Familie gehören, von Wohnungen, bei denen schon die Lobby und der Portier so eindrucksvoll aussehen, daß man das Gefühl hat, man muß sich anständig anziehen, um bloß davor auf den Gehsteig zu treten, oder man übt Verrat an diesem Gebäude, in dieser Welt der esoterischen New Yorker Tagesschulen für die kleineren Kinder und der Internate für die größeren, der Essen in *La Grenouille*, wo kostspielige Matronen in Chanel-Kostümen sich zwei Bloody Marys genehmigen und lächeln – alle Zähne zeigend! –, wo sie piekfeinen jungen Männern mit Namen wie Freddy, Ferdi und Tug zulächeln, in dieser Welt der Schildchen an den Ausstellungswänden, die besagen: «Aus der Sammlung von Mr. und Mrs. Robert C. Scull», der Fotografien in Frauenzeitschriften, jeweils in Posen, wie sie der Hoffotograf beim Schah und bei Farah Diba liebt, in dieser Welt der Modegeschichten, in der man schreibt, daß dieser neue Madras-Wollgabardinemantel auf den Schultern von Mrs. William Paley, Mrs. Palmer Dixon, Mrs. Samuel Pryor Reed und Mrs. Robert C. Scull sitzt, und in einer Gesellschaftsclique, in der Chester eben Chester Beatty ist, dem die Diamantminen gehören, Nicole Nicole Alphand, die Frau des früheren französischen Botschafters, und Bob Robert Kintner, der frühere Direktor von NBC. Susan ist Susan Stein, die reiche Erbin, Alex ist Alex Liberman, der Chefredakteur von *Vogue*, Marina ist Marina Consort, die Frau des Prinzen Michael von Griechenland, Jap ist der Maler Jasper Johns, Dean ist Dean Acheson, Sammy ist Dammy Davis, Ave ist Averell Harriman, Andy ist Andy Warhol, Lady Bird ist Lady Bird – schon gut! Da werden Menschen in Vietnam erschossen und in die Luft gesprengt. China ist ein unruhiger Riese. In den schwarzen Gettos reckt man die Faust der Befreiung. Gott ist verschwunden und tot. Und doch, was Bob und Spike getan haben, es nämlich geschafft haben, das ist immer noch das einzige Spiel, das in New York gilt. Was noch wichtiger ist, sie haben es so geschafft, wie sich das die Leute von New York erträumen; sie haben es nämlich hier und jetzt geschafft. Zur Hölle mit dem bloßen Geldmachen und Alles-für-die-Kinder-Vorbereiten und Auf-den-Abglanz-des-Ruhmes-Warten, wenn die Tochter aufs Wellesley College geht und übers Wochenende zu der Familie des Waschmittelkönigs in North Egremont aufs Land eingeladen wird, da sie sich so genial auf Vogelstimmen versteht.

Schaff es – jetzt!

Dieser Schrei, dieser Schrei, der wie eine Klappenentzündung heute abend in so vielen Herzen in New York brennt . . .

Bob und Spike sind die volkstümlichen Helden eines jeden sozialen Aufsteigers, der je nach New York gekommen ist. Was Juarez für den mexikanischen Mestizen, der Boxer John L. Sullivan für die ausgewanderten Iren in Boston, Garibaldi für die Bauern in Sardinien, die Beatles für die Einjährigenversager, die mit 8 Pfund die Woche in England als Büroboten arbeiten, und Antonio Rocca für die puertoricanischen Liftboys von New York ist, was Moshe Dayan für die Kibbuzim-Stachanows der Shephelah bedeutet – all das sind Bob und Spike für die sozialen

Aufsteiger von New York.

In einem Kreuzfeuer der Publizität hellten sie den Geheimweg auf: *Sammeln von schrulliger Kunst.* Das war eine heikle Angelegenheit. Kunst ist seit fünfundsiebzig Jahren oder länger eine Eintrittskarte in die New Yorker Gesellschaft gewesen. Duveen hat natürlich Millionen gemacht, indem er John D. Rockefeller und Henry Clay Frick *kulturelle Unsterblichkeit* in der Form alter Meister verkaufte. Nach dem Ersten Weltkrieg wandte sich die protestantische Elite auch jüngeren Meistern zu. Das Museum of Modern Art wurde ja schließlich nicht von intellektuellen Revolutionären gegründet. Begründet wurde es im Wohnzimmer von John D. Rockefeller Junior, wobei die Goodyears, die Blisses und Crowinshields die Steigbügel hielten. Sie gründeten das Museum, um das kulturelle Gütesiegel der europäischen Oberschicht nach New York zu importieren, einer Oberschicht, die plötzlich angesichts der Impressionisten und der nachimpressionistischen Meister wie Cézanne, Picasso und Braque ganz aus dem Häuschen war. Auf jeden Fall – ob nun alte Meister oder neue – führte der Weg, der in Europa gutgeheißen worden war, über die Kunst.

Bob Scull hatte begonnen, Renaissance-Bronzen zu sammeln, aber sehr bald fand er zweierlei heraus: (1) Nach dem Zweiten Weltkrieg stiegen die Preise von Kunstwerken mit Echtheitsgutachten selbst auf einem so esoterischen Gebiet wie dem der Renaissance-Bronzen mit einer Geschwindigkeit, die ernsthaftes Sammeln unmöglich machte; (2) die soziale Welt der echten Kunst, sogar der modernen Kunst, war eine in sich hermetisch abgeschlossene, die – trotz einer blendend hellen Aura des kulturellen Liberalismus – von derselben alten protestantischen Elite gesteuert wurde.

Ausgang der fünfziger Jahre geschah etwas Großartiges: Pop Art und Pop-Werbung für Pop Art. In der Finanzwelt sprechen sie von den Dutzenden von Millionen, die heute ein Mann schwer wäre, der 1926 10000 Dollar in IBM gesteckt hätte. Aber wer hat je die Tollkühnheit oder Voraussicht, um so etwas rechtzeitig zu tun? Bob Scull. Gesellschaftlich gesehen hatte Scull einen Coup von der IBM-Größenordnung gelandet, indem er sich bereits 1959 und 1960 auf die Arbeiten eines Malers, Jasper Johns, stürzte. Und dabei war das ein ziemlich amateurhaftes Zeug, Darstellungen von Flaggen, Zielscheiben, Zahlen – und zwei bronzierte Bierbüchsen. *Wie sie sich darüber mokierten!* Johns aber wurde der «Kahlschläger für den abstrakten Expressionismus», wie Scull das gerne ausdrückt. Die zehnjährige Herrschaft des abstrakten Expressionismus, der eine Zeitlang als *der endgültige Stil* erschienen war, ging vorüber, und eine neue Bewegung trat auf den Plan mit Johns und Robert Rauschenberg als Schlüsselfiguren. Zwei Jahre später, 1962, kriegte das Kind auch einen Namen: Pop Art.

Der abstrakte Expressionismus war so esoterisch gewesen, daß er der

Ausbeutung durch die Presse fast widerstanden hatte; aber die Pop Art umschlangen alle Medien mit einem überschwenglich aufgeregten, skandalisierten, zotenhaften Entzücken. Kunst im allgemeinen stand im Brennpunkt der gesellschaftlichen Aufregung in New York. Vernissagen traten an die Stelle von Theaterpremieren als der Ort, wo sich die Schickeria, die Ehrgeizigen und die Schönen trafen. Kunstmuseum-Ausschüsse ersetzten die Wohltätigkeits-Komitees als jenen Ort, wo ehrgeizige Newcomer auf gesellschaftlicher Ebene Punkte sammeln konnten.

Schon 1961 wurden die Sculls überall hin eingeladen. «Da lief so eine ganze Welle», erzählte mir Scull, «wo wir Einladungen von prominenten Leuten bekamen, die wir nicht einmal kannten Da fühlt man sich etwas komisch – wissen Sie, Sie gehen auf die Party oder zu einem Dinner von einem berühmten Mann, und man kennt ihn nicht einmal, und Sie meinen dann, ein Freund habe denen gesagt, daß man Sie einladen soll; dann kommt man allerdings da hin und stellt fest, daß man überhaupt niemanden kennt. Die haben einen einfach eingeladen. Und jeder ist freundlich zu einem. Das ist ganz großartig. Sie kommen auf einen zu und schließen einen in die Arme, als wäre man der älteste Freund auf der Welt.

Ich werde nie vergessen, wie einmal in Washington in einer Kunstgalerie Dean Acheson da war, und man mir sagte, daß er mir vorgestellt werden wolle. Er kam durch den ganzen Raum auf mich zu, schüttelte mir herzlich die Hand und gratulierte mir zu meiner Sammlung – das Ganze war so, als wären wir zusammen zur Schule gegangen oder dergleichen. Acheson – der war für mich immer praktisch ein *Gott*, verstehen Sie? Einer der großen Staatsmänner. Und ich geh da rein, und er kommt durch den ganzen Raum auf mich zu und sagt, *er* hätte sich die ganze Zeit darauf gefreut, *mir* zu begegnen. Die ganze Zeit hatte ich immer gedacht, da wären zwei Welten, diese Welt mit all den Leuten, die so großartige Dinge anstellten, all diese großen, fehlerlosen Menschen, und dann gäb es die andere Welt, in der wir übrigen uns aufhalten.»

Von *hoi polloi* zur *haute monde* – einfach so!

Der Erfolg von Bobs ursprünglichem Coup, auf einen Schlag Geld in zwanzig von Johns' Arbeiten investiert zu haben, könnte noch Glück genannt werden. Aber die Art und Weise, in der Bob und Spike die schwierige Zwischenzeit von *hoi* zur *haute* meisterten, die bewies, daß sie auch noch mehr besaßen: den *Fifth-Avenue-Mumm* von der East Side des Central Park.

Während der Übergangszeit – *wie sie sich mokierten!* – waren Bob und Spike mit jenem unsichtbaren Kompaß gesegnet, den ein paar glückliche Menschen eingebaut haben, die in New York aufwachsen. Das ist eine Einstellung, eine Samstagnachmittag*weltanschauung*, die sie immer irgendwie im Lot hält. Es ist der Zynismus des Taxifahrers, der seine Mütze über ein Auge gezogen hat. Es ist der Fatalismus jener alten

Knaben, die an der Lower East Side samstags nachmittags in alten Rohrstühlen der Drugstore-Mode aus den dreißiger Jahren vor den Läden sitzen und das ganze Geschehen mit der Andeutung eines Lächelns überblicken, als wollten sie sagen, guck dich doch mal um, diese Stadt ist doch von vornherein ein Irrenhaus, oder? Aber laß mal den Wind aus den Gedärmen. Entspann dich. Freu dich des Lebens.

Da war zum Beispiel jene heikle Angelegenheit – *wie sie sich mokierten* –, daß Bob lernen mußte, wie man sich anzuziehen hat. Wie ich bereits sagte, kommt Scull jetzt aus der 57th-Street-Macker-Phase heraus. Irgend jemand hat ihn auf die Fährte der großen Herrenmode, auf die Fährte der englischen Schneiderläden auf der Savile Row gebracht, wobei Savile Row eine Art 57th Street und Fifth-Avenue-Stadtteil von London ist. Die Läden in Savile Row halten immer noch gern den Eindruck aufrecht, daß sie eine Art Privatclub sind und daß man von einem alten Kunden empfohlen sein muß. O. k., sagte Bob Scull, Freu dich des Lebens; er hatte ohnehin zwei wohlhabende englische Freunde. Harry Lawton und Murray Leonard, die ihn empfohlen hatten. Aber trotzdem kann er es nicht lassen. Er muß die doch ein bißchen auf den Arm nehmen. Also geht er in diesen Laden, steht inmitten der gewölbten Holzpaneele und des Kristallglases mit all den «Hoflieferanten»-Wappen, Seine Königliche Hoheit König Georg, der Prinz von Wales und so weiter, und ein Mann von etwa 55 in einem Pfeffer-und-Salz-Kammgarnanzug mit einer von Hand abgesteppten Weste kommt auf ihn zu, und Scull verkündet, daß Harry Lawton und Murray Leonard ihn empfohlen hätten und daß er . . . eine Sportjacke wolle aus dem Material, aus dem sie die roten Jagdröcke schneidern.

«Verzeihung, Sir?» sagt der Mann, läßt die Mundwinkel fallen und verschleiert seine Augen mit einer Trübheit wie vom grauen Star, als hoffe er beim Himmel, daß er nicht richtig gehört habe.

«Sie kennen doch das Material, aus dem sie die roten Jagdröcke machen, wenn die auf Jagd gehen, mit den Hunden und allem möglichen, dieses Material, sie nennen das Jagdrockrot.»

«Das ist mir wohl vertraut, jawohl, Sir.»

«Na ja, ich möchte aus dem Zeug eine Sportjacke gebaut haben.»

«Tut mir leid, Sir, aber das ist unmöglich.»

«Haben Sie den Stoff nicht?»

«Es ist ja nicht, daß . . .»

«Ich weiß, wo ich Ihnen das Material besorgen kann», sagt Scull. «Da gibt es diesen Laden, Hunt & Winterbotham.»

Jetzt guckt der Mann Scull mit verkniffenen Lippen an, wirft seinen Kopf zurück und öffnet seine Nüstern weit, als ob seine Augen irgendwo oben in der Nase säßen. Wenn man einem Schneider aus der Savile Row erzählt, daß es da diesen Laden Hunt & Winterbotham gibt, so ist das so, als würde man einem Café auf der Seventh Avenue mitteilen, daß es so etwas wie ein Hefeteilchen gibt.

«Wir sind uns der Verfügbarkeit des Materials bewußt, Sir», sagt er. «Nur, wir machen so etwas nicht.»

«Sie können doch eine Sportjacke machen, oder nicht?»

«O ja, Sir.»

«Und Sie können den Stoff für die roten Jagdröcke beschaffen.»

«Ja, Sir.»

«Warum können Sie mir dann nicht den Stoff beschaffen und daraus eine Sportjacke machen?»

«Wie ich schon sagte, Sir, ich fürchte, wir . . .»

«. . . machen so etwas nicht», sagt Scull und bringt damit den Satz zu Ende.

«Ja, Sir.»

«Na ja, ich weiß nur, Harry Lawton und Murray Leonard haben mir gesagt, daß Sie sich um mich kümmern würden.»

«Oh, da kommen Sie auf Empfehlung sehr geschätzter Kunden, Sir, es ist nur, daß wir . . .»

«. . . Ich weiß . . .»

Spätestens an diesem Punkt, wenn nicht schon vorher, sind die Schneider aus der Savile Row daran gewöhnt, Amerikaner zumindest im Stil der sechziger Jahre in Rückwärtsbewegung zu sehen, sich verbeugend, als verließen sie den Thronsaal völlig geschlagen, gedemütigt, eingeschüchtert, auf den Platz verwiesen nach diesem furchtbaren Fauxpas, den sie begangen haben – *eine Sportjacke aus traditionellem rotem Jagdrockstoff* –, aber Bob Scull fängt noch einmal von vorn an, er ist immer noch ganz ausgelassen, lächelt und ist offenbar froh, auf der Savile Row zu sein, im Revier von Harry Lawton und Murray Leonard, und er sagt, «Ja gut, dann gehen wir doch das Ganze noch einmal durch. Sie können eine Sportjacke machen, und sie können auch den Stoff besorgen . . .» Die sind so verdutzt, einen Amerikaner immer noch dort stehend und redend zu erleben, daß sie sich schließlich bereit erklären, alles zu machen, und sie nehmen Maß.

Etwa eine Woche später kommt Scull für die erste Anprobe zurück, und sie bringen den roten Rock hervor, wobei die Jacke schon geschnitten, geheftet und ein Arm angesteckt ist, eben die übliche erste Anprobe, und sie hängen ihm das um – und Scull bemerkt etwas Komisches. Alles im Laden hat innegehalten. In der Düsternis der Holzpaneele und der großen Regale mit den Bügeln blicken die anderen Männer zu ihm hinüber, und hinten, hinter den Vorhängen, um Türecken und hinter den Stoffballen, sind all diese starrenden Augen zu sehen.

Scull deutet mit dem Kopf auf die Augen und fragt seinen Mann, den Herrn Nüstern: «He, was machen die da alle?»

Nüstern beugt sich vor und sagt recht sanft und vollkommen aufrichtig: «Die spenden Ihnen frenetischen Beifall, Sir.»

Freu dich des Lebens! Freu dich des Lebens!

Scull hat das großen Spaß gemacht, er geht zurück und schüttelt jedem im Laden die Hand bis zu den zyprischen Näherinnen, die Knopflöcher nähen und kein Wort Englisch sprechen.

«Ich will Ihnen allen mal was sagen», sagt Scull, als er denen gratuliert, die sich freuen, und die zu trösten meint, die über das Sportsakko aus rotem Jagdrockstoff verzweifelt sind, «Sie werden auf diese Jacke noch sehr stolz sein, wenn wir erst einmal den Bann gebrochen haben.»

Später, wie Scull erzählt, traf er einen seiner Freunde und sagte: «Ich bin übrigens zu deinem Schneider gegangen, und ich möchte dir noch einmal für die Empfehlung danken, denn die haben mir eine sehr anständige Jacke gebaut.»

«Oh, das ist ja erfreulich. Da bin ich aber froh.»

«Weißt du, es war recht komisch. Sie wollten zuerst das Sakko gar nicht machen. Ich bin reingegangen und habe gesagt, ‹Ich will eine Sportjacke aus rotem Jagdrockstoff›, und . . .»

«Du hast *was*! Bob – du hast aber doch meinen Namen da nicht angegeben, oder? . . .»

Später erzählt mir Bob Scull: «Das ist komisch. Die Engländer behandeln ihre Schneider, als seien sie Priester. Yeah. Und ihre Priester behandeln sie, als seien sie Schneider.»

Spikes Eltern hatten Geld, und wenn man es ganz genau betrachtet, haben sie Bob geholfen, 1948 ins Taxigeschäft einzusteigen. Aber was das gesellschaftliche Gütesiegel angeht – na ja, Spike mußte alle Finessen des *chic* genauso lernen, wie Bob das tat, nämlich auf die harte Tour – *wie sie sich mokierten* –, aber sie hatte immer *Klasse* bewiesen, und zwar in dem Sinn, wie man ihn auf den Straßen von New York versteht; moxie. Als es dann kritisch wurde, hat Spike sich ganz einfach durchgeschlängelt und alles am Laufen gehalten. Inmitten der gesellschaftlichen Galaveranstaltungen während der Eröffnung der Biennale 1966 in Venedig sah ich Ethel Scull in der Dämmerung durch Venedig schlendern, auf dem Weg zur Gräfin Anna Camarena, in einem Kleid aus Silbertüll, durchsichtig, von St. Laurent, und mit versilberten Schuhen an den Füßen. Die Bürger von Venedig und die Touristen aller Nationen, darunter ein Mann, dessen Monokel ihm vom Schädel fiel, starrten glotzäugig auf diese Vision des wissenschaftlichen Aschenputtel-Chic mit ihrem aufrecht getragenem Kopf und einer vollkommenen Rose im Haar. Sie setzte dem Ganzen die Krone auf, indem sie auf einem Fuß stand, den anderen hochhievte und ihn rieb und die letztgültige Bemerkung über solche Spaziergänge durch Venedig in der Dämmerung machte: «Ich will euch mal was sagen, unser Mädchen hat Blasen an den Füßen.»

Auch Bob hat seine Verbindung zum gemeinen Volk nicht verloren. Heute hat er 130 Taxis in seiner Flotte, der Super Operating Corporation, die allein schon an Lizenzen 2625000 Dollar wert ist, und dazu hat er noch ein großes Taxi-Versicherungsgeschäft, das eine Menge anderer Flotten bedient. Er fährt jeden Tag zu seiner Garage in der Bronx, an der 144th Street und Gerard Avenue im Stadtteil Mott Haven, etwa zehn Häuserblocks südlich vom Yankee-Stadion, und er beschäftigt sich da oben in der Garage direkt mit den Fahrern, mit Leuten wie Jakey, mit der Eule, mit Quarkkäse, mit Mond und dem Burschen, der früher dort arbeitete, Pfannkuchen oder wie immer sie ihn nannten.

Weißt du, was lustig wäre? Es wäre lustig, wenn man Liza oder Philip oder Nicole oder Peggy – das ist Mrs. Peggy Guggenheim aus New York und Venedig, die eine der größten privaten Kunstsammlungen der Welt ihr eigen nennt – oder Chester oder Alex oder Bob oder Dean oder irgendeinen von den wunderbaren Leuten, die die Kunstwelt-Clique ausmachen, in der sich Robert Scull nunmehr bewegt – es wäre lustig, einige dieser Leute im Taxi abzuholen, sie unvermittelt in der Ölschmiere der Scull-Garage in der Bronx abzusetzen und sie dann einmal den Versuch machen zu lassen, eine unmäßig mühsame Stunde lang ein New Yorker Taxi-Unternehmen zu leiten. Von den großen Problemen wollen wir da gar nicht reden. Man stelle sich nur einmal Philip oder Alex oder Ave vor, wie sie mit einem kleineren Problem, zum Beispiel mit Pfannkuchen, fertigwerden.

Philip! Ave! Pfannkuchen war ein Taxifahrer, ein riesiger Bursche, und jeden Morgen fuhr er von der Garage mit einer großen Papiertüte voller Pfannkuchen und Hefeteilchen auf dem Nebensitz los. Er aß den ganzen Tag pausenlos dieses Zeug und wurde dabei immer fetter. Scull versuchte alles. Er ließ den Sitz in Pfannkuchens Taxi weit zurücksetzen, damit für seinen Wanst Platz geschaffen wurde. Schließlich konnte er nur noch Kinder oder Liliputaner in seinem Wagen mitnehmen. Dann haben sie das Polster von den Sitzen abgenommen, so daß er sich gegen das Blech lehnte. Eines Tages war alles vorbei. Er schaffte es noch, sich in den Sitz zu schieben; aber das Lenkrad konnte er nicht mehr drehen. Es drehte sich etwa um 15 Grad und saß dann einfach in seinem Wanst fest.

«Bob, ich will dir mal was sagen», sagt Pfannkuchen, hinterm Steuer sitzend. «So geht's nicht mehr.»

«Soll ich dir mal was sagen?» sagt Scull. «Auf diesen Tag hab ich mit Schrecken gewartet.»

«Einen Augenblick», sagt Pfannkuchen, «sieh dir das mal an. Wenn ich den Atem anhalte, dann kann ich das Lenkrad drehen.»

«Ja, ja», sagt Scull, «aber was passiert, wenn du einatmest?»

Pfannkuchen atmet ein, und das Rad verschwindet wie eine Erdbeere unter einem Wust von Schlagsahne. Pfannkuchen sieht Scull an. Scull zieht die Schultern hoch bis über die Ohren – wie eine Schildkröte – mit einer uralten Geste der Straßen von New York, in der Geste der Hoffnungslosigkeit, die besagt: Was kann ich schon weiter tun, wo ich doch gesagt habe, es tut mir leid. Der Bursche hatte sich selbst aus seinem Job herausgefressen.

Scull muß darüber manchmal immer noch den Kopf schütteln. Diese Burschen. Aber das Großartige ist, die Männer, Scull sagt immer, die Männer «. . . sind im allgemeinen sehr stolz auf meinen Kunstfimmel. Sie sind stolz darauf, daß ihr Boss etwas Besonderes ist. Die wollen einen Boss, zu dem sie aufsehen können. Das ist Spitze.»

Bobs Kunstfimmel war, wie ich schon sagte, eine heikle Angelegenheit. Die Wirtschaftlichkeit des Sammelns vom *Allerletzten* in der Kunst, wie Bob das getan hatte, ist irrational. Ein Sammler kann damit rechnen, daß *die jüngste Arbeit* fast aller gegenwärtigen Avantgarde-Künstler drastischer entwertet wird als ein neues Auto. Das Kunstwerk verliert ein Drittel bis die Hälfte seines Wertes in dem Augenblick, wo es gekauft wird. Diese Erklärung trifft den Kern des ganzen Sammelns von Allerletztem, von besonders Avantgardistischem, von Schrulligstem in der Malerei. Der Preis eines neuen Lichtensteins oder eines neuen Johns oder eines neuen Stella wird, um das mal so zu sagen, nicht durch die Marktnachfrage im üblichen Sinne bestimmt (also durch eine Masse undifferenzierter Verbraucher). Außer auf Museen beschränkt sich der ganze Markt real gesehen auf zehn oder zwanzig Sammler, von denen die meisten danach streben, Bobs und Spikes zu werden, obgleich sie sich stolz ablehnend in die Brust werfen würden, wenn man es ihnen nahelegt. Das Spiel, wenn man *das Letzte* – im Gegensatz zu längst bewährten alten oder jüngeren Meistern – sammelt, läuft darauf hinaus, daß man seine Hand auf genau das legt: *das Letzte* von einem vielversprechenden Avantgarde-Künstler und, vorzugsweise, wenn man dabei für den Kauf noch Werbung einheimst. Man hat . . . *den neuen Lichtenstein! den neuen Poons! den neuen Rauschenberg! den neuen Dine! den neuen Oldenburg!* Der Konkurrenzdruck, heiß aus dem Atelier zu kaufen, treibt die Preise in den Galerien in die Höhe. Wenn das kleine Spielchen ausgespielt ist, beträgt der Wiederverkaufswert möglicherweise nur noch einen Bruchteil. Die Galerien, die die heißesten Avantgarde-Künstler verkaufen, sind zu unglaublichen Jongleurkunststückchen gezwungen, um sicherzustellen, daß jeder in der Handvoll von Spielern hier und da auch mal einen Treffer landet und dadurch interessiert bleibt. Sammler X hat als erster bei dem letzten heißen Tip zugeschlagen – also hat Y beim nächsten die erste Wahl und so weiter.

Bob Scull hatte da eine Idee. Warum holte man sich nicht die Künstler, bevor ihre Arbeiten überhaupt in die Galerie kommen? Warum sollte man es nicht noch besser machen – warum sollte man sie nicht *entdecken*?

Eines Abends sagte einer von Bobs Freunden, ein Psychiater, zu ihm: «Bob, hast du dir schon mal überlegt, daß du den Lauf der Kunstgeschichte beeinflussen kannst, wenn du bei jungen Künstlern ein Werk in Auftrag gibst?»

Mäzen. Geschichtsträger. Wenn er ganz ehrlich war, dann mußte Bob zugeben, bereits daran gedacht zu haben, er hätte die Kunstgeschichte dadurch beeinflußt, daß er zwanzig Arbeiten von Johns 1959 und 1960 gekauft hatte. Davor war Johns so eine Art Außenseiter in der Kunstwelt, ein Bursche aus South Carolina, der versuchte, dem Establishment mit seinen todesschwangeren, repräsentativen Wiedergaben banaler Objekte eins auszuwischen. Daß er tatsächlich *gesammelt* wurde – na ja, diese Tatsache begründete die Pop Art. Yeah, der Gedanke war Bob schon beiläufig gekommen. Warum aber nicht noch einen Schritt weitergehen – die Großen von morgen selbst *entdecken* und die Zukunft der Kunstgeschichte *in Auftrag geben*? Die Ateliers durchpirschen. So traf Bob auf Walter De Maria.

Es war Samstag. Wieder ein Kultursabbat. Bob Scull lief die Madison Avenue hinunter, und wissen Sie, das ist komisch an den Samstagen in New York, besonders an einem dieser Spätsommertage – mein Gott, irgendwie scheint Kultur da regelrecht in der Luft zu liegen, als wäre sie ein Teil des Wetters, all die Antiquitätenläden auf der Madison Avenue mit einem kleinen Schimmer feuervergoldeten Materials hier und einer kleinen ochsenblutroten Lederintarsienarbeit dort, mit den Teppichen, die in den Schaufenstern im ersten Stock aushängen – großartig! – ein Bakhtiar, bei dem ein ganz kleines bißchen Blaßgelb gegen das kräftige Rot gesetzt ist – und die Galerien, mein Gott, Galerie um Galerie, mit den archaisch weißen Wänden der Kultur, den schwarzen Holzböden und den Kulturknospen, denen ein wenig renoirhafte Sanftheit in den Herbstgesichtern steht.

Durch das Fenster dieser Galerie kann Scull zwei Mädchen sehen, die auf den Laden aufpassen. Die eine sitzt mit ihren gekreuzten Beinen da, mit einem kurzen Rock, großartiges Präraphaeliten-Haar, die perfekte Kulturknospe, und er will sich da gar nicht ranmachen oder irgend so etwas, sondern das ist einfach ein Teil dieser wunderschönen Kulturatmosphäre in New York, im Spätsommer, am Kultursabbat, alles was dazugehört – und so geht er rein. Es ist ein wahres Vergnügen, da reinzugehen und das alles durch sich rinnen zu lassen wie heißen Kaffee.

Aber was für eine enttäuschende Ausstellung. Da steht irgendeine Holzskulptur herum, zwei dünne, hochaufragende Holzsäulen – und dann sind da noch eine Reihe Zeichnungen. Nur scheint überhaupt nichts auf dem Papier zu sein, bloß eine Menge eingerahmtes weißes Papier hängt an der Wand. Was zum Teufel ist das? Scull geht aber nah an eine solche Zeichnung heran, und alles, was er sehen kann, ist eine harte kleine Zeichnung auf dem Papier mit einem harten Bleistift gemacht, einem Nr. 8 oder so etwas, so daß man es kaum sehen kann. Dann stehen unten am Rand, auch mit hartem Bleistift geschrieben, die armutsträchtigen kleinen Wörter: «Wasser, Wasser, Wasser.»

Da dreht sich also Scull zu dem Mädchen rum und sagt: «Ich hab schon eine Menge Sachen gesehen, aber wie glaubt denn dieser Bursche, solche Zeichnungen zu verkaufen?»

«Na ja . . .»

«Ich meine ja, ich weiß nicht, wo die ganze Kunstmasche überhaupt noch hinführt. Man kann ja nicht einmal *sehen,* was auf dem Papier ist.»

Er sieht sich die Zeichnung wieder an, und da steht immer noch «Wasser, Wasser, Wasser». Mehr ist da nicht wahrzunehmen. Na ja, sagt das Mädchen, die Zeichnung sei von einem jungen Künstler, den sie zuvor nie ausgestellt hätten. Er zuckt mit den Schultern. Scull ist durch dieses Ding wirklich vor den Kopf gestoßen.

«Nun gut», sagt er schließlich, «wieviel kostet die Zeichnung?»

Sie guckt ihn an – zum Teufel, dieses Mädchen hat vorher nie an den Preis gedacht. Keiner hat je danach gefragt. Schließlich sagt sie: «110 Dollar.»

«Na ja», sagt Scull, «ich will Ihnen mal was sagen. Das stößt mir sauer auf. Ich kaufe diese Zeichnung für 110 Dollar, wenn Sie mir Namen, Adresse und Telefonnummer des Künstlers geben. Ich will mal rausfinden, was er dazu zu sagen hat.»

Sie ist einverstanden. Der Künstler ist Walter De Maria. In der folgenden Woche ruft Scull die Telefonnummer an. Die ganze Geschichte, muß man sagen, *beunruhigt* ihn, und dieser Bursche hat vielleicht etwas, von dem er mehr wissen sollte. Das Telefongespräch verstört ihn noch mehr. Dieser Walter De Maria geht ans Telefon, und Scull sagt: «Hier spricht Robert Scull.»

«Ja.» Das ist alles, was er sagt.

«Wissen Sie, wer ich bin?»

Es folgt eine lange Pause. Dann die zurückhaltende Stimme: «Ja. Sie sind der Mann, der meine Zeichnung gekauft hat.»

«Richtig», sagt Scull. «Ich möchte mal gern in Ihr Atelier kommen und mir mehr von Ihren Arbeiten ansehen.»

Langes Schweigen. Scull will gerade hallo, hallo sagen. Er denkt, der Bursche muß wohl aufgehängt haben.

«Ich weiß nicht», sagt der Bursche. «Ich bin nicht zu sprechen.»

«Hören Sie mal», sagt Scull, «ich habe Ihre Zeichnung gekauft, und ich will mehr von Ihren Arbeiten sehen. Kann ich denn nicht mal vorbeikommen und mir was ansehen?»

«Ich weiß nicht. Ich bin froh, daß Sie die Zeichnung gekauft haben, aber Sie haben die Zeichnung von der Galerie gekauft und nicht von mir. Ich bin nicht zu sprechen.»

Scull ist wirklich völlig verwirrt, aber er argumentiert weiter, und schließlich gibt De Maria nach und sagt, er solle in sein Atelier kommen. Das Atelier ist unten in der Stadt in einem Hochbau, etwa fünf Treppen hoch, und Scull klettert hinauf. Sein Herz schlägt schneller wegen der engen Stufen. Erst kommt ein kleines Zimmer und dahinter ein größeres, und im kleinen Zimmer sind diese beiden bleichen, schlanken Gestalten, Walter De Maria und seine Frau. Mrs. De Maria hat sich gewissermaßen in eine Ecke zurückgezogen. Sie sagt überhaupt nichts.

«Na ja», sagt Scull zu De Maria, «ich möchte gern noch mehr von Ihren Zeichnungen sehen.»

Also zeigt ihm der Künstler eine, und diesmal muß Scull seine *Brille* aufsetzen, um festzustellen, ob überhaupt irgend etwas auf dem Papier ist. Er blickt auf, und mittlerweile geht De Maria im Zimmer auf und ab und fährt sich mit den Fingern durchs Haar. Er ist in einem furchtbaren Zustand der Aufregung.

Was zum Teufel ist hier bloß los? sagt sich Scull in Gedanken. Man könnte einen Herzanfall kriegen, wenn man diese Stufen hier raufkommt, und ist man erst einmal oben, was ist da los? Er bedauert jetzt, überhaupt raufgekommen zu sein. Aber als letzte Geste bittet er De Maria, ihm zu zeigen, was er vor den Zeichnungen gemacht hat. Hier, sagt De Maria, das hab ich gemacht. Was ist das? fragt Scull. Das ist eine Skulptur, sagt De Maria. Hier ist diese Schleuderkugel, wie sie sie in den Flipperhallen haben, die ist auf einer Holztafel angebracht, und man liest «Kugel in das obere Loch stecken», und pflichtgemäß steckt Scull die Kugel in das obere Loch und päng! Sie fällt in ein Loch am unteren Rand der Tafel. Scull starrt auf die Kugel. Und De Maria, der Scull die ganze Zeit beobachtet, wartet auf eine Reaktion, aber Scull fällt nichts ein, außer, daß er immer noch völlig verdutzt ist.

«Wie lange sind Sie schon Bildhauer?» sagt er.

«Sechs Jahre.»

«Könnte ich dann mal etwas von ihren früheren Arbeiten sehen?»

«Die sind im anderen Zimmer.»

Das andere Zimmer ist größer, ein Atelierzimmer mit ganz weißen Wänden und einem weißen Fußboden – und sonst nichts. Das Zimmer ist leer. Ja nun, wo sind die Sachen? fragt Scull. Hier drüben, sagt De Maria. Hier drüben? De Maria zeigt auf eine kleine Kommode. Er hat eine Menge erfolgreicher Skulpturen gemacht, sagt er. Nur, er hat sie nie ausführen können. Er hat sie nie ausgeführt? Nein. Er konnte sich das Material nicht leisten. Na ja, sagt Scull, und dann fragt er: Was ist in den Schubladen? De Maria blättert durch, und dann finden sich noch mehr von diesen Papierbögen mit etwas drauf, was man nicht einmal sehen kann, ein paar Linien und mehr «Wasser, Wasser, Wasser» und so weiter.

Die ganze Angelegenheit hat Scull jetzt so verblüfft, daß er sagt:

«Hören Sie – wenn ich Ihnen den Auftrag gebe, eine Arbeit für mich auszuführen, und ich besorge Ihnen das Material, machen Sie mir dann etwas?»

De Maria sagt o. k. Ein paar Monate vergehen, und schließlich sagt De Maria, daß er einen Entwurf fertig habe und nun eine große Silberplatte brauche. Silber? fragt Scull. Warum könnte er denn keinen rostfreien Stahl nehmen? Es muß Silber sein, sagt De Maria. Also besorgt Scull ihm das Silber. Während dieser Zeit lernen Bob und Spike De Maria ein klein wenig besser kennen; aber es bleibt eine ungewöhnliche Beziehung. Manchmal sagt einer von ihnen irgend etwas, und es kommt keine Antwort, überhaupt keine Reaktion. Bisweilen sind sie alle draußen auf der Straße, und De Maria läuft weit voraus, als kenne er sie nicht. Wer sind diese Leute, die ihm da folgen? Bob sagt sich einfach: Ach, er hat sich mit dieser Angelegenheit eine Menge Mühe gegeben. Daher kommt das alles.

Dann vergehen dreieinhalb oder vier weitere Monate, und – nichts. Bob ist nahe dran, noch einmal hinzugehen und sich sein Silber abzuholen. Aber dann ruft ihn De Maria eines Tages an und sagt, die Skulptur sei fertig. Er bringt sie auf einem Lieferwagen an, und sie tragen das Ding in die Wohnung. Das ist der große Augenblick und alles was dazugehört, und hier ist das große Objekt mit einem Samtvorhang davor. Bob zieht an einem Strick und öffnet damit den Vorhang – und da ist es, das Stück Silber, die ursprüngliche Silberplatte mit nichts darauf. Bob starrt das Stück Silber an. De Maria beobachtet ihn genauso wie am ersten Tag ihres Zusammentreffens, als Bob mit der Schleuderkugel spielte.

«Was ist das?» sagt Scull.

«Sehen Sie auf die Rückseite.»

Auf der Rückseite ist ein kleines Stück Chrom mit der Inschrift «5. Nov. 1965, gefertigt für Mr. und Mrs. Robert C. Scull». Dann finden sich Anweisungen, die Silberplatte alle drei Monate zu fotografieren und die Bilder in einem Fotoalbum aufzubewahren. Die Skulptur trägt den Titel *‹Das Bildnis des Dorian Gray›*. Es ginge darum, sagt De Maria, daß das Silber beschlägt und die Platte dunkler und immer angegriffener wird und der Film den ganzen Zerfallsprozeß aufzeichnet. Alle drei Monate bis voraussichtlich 1975 werden Bob oder Spike den Samtvorhang anheben, ein Bild von diesem Stück beschlagenen Metalls machen und es dann ins Album kleben. *‹Das Bildnis des Dorian Gray›*! Aber klar doch!

«Ich war davon überwältigt», erzählte Scull mir später. «Es ist unmöglich zu beschreiben, was mit einem Sammler passiert, wenn er etwas in Auftrag gibt und das so herauskommt, wie er es sich vorgestellt hat.»

Bob und Spike fuhren hinaus nach New Jersey ins Atelier von George Segal. Segal ist berühmt für seine Gipsabguß-Plastiken. Bob und Spike erteilten ihm den Auftrag, eine Plastik von ihnen zu machen. So begann Segal, sie in Gips einzugießen. Das war wirklich ein Heidenspaß. Bisweilen setzt sich der Gips beim Trocknen an der Haut fest. Spike verlor einen von ihren Courrèges-Stiefeln beim krampfhaften Bemühen, wieder herauszukommen, und Bob – dem mußten sie die Jeans runterziehen, damit er nicht ein lebender Dauergipsabguß wurde. Das war schon richtig geschichtsträchtig. Bob und Spike beschlossen, die Skulptur bei einer Party für ein paar hundert Berühmtheiten, für Künstler, Kolumnisten und Redakteure zu enthüllen. Sie kannten nicht einmal die Hälfte von den Eingeladenen – aber die Leute würden schon kommen, die würden kommen.

Am Nachmittag vor der Party wurde Jasper Johns' jüngste Ausstellung in der Leo-Castelli-Galerie, 4 East 77th Street, eröffnet. Vier große Gemälde waren auf der Ausstellung, und Bob sollte keines von ihnen bekommen. Aus verschiedenen Gründen. Zunächst waren drei bereits Museen zugesagt worden. Nichtsdestotrotz war Bob in guter Stimmung. Spike kam gar nicht erst, aber Bob war in guter Stimmung. Besonders bei einer Vernissage wie dieser war Castellis Galerie der Nabel der Welt. Das konnte man auf einen Blick erkennen. Nicht an den Gemälden, sondern an den Kulturknospen. Die waren alle da, diese umwerfenden kleinen Kulturknospen, 20, 21, 22, 23, 24 Jahre alt, alle da drinnen, ihre kleinen *montes veneris* im sanften, milden Zugriff von Jax-Hosen, die sich in jeden Spalt einpressen, ihre kleinen, ernsten Kulturschmollmündchen von Vidal-Sassoon-Löckchen und schwarzen Ägypteraugen umgeben – ihre schiere Anwesenheit wie die des Walpilotvogels deutete an, wo der größte Fisch im Meer ist.

Inmitten der Kulturknospenscharen redet Bob mit Leo Castelli. Castelli, New Yorks Kunsthändler Nummer eins für Avantgarde-Kunst, ist ein kleiner, aufgeputzter Mann Ende 50. Bob ist Leos bester Kunde. Leo ist der ewige kontinentale Diplomat mit einem Louis-Salon-Akzent, der gar nicht mehr italienisch ist, sondern in der Tat kontinental. Jedes Wort, das er von sich gibt, gleitet durch ein kleines, samtenes mediterranes Lächeln. Seine Stimme ist sanft, betulich und ein ganz wenig feucht, wie eine Kreuzung zwischen Peter Lorre und dem ersten Sekretär einer französischen Botschaft.

«Leo», sagt Bob, «erinnern Sie sich noch an das, was Sie mir bei Japs letzter Ausstellung gesagt haben?»

«Neiiiiiiiiiin . . .»

«Sie haben mir gesagt – ich sei *vulgär*!» Bob sagt das allerdings nur mit glänzenden Augen, als solle Leo sein Einverständnis kundtun, damit sie beide darüber in ein großes Gelächter ausbrechen können.

«Neiiiiiiiiiin, Bob . . .»

«Hören Sie, Leo! Ich will Ihnen mal . . .»

«Neiiiiiiiiiin, Bob, ich habe nicht . . .»

«Ich will Ihnen mal was sagen, Leo . . .»

«Neiiiiiiiiiin, Bob, ich habe bloß gesagt . . .» Niemand sagt ‹Nein› wie

Leo Castelli. Er spricht das aus, als ob kein Wort der ganzen Sprache für den Zuhörer gefälliger sein könnte. Seine Lippen wulsten sich in ein kleines, gut angefeuchtetes ei, und das Neiiiiiin kommt heraus wie eine ganze Reihe winziger seidenweißer, perfekter Perlen . . .

«Leo, ich will Ihnen mal was sagen . . .»

«Neiiiiiiiiin, Bob, ich habe bloß gesagt, daß es zu dem Zeitpunkt in Johns' Karriere falsch wäre . . .»

«*Vulgär* haben Sie gesagt, Leo . . .»

«. . . falsch wäre, wenn ein Sammler die ganze Ausstellung aufkauft –»

«Sie haben gesagt, es sei *vulgär*, Leo, und wissen Sie was?»

«Was denn, Bob?»

«Ich will Ihnen nur sagen – *Sie hatten recht!* Es *war* vulgär!» Bobs Augen leuchten jetzt wie zwei Megawattscheinwerfer der Wahrheit. Sie leuchten triumphierend, denn die Wahrheit erleuchtet nunmehr das Land. Es ist eine der wenigen Gelegenheiten in seinem Leben, wo Castelli ratlos zurückstarrt, in samtener Verblüffung.

An jenem Abend, dem Abend der großen Party – fror es. Spike war ohnehin schon eisig, was die Frage Jasper John anging: Noch so ein persönlicher Knies, und Johns würde nicht zur Party kommen. Aber Freu dich des Lebens! Wer sonst ist überhaupt in der Lage, mit den Großen der Avantgarde persönlichen Knies zu *haben*? Es war draußen auch sibirisch kalt, etwa minus 8 Grad, und all die Leute im Smoking und mit Mini-Abendkleidern kamen mit verfrorenen Köpfen in die Wohnung von Sculls 1010 Fifth Avenue und – *Jippie!* – gleich hinter der Tür steht eine Couch, mit dunklem Samt bezogen, auf der eine überlebensgroße Gipsplastik von Ethel Scull sitzt, mit gekreuzten Beinen, und Bob steht hinter ihr. Daneben in der Garderobe sind der echte Bob und die echte Spike, sie strahlen, lachen, grüßen alle Welt – *Gong* – die Wohnung ist in eine Galerie für Bobs ansehnlichste Ankäufe verwandelt worden.

Überall auf den großartig glatten weißen Wänden hängen de Koonings, Newmans, Jasper Johns' Zielscheiben und Fahnen, John Chamberlains Skulptur aus zerschmetterten Automobilteilen, Andy Warhols Porträt von Spike, bestehend aus 35 vergrößerten Fotomatonfotos aus dem Spielsalon an der 52nd Street und am Broadway. Op Art von Larry Poons mit Farbflecken, die so stark vibrieren, daß man den Kopf wegdreht und immer noch buchstäblich Punkte vor den Augen hat. Das hängt an den Wänden des Eßzimmers. Vorher hing dort ein Rosenquist-Gemälde im Stil eines großen Plakates mit riesigen Automobilreifenspuren darauf. Heute abend hängt ein Gemälde von James Rosenquist unter der Decke, das Gemälde eines Grundrisses, wobei ursprünglich die Idee war, daß die Sculls morgens aufwachen, über ihre Bettdecke blicken und den Grundriß sehen können, um sich für den anbrechenden Tag zu orientieren.

Über der Kopfstütze ihres King-Size-Bettes hängt eine ‹*Amerikanische Nackte*› von Tom Wesselmann mit zwei erigierten Brustwarzen, die da wie warme Kirschen draufsitzen.

Viele prominente Leute bewegen sich im Gewühl, reden, trinken, gaffen: George Segal, der Filmschauspieler, George Segal, der Bildhauer, der Kolumnist Leonard Lyons, Aileen Mehle, die als Kolumnistin unter dem Pseudonym Suzy Knickerbocker schreibt, Alex Liberman, Mrs. Jacob Javits, Robert Kintner. Larry Poons kommt herein, und sein großer Lockenkopf hängt feierlich auf der Brust, er trägt ein Hawaii-Hemd aus Frotteestoff mit dem Bild eines Haies darauf. *Poonsy!* Spike nennt ihn Poonsy. Sie hat eine durchdringende Stimme. Sie geht durch dieses Durcheinander von Köpfen, Hälsen, Smokings. Sie sagt, das sei aber ein großes Zugeständnis an Poonsy. Sie spricht von dem Hawaii-Hemd. Das ist allerdings für Poonsy ganz *formell.* Auf manchen Parties trägt er ein T-Shirt und ein paar Klotschen, die mit irischgrüner Farbe bekleckert sind. *Zickig.* Die Leute schieben sich durch alle Zimmer. *Gong* – zur Weltausstellung. Alle verlassen die Wohnung und gehen nach unten, wo draußen auf der Fifth Avenue drei Campus Coach Line-Busse warten, um sie alle hinaus nach Flushing auf das Gelände der Weltausstellung zu bringen.

Die Weltausstellung ist vorbei, aber das *Top o' the Fair-Restaurant* ist immer noch in Betrieb, oben in einem großen pilzförmig gebauten Turm. Die Überbleibsel der Ausstellung, die halbabgerissenen Gebäude, drängen sich mit ihren Silhouetten in der Runde wie ein gigantischer städtischer Schuttabladeplatz. Das Restaurant selbst da ganz oben erweist sich als ein großartiges Beispiel der 1930er *Art Deko*-Eleganz; große Kristallglasplatten, gebogenes Holz, ganz mit Teppichen ausgelegt, und überall eine ungeheure Aussicht durch das dicke Fensterglas auf den Stadtteil Queens bei Nacht.

Scull hat für die Hälfte des großen Komplexes an der Spitze des Turms die Regie übernommen; dazu gehört ein Orchesterpodium und eine Tanzfläche mit rundum angeordneten Tischen, etwa nach Art des alten Tropicana-Nachtclubs in Havanna.

Nach dem Essen spielt eine Rock 'n' Roll-Band, und die Leute fangen an zu tanzen. Mrs. Claes Oldenburg, ein hübsches, zierliches Mädchen mit einem silberglänzenden Minikleid, tanzt nach der letzten Masche mit dem Künstler Robert Rauschenberg. Die Band spielt ‹*Hang on, Sloopy*›. Rauschenberg hat den ganzen Abend schon ein ungeheuer provozierendes Lächeln aufgesetzt, und von Zeit zu Zeit heult er auf – Ooooooooooooo – Gong – der Tanz hört auf und alle werden in einen Konferenzsaal expediert.

Hier sind eine Filmleinwand und Stuhlreihen aufgebaut. Das Licht geht aus. Der erste Film heißt ‹*Camp*› von Andy Warhol. Eine Gruppe von Männern und Frauen in Abendkleidung sitzen in steifer Pose in einer Dachstube. Eine von ihnen ist Jane Holzer. Ein fetter Knabe in einer Art Wagner-Opern-Kostüm tritt vor ihnen auf und macht ein paar Ballettsprünge, sackt zusammen und windet sich hin und her. Die Männer und Frauen in Abendkleidung sehen sehr steif und respektvoll zu. Ein weiterer fetter Knabe kommt raus und holt sich einen runter. Ein Transvestit, der wie eine abgetakelte argentinische Sex-Sängerin aussieht, kommt heraus und vollführt einen irren Tanz. Die Grundidee ist recht lustig, so daß all diese Leute in Abendkleidung steif und respektvoll zuschauen, während die Schauspieler herauskommen und irgendwelche irrsinnigen Dinge anstellen. Darüber hinaus ist der Film exquisit langweilig. Die Leute verlassen im abgedunkelten *Top o' the Fair-Restaurant* allmählich den Konferenzraum. Also wird der Film angehalten, das Licht geht an, und ein junger Mann namens Robert Whitman führt seinen Film vor, der keinen Titel hat.

Dieser Film ist etwas komplizierter. Drei Leinwände und drei Projektoren werden gebraucht. Das Licht geht aus. Auf der linken Leinwand nimmt ein schlankes, gutaussehendes Mädchen, eine Art nackter Kulturknospe mit langen Präraphaeliten-Haaren und einer guten Strandhaut, eine Dusche, windet sich hierhin und dorthin. Zunächst kommt Wasser aus der Düse und dann etwas Schwarzes wie Öl, dann etwas Rotes wie Wein. Sie macht immer weiter. Auf der rechten Leinwand liegen ein paar nettaussehende Knospen ebenfalls in Farbe auf dem Boden und halten die Münder auf. Man sieht von oben auf ihre Gesichter. Nahrungsmittel und Flüssigkeiten fallen nun hinunter, ergießen sich in ihre Münder, auf ihre Gesichter, auf ihre Nasen, ihre Augen, überall hin, etwas Weiches und Klebrig-Schaumiges wie Pfannkuchenteig, dann eine dünne Flüssigkeit wie Ananassaft, dann Hackfleisch, gehackte Leber oder so etwas, rohe Leber, rot und blutig, alles knallt auf die guten alten Knospengesichter dort unten oder geht geradewegs die Gurgel hinunter. Bloß behalten die ihr Lächeln. Dann läuft das Ding rückwärts, und das ganze Zeug kommt ihnen wieder aus den Mündern, als übergeben sie sich, nur lächeln sie die ganze Zeit aus ihren hübschen Gesichtern.

Auf der mittleren Leinwand läuft mittlerweile etwas in schwarzweiß – niemand kann zunächst sagen, was zum Teufel da vor sich geht. Da sind diese, na ja, *abstrakten* Formen, Spalten, Faltungen, Kniffe, Öffnungen, eine Art Rand und einige Flüssigkeit, die von irgendwoher fließt. Aber es ergibt überhaupt keinen Sinn. Natürlich könnten es die abstrakten Formen sein, die Stan Brakhage in seinen Filmen benutzt, oder – aber dann, nach etwa fünfzehn Minuten, während die schwarzhaarige Schöne zur Linken sich unter der Dusche windet und die offenmäuligen Schönheiten zur Rechten der ewigen Nahrungsaufnahme entgegengrinsen, da erkennt man es – das Mädchen, die auf dem Rand gesessen hat, steht auf, es schieben sich ein paar große Hoden ins Gesichtsfeld, und dann beginnt der Organismus zu defäkieren. Der Film ist wohl gemacht worden, indem man den Unterteil einer Toilettenschüssel abgesägt, eine Glasscheibe eingesetzt und dann steil nach oben im Innenteil der Toilettenschüssel gefilmt hat. Die schwarzhaarige Schönheit dreht sich unter der Dusche, tut sich gütlich an Öl, die Erdbeerschönheit lächelt und tut sich gütlich an gehackter Leber.

Und hier, geradewegs in die Gesichter der zweihundert Berühmtheiten, Künstler, Kolumnisten, Redakteure herabplumpsend . . . kommt ein enormer menschlicher Scheißhaufen.

Großartig! Das Licht geht an. All diese Erleuchteten sitzen in ihren Smokings und Mini-Abendkleidern im *Top o' the Fair-Restaurant* über der großen alten, nächtlichen ‹*City Lights*›-New York City, über der gefrorenen Schuttabladeplatz-Silhouette der New Yorker Weltausstellung wie eine Herde von Lämmern, denen man mit dem Hammer vor den Kopf gehauen hat.

Walter De Maria! Walter De Maria sitzt am Schlagzeug, hoch oben auf dem Tropicana-Podest, Wirbeltrommeln, Jazzbesen, blondes Holz, jene stämmigen Arme – fünf Stock rauf bis zum Dachboden – fuhrwerken wie der Teufel. Walter De Maria hat seinen Aufstieg begonnen. Bob Scull hat ihn gefördert, hat ihm geholfen, und De Maria gehört jetzt zu den jungen Bildhauern, die im Kommen sind. *Bautz!* Er haut wie wild auf die Trommeln. Auf die Tanzfläche haben sie, die Künstler, alle Instrumente aus dem *Top o' the Fair* geschleppt. Die Kapelle sieht vom Rande aus zu. Walter De Maria hat das Schlagzeug, Claes Oldenburg ein Tamburin, seine Frau Pat in dem Silberkleid und auch Rauschenberg halten ein Mikrofon. Rauschenbergs Freund Steve Paxton, der Tänzer, tanzt und muffelt vor sich hin. Rauschenberg und Pat Oldenburg jaulen beide in die Mikrofone, wilde irre Heuler – Sloopy! – füllen den ganzen Glasbau mit dem Pilzkopf, der auf das verfrorene Queens hinausblickt, völlig aus. Wo sind die vor den Kopf gestoßenen Lämmer? Die Busse fahren alle halbe Stunde ab, wie im Linienverkehr. Die Pop-Künstler, die Op-Künstler, die Primary-Künstler halten die Stellung: De Maria, Rauschenberg, Rosenquist, Segal, Poons, Oldenburg, sie haben das *Top o' the Fair* übernommen. Larry Poons zieht sein Frottee-Hawaii-Hemd mit dem Haifisch drauf aus und hat jetzt nur noch sein Ford Motor Company Cobra T-Shirt an . . . worauf das Wort COBRA vorn etwa achtmal übereinander aufgedruckt ist. Poons muffelt am Rande der Tanzfläche herum, mit gesenktem Kopf, aber trotzdem grinsend.

Bob Scull strahlt. Spike ist hingerissen. Ihre Stimme dringt durch – o ja!

«Schau dir Poonsy an! Wenn ich den Jungen lächeln sehe, macht es mir wirklich Spaß, das muß mal gesagt werden!»

Bob Scull sitzt an einem Tisch am Rande der Tanzfläche und strahlt. Rauschenberg und Pat Oldenburg heulen jetzt wieder los, machen Rock 'n' Roll-Sänger nach, und dann sagt irgendeiner: «Sing doch mal das dreckige Lied!» Und so, als ob sie wüßte, was er meint, beginnt Pat Oldenburg das Drecklied zu singen. Mit geübtem Showbusiness-Griff hält sie das Mikrofon, ihre Beine wiegen sich unter ihrem silbrigen Minikleid, und sie singt.

«Deine Decke, die ist dreckig, und ganz dreckig ist die Wand, auf dem Tisch den Dreck, den schmeck ich, und auch dreckig ist die Hand. Dreckig, dreckig, dreckig, o dreckig, dreckig, dreckig, dreckig, dreckig . . .»

Scull strahlt einfach vor sich hin, steht auf und nimmt seinen Tisch praktisch mit auf die Tanzfläche, setzt sich vor ihr hin . . .

«. . . o dreckig, dreckig, dreckig, dreckig, dreckig, dreckig, dreckig, dreckig, und auch dreckig sind die Locken, voller Dreck sind deine Schuh, dreckig sind auch deine Socken, dein Gesöff ist Dreck dazu . . .»

Im Hintergrund johlt Rauschenberg, De Maria platzt in einer geheimnisvollen, ganz aus dem eigenen Hut gezauberten Raserei über das Schlagzeug hin, Oldenburg schlägt das Tamburin, Poons murmelt und grinst, alle sehen zu Scull hinüber und warten, was er wohl tut. Scull empfindet offensichtlich, daß dies eine Art Prüfung für ihn ist. Freu dich des Lebens!

«Es schmeckt mir!» sagt er zu Pat Oldenburg.

«. . . o dreckig, dreckig, dreckig, dreckig, dreckig, dreckig, dreckig . . .»

«Das ist wirklich prima! Das schmeckt mir!»

Er strahlt, Rauschenberg grölt, bingbong – *Gong* – 2 Uhr 30 am Morgen, raus, nur raus hier. Poons, De Maria, Segal, Rauschenberg, Rosenquist sind schon weg, den Aufzug runter, sie verschwinden. Bob und Spike nehmen den letzten Lift nach unten mit Jonathan und Stephen. Sie kommen unten an, und es ist sibirisch kalt. 2 Uhr 30 morgens, minus 8 Grad, inmitten von Flushing, Queens, im frostigen Flushing mit den Höhlenbewohnerruinen der Weltausstellung, mit dem gefrorenen Abfall auf dem Schuttabladeplatz, der in die schwarze Dunkelheit hinaufragt – und plötzlich sind die Künstler weg – und auch der letzte Bus. Es ist unglaublich – Bob und Spike – verlassen – ausgesetzt – inmitten von Queens. Da muß irgend etwas ganz stupide falschgelaufen sein! Entweder das, oder jemand hat dem letzten Bus und dem Fahrer vom letzten Bus gesagt, «Das wär's, wir sind alle drin, fahr los», und er ist losgefahren, alle Campus Coach Line-Busse. Ein Kombiwagen fährt heraus. Darin sitzen noch ein paar übriggebliebene Magazinredakteure, die Leute von *Time* und *Life*. Der Wagen verschwindet. Plötzlich ist hier alles totenstill und kalt. Bob Scull starrt hinaus in die Milchstraßendunkelheit, in die Eiscremedunkelheit von Queens und sieht, wie der Atem vor seinem Gesicht weiß wird.

10 Tom Wolfes neues Anstandsbuch

Die Anstandsbücher bemühen sich verzweifelt, «auf dem laufenden zu bleiben» und mit den neuen Gepflogenheiten unter den Erwählten der Menschheit Schritt zu halten. Im letzten Jahr nahmen sie ganz beachtliche Abschnitte hinein wie zum Beispiel Anleitungen zum Petting für jüngere Leute. Etikette des Petting, genau das. Etikette sind schließlich und endlich allgemein akzeptierte Verhaltensregeln, und es muß doch auch Regeln für Pärchen des heiratsfähigen Jungvolks geben, die scharfen Zibetkatzenmoschus ausdünsten und gegenseitig in der Abenddämmerung ihre Knötchen, Schwellungen, Fleischwülste und die prickelnden Furchen erkunden. Yeah; und das ist nur ein Beispiel. In New York wird das ganze Anstandsbuch bereits umgeschrieben, und zwar auf Grund zweier Tatsachen:

(1) *Die Pragmatisierung des Anstands,* das heißt das Angleichen der gesellschaftlichen Etikette an ausschließlich geschäftsbestimmte Zielvorstellungen.

(2) *Nostalgie de la boue,* das heißt die Angleichung an die Gepflogenheiten der Menschen mit den niedrigeren Weihen durch die höher Geweihten zum Zwecke besonderer Effekte.

Das neue Anstandsbuch hat zahlreiche neue Kapitelüberschriften:

Das Affendinner
Absterbende Institutionen:
(1) *Die Cocktailparty*
(2) *Die Gastgeberin*
Paria-Stile
Scheiße! Arschloch! und andere Höflichkeiten
Der Gesellschaftskuß
Die Etikette des Pot

Die Pragmatisierung des Anstands. Zunächst ein recht einfaches Beispiel – das Business Lunch in New York –, um das Prinzip zu illustrieren. Historisch gesehen ist die Etikette vom *väterlichen Charisma* des Feudalsystems abgeleitet. Die höchste gesellschaftliche Ehre (außer vielleicht der Heirat zwischen den Nachkommen), die ein Adliger einem anderen erweisen konnte, bestand darin, daß er ihm ein Fest ausrichtete. Das New Yorker Business Lunch ist dieses feudale Fest, das auf rationelle wirtschaftliche Zielvorstellungen ausgerichtet ist. Ein ganzer Gürtel von Restaurants in den East Fifties von Manhattan bezieht seinen Lebensunterhalt aus diesen ewigen Geschäfts-*Fêten.* Zum Fest gehören möglicherweise zwei Cocktails pro Person, *haute cuisine* auf französische oder italienische Art, Wein, Kaffee, Cognac, Zigarren, und ein solches Essen kann drei Stunden dauern. Wenn der Gastgeber (d. h. das Unternehmen) seine Arbeit gut gemacht hat, dann empfindet der Kunde oder Mandant die Euphorie der uralten *Statusehrung*, die zum Fest gehört. Dieses Prinzip gilt für viele der neuen gesellschaftlichen Gepflogenheiten in New York. So zum Beispiel ...

Das Affendinner. Der Ausdruck kommt von dem, was unlängst in der Genealogie des New Yorker Benimms noch als eine frivole *Kurzweil* galt, nämlich Mrs. Stuyvesant Fishs ursprüngliches Affendinner von 1908 in ihrer Wohnung, 19 Gramercy Park. Mrs. Fish lud die *haute monde* ihrer Zeit zu einem Dinner zu Ehren des Prinzen del Drago ein. Keiner machte sich die Mühe, überhaupt zu fragen, wer denn der Prinz del Drago war, aber alle kamen. Und da war der Prinz, er saß zur Rechten von Mrs. Fish beim Dinner, ein voll ausgewachsener Chambezi-Pavian im Abendanzug. Mrs. Fish hatte ihn mit Frack und Rüschenkragen ausgestattet. Sie setzte ihn bei Tisch zu ihrer Rechten, so daß jeder ihn beobachten konnte, wie er bei den verschiedenen Gängen nickte und vor sich hin brummelte. Er schmierte Aspik über ein Victoria-Kreuz, das er auf seiner Purpurtaftschärpe trug, und Lord Gedöns fühlte sich verpflichtet, den Raum zu verlassen. Das erste Affendinner; diese große Geste war Mrs. Fishs Art zu zeigen, wie verachtungswürdig *die Gesellschaft* zu ihrer Zeit geworden war, willens, überall hinzugehen, zu welchem Zweck auch immer, wenn die Angelegenheit nur großspurig genug erschien.

Heute ist das Affendinner keine zynische Geste; es ist zur Gepflogenheit geworden. Man bekommt eine Einladung von irgend jemandem aus der sozialen Einflußsphäre von Bill und Babs Paley (ich wähle diesen Namen lediglich, um das Kaliber anzudeuten), wo man zu einer Dinnerparty zu Ehren von irgend jemandem von noch größerem Einfluß, etwa Averell Harriman, gebeten wird. Man stellt sich da ein Dinner für zwölf oder sechzehn Personen, veranstaltet von den Paleys, vor – kurzum, man denkt an einen Abend im Schoße der New Yorker Aristokratie. Träumer! Da wir in den sechziger Jahren leben, im Zeitalter des Affendinners, kommen nicht zwölf oder sechzehn Menschen, sondern zweihundert. Alle sind sie da, all jene wunderbaren 1,63 Meter großen blaurasierten Fußbodenbeize- und Körpercreme-Magnaten mit Augen wie Walnußschalen. Und man braucht auch gar nicht länger dazubleiben als bis zum Hummer *au cardinal*, vom Traiteur mit der aufgetauten und aufgewärmten fettigen Sauce geliefert, um schon zu wissen, was zum Schluß kommt. Am Schluß wird der Ehrengast wie Prinz del Drago, der Affenkönig, vorgeführt, und einer hält eine Rede für eine ehrenwerte philanthropische Gesellschaft: die Krebshilfe, Herz. Leber, Magen, für Thyroxin-äugige Kinder, Mississippi-Neger, die Rehabilitierung von jugendlichen Kriminellen – wer erinnert sich schon daran? Dann verteilt ein Diener die Spendenerklärungen und – na ja, was kann man da schon tun, als noch ein paar Dollar dazuzulegen? Das ist zu subtil, um sich darüber aufzuregen. Man kann bloß zwischen den herangefahrenen Stielgläsern in fünf verschiedenen Größen sitzen bleiben und sich darüber klar werden, daß irgend etwas Schönes und Vollkommenes stattgefunden hat, nämlich die Pragmatisierung des Anstands.

So viele Wohltätigkeits-Affendinners sind in den letzten zwei Jahren veranstaltet worden, wobei man Prinzen del Dragos aus dem wirklichen Leben vorgeführt hat, daß ernsthafte freischaffende Gastgeber und Gastgeberinnen in New York unten auf ihre Einladungen nunmehr drucken: «Keine Spendenveranstaltung». In der neuen Ära des New Yorker Benimms ist das Wohltätigkeits-Affendinner lediglich die Superpragmatisierung einer subtileren Form des Affendinners, die in New York seit Ende des Krieges häufig anzutreffen ist; nämlich . . .

Das Dreiecksdinner (oder das private Affendinner). Heute ist die am meisten gesuchte Spezies der Affengestalt für Dreiecksdinners ein Künstler oder Museumsdirektor, jemand von der Größenordnung Andy Warhols, Robert Rauschenbergs, Roy Lichtensteins, Jasper Johns' oder Alfred Barrs. Der ist jedoch lediglich der Ehrengast, das Schaustück. Die Party wird dieweil tatsächlich für einen anderen, unauffälligen Gast gegeben, jemanden wie zum Beispiel einen Plastikbrieftaschenhersteller-junker, der saubere weiße Hemden mit Federstäbchen in den Kragenaufschlägen trägt. Der ganze Sinn der Party – des Dreiecks – besteht darin, daß dieser Mann neben einen anderen Gast, einen der Kollegen oder Kunden des Gastgebers gesetzt wird, der ein kleiner Großhändler ist und möglicherweise nach einem guten Geschäft Ausschau hält. Der Gastgeber hätte die Party auch zu Ehren des Plastikbrieftaschenjunkers veranstalten können, aber wer wäre dann schon gekommen? Keiner von den wohlhabenden Großkopfeten in Waliser Wäschetuch-Hemden und Revatti-Krawatten. Keine von den wohlhabenden Schönen mit zerfaserten Augen und weißen Lippen. Keiner von den Leuten, die man kennt und schätzt, die eben in der Lage sind, New Yorks . . . Statuseuphorie . . . für einen Plastikbrieftaschenjunker zu erzeugen.

After-dinner-Gäste. Das Affendinner selbst dient einem sehr speziellen und ernsten Zweck, nämlich einer geschäftlichen Transaktion. Deshalb kann man gar nicht genug dekorative Typen am Tisch haben, die in ihrem Ich Sandburgen bauen. Deshalb haben die Gastgeber der neuen Ära die wunderliche Sitte entwickelt, After-dinner-Gäste einzuholen. Es gibt einen Präzedenzfall der alten gesellschaftlichen Gepflogenheit, Gaukler zu beschäftigen und sie für ihren Auftritt nach der Mahlzeit zu entlohnen. Eine Sängerin oder Tänzerin benutzt dann die Anrichte oder einen ähnlichen Ort als Garderobe, kommt plötzlich aus der Tür heraus und legt einen Tanz hin für die vollgefressenen, sich fläzenden Esser, die über ihrem Cognac nicken, unter den Rundell-Schilden, auf Palmholzstühlen. Jener Abend, an dem die Tänzerin Irene Castle erst tanzte und sich dann unter die Gäste *mischte* in Mrs. Sie-wissen-schon-Haus, wurde von einigen Leuten als ekelerregend empfunden und von allen als epochemachend. Heute bringen die Gastgeber nach dem Essen etwa aus dem gleichen Grund Gäste ins Haus – sie sollen Farbe, Atmosphäre, Stil verbreiten. Wenigstens ist der After-dinner-Gast oberflächlich gesehen ein Gleichgestellter, ein Bona-fide-Gast, vielleicht sogar ein Gesellschaftsmensch. In Allans und Dorothys Salon sitzen die Schwergewichtler am Tisch, denken über die großen Dinge im Leben nach, und dann, wie auf ein Stichwort, gehen die Türen auf, und hier, mit ausgestreckten Armen, mit ausgestreckten Lippen, *laut* kichernd, kommt *Uncle Miltie* – Milton Berle! – «Dottie! Al!» –, und jetzt beginnt der köstliche *spaßige* Teil des Abends.

Statusvorstellungen. Ein Mann, der ein Affendinner in ernsthafter, geschäftsmäßiger Weise nutzen will, muß in der Lage sein, Menschen sehr schnell zu identifizieren, die Topfpflanzen von den Schwergewichtlern zu trennen und so weiter. Das hat zu verschiedenen sonderbaren neuen Manieren geführt.

Noch vor zwanzig Jahren wäre es undenkbar gewesen, Leute auf einer Party einander dem Status nach vorzustellen. Bei dem modernen Affenessen aber ist das eine der Pflichten des Gastgebers. «Darf ich vorstellen – Harry; Harry macht Fernsehspots. Darf ich vorstellen – Lionel; er schreibt. Darf ich vorstellen – Arthur; er ist bei Sullivan & Cromwell.» So geht das immer weiter. Das ist wie das Einschreibungsformular im College, wo nach dem «Glaubensbekenntnis» gefragt wird. Die Frage wird vermutlich deshalb gestellt, um dem Universitätsgeistlichen bei seiner Hirtentätigkeit zu helfen. Tatsächlich ist sie für die Aufdeckung des Status – die Aufdeckung von Juden, Iren und Italienern. In gleicher Weise glaubt man, daß die persönliche Vorstellung von Leuten unter Hinzufügung ihres Berufs die Konversation erleichtert. Tatsächlich ist das Ganze eine Form der schnellen Statusidentifizierung. Es gab einmal eine Zeit, in der niemand davon geträumt hätte, jemanden, dem er gerade auf einer Party begegnete, zu fragen: «Was sind Sie von Beruf?» Die Frage meint natürlich in Wirklichkeit: «Was ist Ihr Status?» Heute ist das nicht nur üblich, sondern wird sogar für höflich gehalten. Die wahre Krone des Benimms bei einem Affendinner besteht darin, umgehend den Status eines beliebigen Fremden, mit dem man spricht, bestimmen zu können.

Absterbende Institutionen: (1) *Die Cocktailparty.* Die New Yorker «Gesellschaft» und ihre neue Etikette konzentriert sich fast vollkommen aufs Essen. Nur Chefredakteure, Theologen und Literatur-Doktoranden sprechen noch von der Cocktailparty als jenem Topos, wo sich die *haute monde* in New York in gepflegter Kommunion trifft. Da kommen immer noch solche Redewendungen zusammen wie «mittlerweile verbreiteten Cocktailparty-Insider die Ansicht, daß ...» In Wirklichkeit sind die einzigen mit Geld, die heute in New York noch irgendeinen Sinn in Cocktailparties zu sehen scheinen, die Institutionen – Firmen, Hotels, Kunstgalerien, Museen, Stiftungen, Berufsverbände. Man gibt heute eine Cocktailparty, wenn man mit einer großen Anzahl von Leuten rechnet, die man für nicht besonders nützlich hält – na ja, vielleicht ist es angebracht, ihnen eine Art symbolischer Aufmerksamkeit angedeihen zu lassen. Man gibt Cocktailparties für «die Presse». Der Manager der Beatles gibt eine Riesenparty im *Plaza Hotel* für «die Presse», für jene schwachsinnigen, Kauderwelsch redenden Idioten. Oder Vereine wie das Komitee zur Verleihung des National Book Award. Die veranstalten die Verleihungszeremonie an irgendeiner Stätte wie dem *Hilton Hotel* oder der Philharmonie im Lincoln Center und geben dann hinterher eine ungeheure Cocktailparty für all die lieben Autoren, Korrektoren und «Verlagsassistenten», die sich in den Saal ergießen, weil sie leider niemals sonst *irgendwohin* eingeladen werden. Die wahren Literaten und Verlagsnabobs verziehen sich frühzeitig zu Privatessen im *21* und ähnlichen Lokalen in den East und West Fifties. Die Leitvorstellung bei heutigen Cocktailparties ist in fast allen Fällen: Geh da mal hin und laß dich vollaufen; das sorgt dann schon dafür, daß ihr auch in Zukunft trübe kleine, aber nützliche Flaschen bleibt.

In der «Gesellschaft» muß es jedoch Nahrung geben, ein Mahl, ein Dinner – man muß in der Lage sein, sich mit jemandem zum Essen hinzusetzen. Das ist eine der Regeln der neuen Etikette. Sie beruht auf der uralten Vorstellung, daß man einem Manne ein Kompliment macht, indem man ihn zum Hinsetzen und Essen einlädt. Das Schema war hier wie in England, daß ein Aristokrat nur Gleichgestellte, andere «führende Leute» womöglich zum Dinner einlädt. Er kann Gleichgestellte oder fast Gleichgestellte zum Mittagessen einladen und praktisch jedermann zum «Tee» bitten.

Die Cocktailparty ist in diesem Schema das moderne Äquivalent des «Tees». Wer kann sich also schon ehrlich freuen, wenn er auf eine Cocktailparty eingeladen wird? Es gibt heute bösartige Einzelaspekte bei den New Yorker Cocktailparties. Ein Gast, der den Gastgeber oder die Gastgeberin nicht persönlich kennt, fühlt sich nur selten verpflichtet, auch einmal zu ihnen hinzugehen. Außer engen Freunden fühlt auch niemand die allergeringste Verpflichtung, dem Gastgeber zu danken oder ihm beim Gehen die Tageszeit zu entbieten. Das ist eben, wie man so sagt, eine Veranstaltung, zu der man einfach hingeht.

Absterbende Institutionen: (2) *Die Gastgeberin.* Das gesellschaftliche Leben von New York wie das von Boston wurde in der Vergangenheit von großen Gastgeberinnen wie Madame Fish regiert. Heute gibt es in New York nur noch wenige große Gastgeberinnen, etwa Mrs. C. Z. Guest, Mrs. Gilbert Miller, Mrs. Elsie Woodward. Sie sind lebende Anachronismen. Mit dem Vordringen des Affendinners ist die Gastfreundschaft zu einer Domäne des Mannes geworden. Die Gattin wird vielleicht in der Gesellschaftsspalte erwähnt, aber in Wirklichkeit ist sie nur eine Art Gesellschaftssekretärin. Der Mann benutzt das Essen als festen Bestandteil seiner Karriere und übernimmt beizeiten die Regelung der kleinsten Kleinigkeiten. Er wacht Nächte hindurch und studiert Bücher über englisches Tafelsilber, libanesische Spitze und französische Weinschlösser. Er plant die Sitzordnung. Schließlich ist ja der praktische Aspekt des Affendinners der, den Männern die Möglichkeit zu geben, sich zum Reden zusammenzusetzen. Das ist fast axiomatisch. Eine Stehparty wie eine Cocktailparty ist höchstens eine Möglichkeit, die eigene gesellschaftliche Belastung zu verteilen. Man braucht mit niemandem länger zu reden; man braucht den anderen kaum Aufmerksamkeit zu schenken. Eine Sitzparty, für das Gespräch geplant, ist von vornherein ernster, und deshalb bestehen heutzutage in New York die Männer darauf, sie auch unter Kontrolle zu haben.

Selbst harmlose Unterfangen wie Wohltätigkeitsveranstaltungen sind den Frauen in New York weggenommen worden. Denn es geht um zuviel Geld und zuviel Status. Heute sind nicht mehr die Frauen die maßgeblichen Persönlichkeiten der «gesellschaftlichen» Wohltätigkeitsvereinigungen von New York, sondern die Dienstboten, eine weibliche Reservearmee, die lediglich für die *Aus*führung da ist.

Immer dann, wenn New Yorks prominenteste Gastgeberinnen glauben, daß sie den Rückstand aufholen und eine neue charismatische Gruppierung für die «führenden Leute» schaffen, steht nicht nur ein Mann dahinter, sondern ein Mann mit einem Plan, der uraltes Kastendenken bereits eingebaut hat – «vorfabriziert», gewissermaßen. Man erhält die Einladung einer Gruppe prominenter Gesellschaftsdamen, sich an der Gründung der *Nine O'Clocks* zu beteiligen, einer gesellschaftlichen Elite, die vier, sagen wir einmal, *exklusive* Essen mit Tanz im Jahr gibt. Das Tanzen im *Rainbow Room*, der versucht, sich seinerseits als prominenter Nachtclub zu etablieren. Er steckt doch so voller Tradition! Solch ein Verschmelzen von Traditionen! Der Tanzball – so sehr der Gesellschaft von Washington vergleichbar, als es in Washington noch eine Gesellschaft *gab*, wie man weiß; so wie die beste Mayfair-Atmosphäre der alten

Grand Hotels in New York, als es noch Grand Hotels *gab*, wie man sich erinnert; so – so geradewegs aus den schwalbenkehligen Radierungen in *Vanity Fair*, und warum sollte irgend jemand hinterher verärgert sein, wo sich doch alle darüber im klaren waren, daß der Planer der *Nine O'Clocks* mit all diesen Kastenvorstellungen ein Public Relations-Mann war, Earl Blackwell nämlich, der Gründer des Celebrity Service, einer PR-Agentur für Berühmtheiten. Schließlich war das doch ein Mann des neuen Zeitalters. Er gab den Leuten Fertig-Tradition, vorfabriziert, vorprobiert – eine äußerst pragmatische und wirksame Anstandsgeste.

Nostalgie de la boue. Gesellschaftlich gesehen erinnert New York heutzutage stark an das London der Regency-Zeit (ungefähr von 1800 bis 1830). Regency war eine Zeitspanne unvergleichlichen Wohlstands in England. Die Mittelschicht hatte soviel neues Geld, daß die herkömmlichen gesellschaftlichen Bräuche in London in große Verwirrung gestürzt wurden. In der *Gesellschaft* veränderte sich das Benehmen auf eine halsbrecherische Weise. Mädchen begannen, sich ihrer steifleinenen Kleider zu entledigen und trugen statt dessen durchsichtige, die eine ganze Menge Brust und auch anderes Fleisch enthüllten. Auch zogen sie sich Schlüpfer an. Die jungen Männer gaben die Kniehosen auf zugunsten von enganliegenden Hosen und trugen Gewänder von bizarrem Zuschnitt und schreienden Farben, die häufig als weibisch abgetan wurden. Sowohl die Homosexualität als auch die modische Hurerei waren weit verbreitet. Die höfischen Tänze des späten 18. Jahrhunderts wie das Menuett wichen den derwischtanzähnlichen Pirouetten des Walzers.

«Dies hielt man allenthalben für das Anzeichen eines allgemeinen Niedergangs der moralischen Werte, ja sogar für den Anbeginn nationaler Dekadenz», schrieb ein Historiker. Die jungen Männer und auch die Frauen der Oberklasse wurden von der *nostalgie de la boue* hingerissen – einem Verlangen, die ungeschlachte und elementare Vitalität der niedriger Stehenden für sich zu gewinnen. Sie übernahmen die Manieren und auch die Kleidung der aufgeputzteren Typen aus der Unterschicht als modische Attribute. Junge Herren zogen stolz die Uniform von Kutschern an, trugen Capes und kegelförmige Biberpelzhüte, spannten ihre Pferde vor verschiedene kleine, schnelle Kutschen und rasten mit halsbrecherischer Geschwindigkeit auf den Zugangsstraßen nach London. Die «Schläger»-Pose war noch beliebter, nach Art der Preisboxer jener Tage: Da schoben sie durch die Straßen in hautengen Stiefeln und Hosen, und zur Hölle mit der bürgerlichen Ehrbarkeit. Ein junger Chemiker namens Humphry Davy entdeckte Stickoxydul (Lachgas), das, wenn man es aus einem Seidenbeutel einsog, Pforten im Gehirn zu öffnen schien, die einem subtile mystische Erfahrungen zugänglich machten. «Das Lachgas machte Furore», schrieb R. J. White. «Dichter und Maler, Töpfer und Antiquare, Staatsmänner und romantische Romanschriftsteller, Maria Edgeworth und Isaac D'Israeli und Josiah Wedgwood, jeder, der etwas darstellte, pflegte seine Nase in den Seidenbeutel zu stecken und dann seine Empfindungen zu beschreiben.»

Die verschiedenen Formen der *nostalgie de la boue* waren weitgehend das Mittel der jungen Aristokraten, sich selbst von der Mittelschicht abzusetzen. Wohlstand bildete keinen Puffer mehr zwischen den Klassen; aber die alte aristokratische Tugend des *Selbstvertrauens* bot noch einen solchen Abstand. Die Mittelklasse hatte Geld, verfügte aber nicht über das Selbstvertrauen, mehr zu sein als ehrbar mit ein bißchen Verzierung daran. Der Aristokrat hatte das Selbstvertrauen, so schockierend und empörend zu sein wie ein Kanalarbeiter und trotzdem ungeschoren zu bleiben. Der Bourgeois war ganz auf die gesuchte Vornehmheit hin orientiert – vornehm gespreizte Sprache, vornehm gespreiztes Benehmen, die *gravitas* des guten Pfahlbürgers. Der Aristokrat glänzte durch seine eigene Brillanz ohne Rücksicht auf die öffentliche Meinung, worunter er normalerweise die Mittelklasse verstand.

Und heute in New York . . .

Paria-Stile. Ja natürlich. In der heutigen New Yorker Gesellschaft muß man verstehen, schätzen und wissen, wie man mit Dutzenden von schandbaren Manierismen und Stilen umzugehen hat. Schandbar ist so ein anheimelndes Wort. Worte! Flüche bei Tisch wie *Arschloch!* und *Scheiße!* oder klinische Anmerkungen während des Essens über exotische Frauenkrankheiten und sexuelle Hysterien, auch homosexuelle Filme, homosexuelle Witzbolde, dies und jenes – all das ist nunmehr fester Bestandteil des neuen *chics* der New Yorker Gesellschaft. So ein wunderbares Anstandsbuch müßte man jetzt schreiben!

Die New Yorker Gesellschaft von heute ist eine Art Elite, die keinen ureigenen natürlichen Lebensstil hat. «Gesellschaft» – die Minderheit, die das Benehmen festlegt – ist heute eine Werbearistokratie. Immer weniger Leute gehören auf Grund ihrer Vorfahren oder auf Grund irgendeines anderen ererbten oder unwandelbaren Status zur Gesellschaft. Sie gehören heute zur Gesellschaft, weil sie Erfolg haben. Sie haben in ihren Karrieren Triumphe gefeiert und erhalten dafür die nötige Publicity. Ihre Karrieren sind verschiedenartig, wenn auch immer mehr von ihnen für die neueren Informations- und Kommunikationsträger – Fernsehen, Showbusiness, Verlagswesen, Kunst, Werbung – tätig sind. Sie haben keinen gemeinsamen Angelpunkt, keine gemeinsame Tradition, aus der ein Lebensstil erwachsen könnte.

Und doch braucht New Yorks neue Gesellschaft wie jede Statusgruppe einen Lebensstil. Nur durch einen Lebensstil kann eine Statusgruppe ihre Position in aller Öffentlichkeit bekräftigen und zeigen, daß sie einmalig ist. Aber wo sollen sie ihren Stil finden? Das amerikanische Leben wird immer mehr in seinem Machtzentrum homogenisiert. Einmalige Stile werden heute meist von religiös besessenen, der Unterwelt angehörigen und geächteten – «Paria» – Randgruppen entwickelt. So die Teenager, Künstler und Bohemiens (oder «Hippies»), Neger, Rauschgiftsüchtigen, Homosexuellen und schwulen Angehörigen des Kulturbetriebs. Sie haben sich übergangen gefühlt, also haben sie sich in Statusgruppen zusammengerottet und ihren eigenen Lebensstil kreiert, um ihre eigene Moral zu stärken. Und jetzt – heiliger Bimbam! – kommen die «Gesellschaftslöwen», die zwischen ihnen hindurchschlittern und vorbeischlendern, ihre Stile kopieren und sich auf eine ganz *entzückende Weise ordinär geben.*

Scheiße! Arschloch! und andere Höflichkeiten. In der Gesellschaft werden im Augenblick die Wörter *Scheiße* und *Arschloch* als Routineschimpfwörter von Frauen und Männern gleichermaßen benutzt. Ausgeprägtere, aber ganz allgemein übliche Ausdrücke zielen auf denkwürdige anatomische Unmöglichkeiten. Heute wird keine Augenbraue mehr hochgezogen, wenn die *chicsten* und charmantesten jungen Damen in Gesellschaft etwa folgendes sagen: «Hör mal, Süßer, ich hab von ihm genug Scheiße gekriegt, verstehste, du Kniefícker! Verstehst du? Das nächste Mal erzähl ich ihm ganz schlicht ‹Fick dir doch ins Knie, Süßer›.»

Die Etikette des Pot. Den Negern zum Beispiel hat die Gesellschaft ihre beliebteste Form der Beleidigung abgeguckt, das «zickige Affektiertsein». Von den Rauschgiftsüchtigen hat die Gesellschaft ein paar «dufte» Ausdrücke gelernt; aber im wesentlichen hat sie – und das läßt sich in einem Wort sagen – *Pot,* also Marihuana, übernommen. Die meisten «duften» Ausdrücke der New Yorker Gesellschaft sind eigentlich als «uralt dufte» unter der Avantgarde der Rauschgiftsüchtigen bekannt, die in Kalifornien lebt. In Kalifornien spricht man von Marihuana nur als «Gras». New Yorks tonangebende Leute bleiben bei Pot.

Der Verbrauch an Marihuana im heutigen New York hat fast den gleichen Statuswert wie der Alkoholkonsum während der Prohibition: Es handelt sich also um ein geringfügiges Laster, das bei den höheren Chargen der Gesellschaft gerade wegen seiner Häufigkeit augenzwinkernd übersehen wird. Mehr als übersehen, seine Illegalität verleiht diesem Laster noch den Glanz des Wagemuts; es bietet den Stoff für Legenden und Erinnerungen. Es gibt einfach unter den Lebenden keinen Whisky-Langweiler, der so entnervend langweilig sein kann wie ein wahrer Pot-Langweiler.

In der Gesellschaft müssen Gastgeber und Gastgeberinnen vorzugsweise Marihuana bei der Hand haben, selbst wenn sie es selbst nicht nehmen. Auf jeden Fall dürfen sie nie Einwände erheben, wenn ihre Gäste es rauchen. Die Tischsitten für Marihuana haben sich seit der Frühzeit (1964) merklich geändert. Anfangs wurde die Marihuana-Zigarette (Joint) zwischen den einzelnen Zügen (Pokes) von Hand zu Hand gereicht, damit das Kraut nicht ungenutzt verbrannte; denn es war schwierig zu beschaffen. Auch wurde es mit einem heftigen und esoterischen Ausdruck des Lufteinsaugens, der Lungenexpansion und des Augenhervortretens inhaliert. Der Stummel (Kippe) wurde aufbewahrt, um später weiterem Marihuana hinzugefügt oder mit Zigarettentabak gemischt und dann als «Cocktail» geraucht zu werden. Pot-Anhänger unterstrichen immer nachdrücklich, daß sie nicht tranken; Alkoholiker wurden als bourgeoise Dumpflinge mit einem trübsinnigen, den Geist vernebelnden Laster betrachtet. Das war in der Frühzeit.

Heute befindet sich der Genuß von Marihuana in Gesellschaft in der «zweiten Phase». Der Joint wird wie eine normale Zigarette geraucht, und vorzugsweise hat jeder seinen eigenen. Großäugige Luftansauger werden als *«opadufte»* betrachtet, was schlimmer ist als bloß opahaft zu sein, da es noch den Beigeschmack der Heuchelei hat. Der Stummel wird weggeworfen. Marihuana-Raucher von heute befinden sich auch in der «zweiten Phase», was den Alkohol angeht. Sie betrachten ihn jetzt als eine niedrige, aber angenehme Droge, etwas zum bequemen *Runterkippen,* und sie trinken sogar, während sie Marihuana oder Haschisch rauchen. Haschisch ist übrigens gesellschaftlich dem Marihuana vorzuziehen wegen seines exotischeren Aromas, seines höheren Preises und der literarischen Belegstellen (Coleridge, Baudelaire *et alii*).

Gesellschafts-Neger. Parias! Dichter, Bohemiens, Fotografen, Engländer aus der Music Hall . . . Neger . . . Gesellschafts-Neger, Teil des neuen Lebensstils. Ein guter Neger beim Essen, selbst wenn er sich darauf versteift, dazusitzen und diese armseligen weißen Liberalen auseinanderzunehmen – «Was ihr Leute einfach nicht seht – was ihr nicht sehen *wollt*» –, ja, ja, nicken, nicken, und macht ja nichts, er ist heute abend Unser Neger – Neger! Ja. In letzter Zeit kreuzt jedoch ein neuer Gesellschaftsneger von ziemlich attraktiver Spielart auf. Irgendein weißer, untersetzter, rotgesichtiger Rechtsanwalt legt seine 100 Dollar für zwei Eintrittskarten zum Emphysem-Ball auf der Dachterrasse des *St. Regis* hin, setzt sich mit seiner Frau zwischen ein sehr nettes, wie sie das später ausdrücken, ein sehr nettes Seidenanzug- und Taftkleid-Negerpaar – und er sagt «Hallo», und die Farbige sagt ohne große Vorrede: «Ich arbeite für Mr. C.» Mrs. C.s Dienstmädchen. Das ist aber nett. Der alte C., er hat die Nase voll von den Wohltätigkeitsveranstaltungen, die Nase voll von der ganzen Affenwohltätigkeitsmasche, also macht er das wie üblich, er legt die 100 Dollar hin, gibt die Eintrittskarten aber seinem Dienstmädchen, die ihren Mann mitbringt. Und da sitzen sie zusammen mit all den anderen inmitten der Weißen und Goldenen, zusammengepreßt in dem Raum auf dem Dach des *St. Regis,* während schnarrende italienische Kellner einem ihre Fettbäuche über den Kopf hieven, den *saumon fumée* an alle verteilen wie auf einem Fließband. Ja! Die Mode! Richtig *chic* ist heute, wie sie sagen, das Negerdienstmädchen zu den abscheulichen Wohltätigkeitsveranstaltungen zu schicken und dann zu sagen «Ich hab denen gesagt, ich würde ja gern bezahlen, wenn ich nur nicht selber hin muß.»

Die «Paria»-Stile haben im allgemeinen zu Verhältnissen geführt, die denen der französischen Gesellschaft unter Ludwig XIV. in Versailles nahekommen. Ludwig XIV. veranlaßte eine Trennung von «Macht» und «Größe». Die Macht unter Ludwig lag vorwiegend in den Händen von recht unansehnlichen Männern, oft Bürgerlichen. «Die Größe» war seinen Höflingen vorbehalten. Sie arrangierten all die dekorativen Veranstaltungen und Zurschaustellungen, welche die Hofgesellschaft Ludwigs zu einer der ausgetüfteltsten in der Geschichte machten. Im heutigen New York ist es dasselbe mit den Männern, die in der Regierung, in der Finanzwelt und Industrie die Macht haben. Sie wiesen zum Beispiel fast alle die Einladungen zu Truman Capotes berühmtem Maskenball von 1966 zurück. Aber die ganze «Größe» von New York war dort. Wie immer sind das wesentlich fragilere Geschöpfe – Künstler, Uptown-Bohemiens und so weiter – die . . . ganz besonders glorreich . . . die Stile zur Schau stellen, die den neuen Lebensstil der Gesellschaft ausmachen. Der Vergleich geht wunderlicherweise sogar noch weiter. Unter Ludwig war das Benehmen der Gesellschaft streng unterschieden vom Benehmen ehrbarer Personen im übrigen Frankreich. Nur in Versailles baten Männer um Einlaß in ein Zimmer, indem sie mit einem verlängerten kleinen Fingernagel an der Tür kratzten. Genauso ist das Benehmen der New Yorker Gesellschaft von heute streng unterschieden vom Benimm der Menschen im übrigen Lande.

Der Gesellschaftskuß. Nur in New York zum Beispiel ist der Gesellschaftskuß eine bevorzugte Form der Begrüßung. Der Gesellschaftskuß ist eine uralte Form, Status zur Schau zu stellen. Herodot beschrieb das ausgetüftelte Statusküssen der Perser: Gleichgestellte küßten einander auf die Lippen, fast Gleichgestellte auf die Wangen; Untergeordnete warfen sich vor ihren Vorgesetzten auf den Boden. Konstantin Porphyrogenitus beschreibt in seinem Handbuch der Etikette Seite um Seite ganz genau, wer wen küßt und wohin – auf den Kopf, die Hände, die Brust, die Lippen oder Wangen oder sonst wohin. In der New Yorker Gesellschaft lehnt sich der Gesellschaftskuß an die Gepflogenheiten der europäischen Königshäuser an. Angehörige von königlichen Familien – naß, schmatz! – umarmen sich immer in der Öffentlichkeit, selbst wenn sie sich wütend verabscheuen oder einander noch nie unter die Augen gekommen sind. In der New Yorker Gesellschaft sind selbst Männer dazu übergegangen, sich gegenseitig den Gesellschaftskuß zu geben wie im Showbusiness, wobei der Kuß besagt: Wer sonst zählt denn schon auf der Welt außer solch glänzenden Stars, wie wir es sind, Baby?

Was macht man da? Soll man sich aufs hohe Pferd setzen, was die freche Anmaßung der neuen Etikette angeht, die Flegelhaftigkeit, den Snobismus wie beim Cotillon, jenem Figurentanz mit Partnerwechsel? Viele ehrenwerte, gesicherte, aufrichtige, berühmte Leute versuchen, sich dem zu entziehen – aber plötzlich stellen sie fest, daß sie überhaupt *keinen* mehr treffen. Sie können alle Affendinners absagen – aber das bedeutet dann schon fast, daß sie auch alle Abendessen versäumen. Die wollen sich nicht einlassen mit vollgespritzten Typen, mit Plastikbrüsten von Rudi Gernreich und Vinylschenkeln, die zum Abendessen kommen, und «Ach, Arschlosch!» bei Tisch sagen; aber das bedeutet dann sehr bald, daß sie das ganze gesellschaftliche Leben nicht wollen, Punktum. Also machen selbst die Leute mit, um die es sich lohnt – bloß um etwas zu haben, irgend etwas, bei dem man mitmachen kann. Sie lassen sich selbst auf Affenart ausnutzen – sie geben Affenparties, die andere sich zunutze machen –, warum dagegen ankämpfen – das einzige Spielchen in der ganzen Stadt! Für alle, selbst für diese hübschen Geschöpfe, auf die jeder als Leitsterne der «wahren» Bildung sah, nimmt der Benimm einen unterbewußten Zynismus an. Niemand fühlt sich den gesellschaftlichen Gesten anderer verpflichtet. Bloß weil Robin und Ellen einmal Cork und Fan zum Essen in ihr Haus in den Hampton-Bergen eingeladen hatten, zu ihrem Abend «Beim Rock 'n' Roll» – zu jenem wilden Abend, als sie dreißig Plätze in diesem ganz offensichtlich der Mafia gehörenden Rasthaus an der Straße 22 in New Jersey reserviert hatten, um eine Gruppe – schmierige kleine Grünschnäbel! –, die Sonic Booms, zu hören. Alles das bedeutet nicht, daß Cork und Fan sich irgendwie besonders verpflichtet fühlen, Robin und Ellen zum Essen in ihr Haus in den Hampton-Bergen oder zu ihrem «großen Lunch» in einer Billard-Spielhalle auf der Eighth Avenue einzuladen, wo Brock einen Tisch aufgerissen hatte, wobei er eine «masse» Wind machte – auf dem Schild *stand*, keine «masses», sagte Alva –, und jeder sagte, Alva hat das getan, und Alva wurde von einem fetten Mann, der ein schmuddeliges Sandwich aß, beleidigt, denn er unterstellte Alva, er sei ein Schwuler, ein East-Side-Schwuler. Was waren das noch für Zeiten! Keiner fühlt sich verpflichtet, soziale Gesten *zu erwidern*; denn das würde auf einer alten Vorstellung von schlichter, naiver Freundlichkeit beruhen. Schlichte, naive Freundlichkeit! Die Wahrheit ist, daß einen die Leute heute *sowieso* einladen, solange man nützlich, dekorativ – *der Mühe wert* ist. Und wenn man plötzlich nicht mehr in der Gunst steht, dann werden sie einen *nicht* einladen, ganz egal, wie viele gesellschaftliche *Schuldscheine* man noch guthat. Also warum überhaupt reagieren? Warum sich die Mühe machen, einen Dankesbrief zu schicken, warum nach diesen phantastischen, fetten Parties anrufen? Also tut das auch keiner, und – o Wunder! – endlich erreicht New York den reinen Zustand, wo *er* – der Status nämlich – auf die Bretter gelegt wird. Nirwana! Gelobtes Land! Süßes Affenuniversum.

11 Leben und erlittene Unbill eines Londoner Society-Teenagers

Jeden Augenblick jetzt, kleine Sue, wird das Kinnlose Wunder hier am Steuerrad rechts ranfahren und eine von zwei Mitteilungen machen. Entweder sagt er, er hat furchtbare Kopfschmerzen, oder er sagt – gehn wir doch auf meine Bude. *Mit diesem Supercool-Tomatengelee-Ausdruck auf seinem Gesicht*; gehn wir doch auf meine Bude. Sue fühlt, sie liegt ungeheuer *richtig* im Sinne von *den richtigen Leuten.* Sie ist fast perfekt ausgezehrt. Ihr modisches chromgelbes, lockenloses Londoner Haar hängt ihr über die Schulterblätter, und es sieht . . . *richtig* aus. Das sollte es auch, denn es ist ja frisch gebügelt. Sie hat es selbst auf einem Bügelbrett gemacht. Genau das!

Die kleine Sue blinzelt zwischen ihren neuen Augenwimpern wie ein Kamel hervor und beobachtet die Nase von Kinnlos, die über seinen Lippen hervorragt – wie, na ja, man weiß ja nicht, wie der aussieht, aber seine Nase ist groß und ausgeprägt, und seine Lippen sind wie eine kleine Kirschpraline mit Zuckerguß. All right? Mehr Perfektion.

Sie fahren die Maida Avenue, W.2, im sogenannten Klein-Venedig entlang. Er reißt am Lenkrad des Mini-Cooper und zieht den Wagen mit einem Powerslide herum, London ist voll von solchen *furchteinflößenden* Mini-Assen, so hört man, und sie rutschen, schleudern, bums, bums, und die Mauerverzierungen, die eisernen Zaunstangen und der verfallene Stuck von Klein-Venedig ziehen in der Dunkelheit vorbei wie . . . ach, wie etwas völlig Durcheinandergerührtes, wie ein Hirnsalat.

Wenn Sue auf der Party auch außergewöhnlich wach und lebendig war, so hatte sie seinen Namen dennoch nicht verstanden; aber er sieht so aus, als müsse er Crispian Fetlock-Withers heißen. Weiß man's? Doch nehmen wir einmal an, er bittet sie gar nicht in seine Wohnung. Nehmen wir an, sie vermag nicht das geringste Aufwallen sinnlicher Begierde in seinen sanft-geschlechtslosen, spröden, kinnlosen Schenkeln zu wecken. Zu demütigend! Belinda erfährt es. Nicki erfährt es. Mary, das Mädchen von Heathfield, die so . . . langweilig und herablassend auf der Party war, erfährt es.

Sue läßt sich in den Sitz des Mini zurückfallen und schließt ihre neuen Augenwimpern. Im Eimer. Sie ist besorgt und fühlt sich in die Verteidigung gedrängt. Sie drückt ihre Finger ins Haar, wie Belinda, und spielt auf ihrem hochgezogenen Haar Harfe. Belinda fängt jetzt an, als Fotomodell zu arbeiten, und alle erfolgreichen Modelle spielen Harfe auf ihrem Haar. Sie legen auch die Sonnenbrille aufs Tischtuch und bewundern darin ihr eigenes Spiegelbild.

Belinda – fast perfekt ausgezehrt . . . dieses «fast perfekt ausgezehrt»-Gedöns stammt aus einem Gedicht, das Nicki über Belinda geschrieben hatte, «fast perfekt ausgezehrt, mit ihrem kurdischen Klumpfußliebhaber –». Das ist großartig, Sue verachtet das Gedicht. Nicki hat eine Freundin bei der Zeitschrift *Queen*, und Sue empfindet Alpträume vor dem Tag, an dem sie *Queen* in die Hand nimmt, und da steht dann Nickis Name: *eine Schriftstellerin.* Belinda hat tatsächlich einen kurdischen Klumpfußliebhaber und eine Karriere, wenigstens eine Art. Und Sue hat . . . Spröde Kinnlos, viel-leicht. Natürlich sind Belinda und Nicki älter als Sue. Sie sind beide 17. Sue ist 16. Karrieren, abartige Liebhaber, Kamelaugen, gebügeltes Haar, Klumpfußliebe, Status und Sex, sich *bumsen* lassen, bloß um gesellig zu sein – ach Gott, es wird einem heutzutage schon schwer gemacht, in London ein Society-Teenager zu sein.

Spröde Kinnlos! Er hat sie auf dieser hirnlosen Debütantinnen-Cocktailparty von diesen Heathfield-Kreaturen aufgefischt. Sue geht wie Nicki, Belinda und alle anderen genau deshalb auf diese Parties, um von so einem Typ geangelt zu werden, den die Heathfields immer um sich haben, so einem wie er. Heathfields sind die Mädchen, die auf Internate wie Heathfield in der Nähe von Ascot, wo auch Prinzessin Alexandra war, oder Benenden, wo Prinzessin Anne hingeht, oder Cheltenham Ladies' School gehen oder gegangen sind, was bedeutet: Die Heathfields sind Mädchen der Oberklasse von gutem Geblüt, von gutem Mark. Sue und Belinda und Nicki sind . . . na ja – wenn es nicht zu beschämend ist, das zuzugeben – Mittelschicht oder Großbürgertum, Mädchen, die auf modische Londoner Tagesschulen wie Greycoats, St. Paul's, Town and Country, auf das Französische Gymnasium gehen oder gegangen sind, und mit ihnen vielleicht ein paar Mädchen von der North London Collegiate School oder der ‹Holland Park Comprehensive›-Gesamtschule, wo Anthony Wedgwood Benns Kinder hingehen.

Die Heathfields jedenfalls bezeichnen diese Mädchen aus der Mittelschicht als Mäuse. Das soll spöttisch sein; aber es zeigt zumindest, daß sie sich Sorgen machen. Sie sollten sich auch Sorgen machen. Zum erstenmal in der Geschichte Londons liegen die Heathfield-Mädchen ganz leicht daneben. Sue meint – na ja, sie hat sich auf der Party umgesehen, und zugegebenermaßen waren ihre neuen Augenwimpern so schwer, daß sie sich wie ein Kamel fühlte. Alle Mäuse sehen wie Kamele aus, den Hals nach vorn gestoßen, zwischen diesen riesigen falschen Augenwimpern hindurchblinzelnd. Das ist aber immer noch besser als die Heathfields. Die Heathfields stehen ganz auf dieses falsche Augen-Make-up, auf Lidschatten und alles, was dazugehört, und auf eine Menge Farbe, genauso wie ein Haufen von kleinen Mod-Ladenmädchen auf der Oxford Street. Das ist sehr billig und sieht schwer mod aus. Sie machen auch eine

Menge ganz gewöhnlicher Dinge mit ihrem Haar. Sie stehen immer noch auf Toupieren, genauso wie die kleinen Mod-Mädchen. Jeder hat natürlich die ganze Mod-Masche mitgemacht, aber die Mäuse sind jetzt . . . viel origineller. Da meint man, man hat eine Karriere, einen abartigen Liebhaber, ein . . .

. . . ach, aber geben wir's doch zu, mein Gott, die Heathfields können immer noch die alte Snobtour reiten, und da sind sie ja schon sehr gut, das ist Sue bereit zuzugeben. Da sind diese kleinen Dinge, die sie immer richtig machen, ganz egal, wie oft man sich selber davon überzeugt, daß es doch hirnlose kleine Döfchen sind, man wird doch davon gepackt. Auf der Party zum Beispiel begegnet Sue Mary, dem Heathfield-Mädchen, und sie sagt: «Hallo, Mary! Wie geht's?»

«Ja, mir geht es absolut pri-i-i-ima!» sagt Mary, ohne natürlich Sues Namen zu erwähnen. Sue, die Maus, nennt Mary bei ihrem Namen, aber Mary, die Heathfield, erwähnt Sues nicht. Mir geht es absolut prima. Wie sie das gesagt hat! Als wollte sie natürlich damit ausdrücken, mir geht es prima, was erwartest du denn sonst von mir, glaubst du, ich bin ein elendes, unsicheres, hoffnungsloses, kleines Arschkriecherchen, das versucht, Leuten in den Hintern zu krabbeln, so wie du?

Dann schließen sie ihre Reihen und beginnen, miteinander mit diesen vollständig . . . mit diesen Heathfield-Stimmen, die sie haben, zu reden, mit einer Art monoton, monoton, monoton geölten Stimmen mit winzigen Trällern am Ende der Sätze, außer natürlich, wenn sie Cockney einwerfen; denn der Cockney-Reimslang, der macht ihnen Spaß. So sagen sie «Stock und Hut» für «gut», was aus dem Cockney-Reimslang kommt, und dabei denken sie «und Hut» ist besonders lustig, obwohl die denselben alten Käse wiederkäuen, den sie auch schon heute nachmittag in ihrem Stammlokal, bei *Luba's*, durchgehechelt haben.

«. . . Jenny hat ihre Tage, und Jeremy hat den Mini . . .»

«. . . das *kann* man doch *nicht* tun, oder? wenn man Celia ihr Hochzeitsgeschenk kaufen muß *und* auf den Vivaball geht . . .»

«. . . Celia! Das ist zu *spastisch* . . .»

. . . sie sind immer auf Trab, um irgendeinem Mädchen ein Hochzeitsgeschenk zu vermachen, obwohl sie spastisch ist, ein Wort, das sie dauernd benutzen, spastisch, jedermann und alles ist spastisch für die Heathfields, und der Ball, auf den sie gehen, ist immer in Paris, oder besser gesagt, *man* geht nach Paris, denn man sagt niemals *ich*, man sagt *man*, wodurch sich das so anhört, als wäre, was immer sie tun, von der ganzen Gemeinde . . . richtiger Leute – abgesegnet.

. . . reden, reden, reden, und *zuhören* tun sie *gar nicht*. Mary erzählt Sue, daß sie auf der Carnaby Street diese absolute Super-Boutique Lady Jane gefunden habe, und Sue sagt, sie glaube nicht, die sei so super, denn sie war schon mal reingegangen und bla-bla-bla und so weiter, und Mary wartet offensichtlich bloß darauf, daß Sues Lippen sich nicht mehr bewegen, denn nach alldem sagt sie lediglich «na ja, natürlich, Lady Jane ist ein *Super*-Laden», wobei sie das Super noch einmal genauso ausspricht, denn warum *sollte* sie Sue zuhören, die doch Sue ist ...

Mein Gott! Sue ist niemals in der Lage gewesen, über solche Dinge mit ihren Eltern zu reden, weil ja gerade bei ihnen ... der Hase im Pfeffer liegt. Die Heathfields haben immer diese großartigen Eltern, die stets entweder vom Landadel oder gerade verblichen sind. Es ist schrecklich; aber Sue hatte einmal einen Tagtraum, und der gab ihr doch ein sehr sonderbares Gefühl. In diesem Tagtraum waren ihre Eltern ... verblichen. Sie ging auf eine Party und wurde ein paar Leuten vorgestellt ... «ach, weißt du ... *murmel, murmel* ... ach, wie geht's» ... und dann wechselt das Gespräch zu diesem und jenem, und schließlich sagte sie, daß ... ihre Eltern ... verblichen seien. Da fühlte sie sich *richtig*. Das ist *entsetzlich*, so etwas überhaupt loszulassen! In Wirklichkeit mag sie ihre Eltern sehr gern. Manchmal weint sie praktisch über ihre Eltern, *aus Mitgefühl*. Verstehst du? Sie haben sich doch so *bemüht*. Die Familie ihres Vaters ist seit zwei Generationen in London prominent oder, na ja, wohlhabend, und er hat eine Menge Geld gemacht, indem er auf dem Kontinent Papiererzeugnisse verkauft, und sie haben eine wirklich sehr große Wohnung am Eaton Square und auch all die richtigen Dinge zusammengesammelt, diese Täbris- und Buchara-Teppiche, Tilliard-Stühle, Sideboards aus Obstbaumholz, Grosvenor-Street-Lampen, Bücher, Bücher, Bücher, eine Hausangestellte, eine gar nicht schlechte Sammlung von Gemälden aus der Schule von Stubbs und einen Braque im Korridor, den der Alte 1953 für 865 Pfund gekauft hatte, um zu zeigen, daß sie wirklich *in* waren. Aber sie laden all diese zweitrangigen Freunde zum Essen ein, all diese furchtbar korrekten Amerikaner oder diese Geschäftsleute mit hinschmelzender Aussprache, die dann kaputtgeht, wenn sie betrunken werden, und Mutter tritt immer auf wie eine überreife Ange*törnte* in einem Pucci-Kleid oder so etwas Ähnlichem, warum müssen alte Frauen bloß Pucci tragen, und nach dem Essen greift Daddy immer nach diesem wirklich furchtbaren *Pfeifen*kram und führt ihn vor. Da holt er seine Pfeife und macht diesen widerlich gemütlichen, anheimelnden Kram mit einer Menge Sauggeräusche und Stopfen, und dann schlägt er mit dem Pfeifenmundstück nachdenklich gegen die Zähne, und Mutter bringt immer irgendsowas wie die Pinter-Stücke aufs Tapet mit dieser fruchtigen, kulturellen Ehrerbietung in der Stimme, die einen Kotzen macht – uuuaaaach – sie haben nicht das geringste Verständnis dafür, worauf es in Sues Leben ankommt, und auch nicht dafür, warum sie wirklich niemanden wie Mary, die Heathfield, mit nach Hause bringen kann.

Sie weiß, wie *das* ausgehen würde! Sue war einmal im Zug mit einer Menge Internatsmädchen, die von einem Ausflug ins Seengebiet zurückkehrten. Sie hatten alle ihre kleinen blauen Jacken an. Vier von ihnen waren in ihrem Abteil. Ein Mädchen war offensichtlich der Sonderling. Die anderen drei waren bestrebt, ihre Meinung über irgend etwas auszuquetschen, und rissen sie dann dafür in Stücke. Sie wurde damit nicht fertig. Sie war nur darauf bedacht gewesen, korrekt zu sein, die richtigen Antworten mit dem richtigen Akzent zu geben; aber natürlich zogen die anderen ihr gerade deshalb praktisch die Hosen runter mit ihrem Spott.

Schließlich stieg sie in Crewe aus. Sie verließ das Abteil, und der Schaffner half ihr bei ihrem Gepäck, als eines der drei Mädchen sagte: «Sehn wir uns doch mal die Eltern an.» Die Eltern des armen Mädchens waren zum Bahnhof gekommen, um sie abzuholen, und nun gibt es da auf dem Bahnsteig die große Familienszene. Also drücken die drei Mädchen ihre Gesichter gegen das Fenster und spielen diese ausgeklügelte Pantomime des Winkens und Grinsens, als dächten sie, dieses Mädchen sei das großartigste Geschöpf der Erde, und als nähmen sie in großmütig herzlicher, kameradschaftlicher Schulmädchenweise Abschied. Dabei sagten sie in Wirklichkeit solche Sachen wie: «Ach du lieber Gott, guck dir bloß *die Mutter* an.» Und da draußen stand die Mutter des Mädchens auf dem Bahnsteig, eine angenehm aussehende Frau, wie man von Mrs. Chruschtschow zu sagen pflegte, nicht gerade gepflegt, versteht sich. Sie trug ein einfaches graues Kostüm und eine Bluse, offensichtlich aus Reyon, und eine Art schäbigen Mantel von der Stange und – «Ach, seht euch *den Vater* an! Der Schnurrbart! Die Pfeife! Die Hosen! Der ist vielleicht rührend!» Aber der Vater sah ganz in Ordnung aus, bloß daß er einer von jenen Männern mit Kugelbauch war, der diesen zu verdecken sucht, indem er seine Hosen hochträgt, so daß der Gürtel ihm bis etwa an die Brust reicht, und der kugelförmige Darm quillt dann unter dem Hosenschlitz hervor, als wäre er schwanger oder sonstwas, und er hat diesen, na ja, man kann es nicht beschreiben, diesen hoffnungslos nach Mittelengland-Mittelklasse aussehenden Schnurrbart – und die Pfeife – die Pfeife dürfte alles besagen – und «Goodbye! Goodbye!» – Und die Heathfields spielen ihr Lächeln und ihr Winken durchs Fenster wie die Irren, so daß *die Mutter* und *der Vater* herübersehen und zurückwinken, es ist doch so nett, daß ihre Tochter diese wunderbaren, herzlichen Schulfreundinnen im Zug da hat, mit ihren netten kleinen Schuljäckchen – sie winken den netten kleinen Mädchen zu und lächeln – *der Vater* winkt, *die Mutter* winkt, und *die Mutter* ist ganz besonders hingerissen und macht noch einen kleinen kessen Ruck mit dem Kopf, während sie winkt – Ooh! – Ooh! und, o Gott, das ist *zuviel*, die drei Mädchen am Fenster fallen vollkommen aus der Rolle, sie lachen sich halbtot – hahahahaaaaah – pfffffff – pff – ffffff – und drei englische Upper-Class-Schulmädchen winden sich vor Lachen hinter dem Fenster in einem spastischen Lachkrampf. Draußen auf dem Bahnsteig, auf der anderen Seite des Fensters, können *die Mutter* und *der Vater* sich nicht ganz einen

Vers darauf machen, was da geschehen ist, ihr Lächeln und ihr Winken erstarrt gewissermaßen in der Bewegung; aber das Mädchen weiß genau, was passiert ist, und der Ausdruck auf ihrem Gesicht ist voller Demütigung, Entsetzen, Verzweiflung, und der Zug fährt an, während die Szene sich abspielt – und Sue bringt ganz sicher nicht Mary, die Heathfield, *zu sich* nach Hause. Diese *Pfeife*, damit fängt es doch schon an . . .

Sues Mutter möchte mit ihr den ganz großen Mutter-Tochter-Dreh anfangen; aber sie begreift überhaupt nichts. Sie regt sich zum Beispiel auf, wenn sie Sue zusieht, wie sie ihr Haar auf dem Bügelbrett plättet. Mensch, guter Gott auch, das ist doch gar nichts Ungewöhnliches. Alle, die sie kennt, oder wenigstens alle mit dem Haar, mit blondem Haar, tun das. Sie kniet auf den Boden, legt ihren Kopf auf das Bügelbrett, breitet ihr Haar darauf aus und *bügelt* es dann. Sie stellt das Eisen auf mittelwarm. Durch das Bügeln bekommt das Haar jenen perfekten modischen Londoner ungelockten Look, wie Königin Ginevra aus der Artussage, wie sie Arthur Rackham oder ein anderer Romantiker gezeichnet hat, und außerdem erhält das Haar dadurch Glanz. Na schön! Es ist verrückt, wenn man da ein Mädchen mit dem Kopf auf dem Bügelbrett sieht, ihre Wange dagegengepreßt, und ihre Augen quälen sich in einem irren Winkel, und sie bügelt ihr eigenes Haar – aber wer guckt da schon zu? Und hinterher *sieht es großartig aus.*

Die Mäuse, die *tun* so etwas. Und außerdem kann Sue sicherlich nichts dafür, wenn die Londoner Society so ist. Die ganze Welt ist in vier Kategorien aufgeteilt, die Mods, die Intellektuellen, die Mäuse und die Heathfields. Die Mods sind Arbeitermädchen, Ladenmädchen, Büroangestellte und so weiter. Die haben eigenartigerweise die ganzen neuen Moden angefangen, aber sie sind vollkommen hirnlos, und *die Stimmen* – die kann man sich einfach nicht vorstellen. Vorwiegend begegnen die Mäuse intellektuellen Mädchen. Sie sind die Töchter von Intellektuellen, von diesen vernebelten Lehrern und Journalisten und so was, und alles, was die Mäuse tun, verspotten sie als «modisch». Alles ist «modisch», aber sie haben Bücher dabei wie die Taschenbuchausgabe von Gibbons *‹Aufstieg und Untergang des Römischen Weltreiches›*, die ihnen Freunde zu lesen empfohlen haben – *Gibbon!* –, und sie ziehen auch los, um sich Folksinger in der Albert Hall anzuhören, tragen Sandalen und mischen sich unter diese stupiden Demonstrationen. Das ist doch alles wirklich zu erbärmlich. Es bleiben also die Mäuse und die Heathfields.

Dabei ist es doch so – da gibt's diese Zeit im Leben eines englischen Society-Teenagers von dem Zeitpunkt an, wo das Mädchen mit 16 oder 17 aus der Schule kommt, bis es dann heiratet; zwischenzeitlich hat man eigentlich nie irgend etwas zu tun gehabt, außer auf Parties zu gehen. In Amerika würden all die Mädchen aufs College gehen, aber in England tun das nur sehr wenige. Einige gehen dann noch auf eine Finishing School, wo man den letzten Schliff bekommt, in der Schweiz, in Montesano oder Gstaad oder in irgend so einem Ort. Aber meist kann man eigentlich gar nichts anderes tun, als über Kleider, hübsche Sachen und Parties nachzudenken.

Aber auf einmal begannen die ganze Mod-Masche, die ganzen Stile und alles, und es war genauso wie zur Regency-Zeit, als die Oberklasse plötzlich den Stil der unteren Schichten, den Paria-Stil, nur so zum Spaß annahm – und da hatten die Mäuse ihren Einstieg. Sie begannen, auf klassenlos zu machen – oder wenigstens die Regeln zu durchbrechen, die die Heathfields stets vorgeschrieben hatten.

Die Heathfields zum Beispiel sind der Vorstellung vom anti-zerebralen, anti-ernsthaften, anti-engagierten, anti-was-auch-immer verschrieben, wenn es nur so aussehen könnte, als strenge man sich dabei an. Verläßt eine Heathfield zum Beispiel die Schule, dann ist der einzige Job, den sie annehmen kann, etwas total Geistloses, das vollkommen durchschaubar sein muß und nicht ernst zu nehmen ist. So gehen die Heathfields schließlich hinter die Theke in der Snackbar bei Fortnum & Mason, oder sie werden Assistentinnen von Fotografen, auch immer wieder mal Sekretärinnen, obwohl das schon ein bißchen *hart* ist.

In der neuen Zeit ist ein Job als Assistentin bei einem gesellschaftlich gerade noch annehmbaren Fotografen etwa die Grenze, obwohl sich selbst die Heathfields dabei nicht ganz wohl fühlen. Belinda hatte mal einen Job als Fotomodell. Der Fotograf nahm sie zu Aufnahmen in den Hyde Park mit, und da war eine Heathfield als Assistentin. Als sie dann alle in den Park trotteten, blieb die Heathfield . . . immer weiter zurück, sie ging ganz besonders unbeteiligt und geistesabwesend – damit nur ja niemand annehmen könnte, daß sie in irgendeiner Weise dieser dreckigen kommerziellen Karawane angehörte.

Mittlerweile entdeckten die Mäuse Karrieren und Geschäfte, die in irgendeiner Weise mit dem neuen Stil zusammenhingen. Belinda – fast perfekt ausgezehrt! – begann als Modell zu arbeiten, Nicki hat vielleicht mal was im *Queen*-Magazin –, und sie hatte schon ein Geschäft am laufen, indem sie die phantastischen Pullis verkaufte, die man auf den griechischen Inseln strickt. Bei den Mäusen ist es die ganz große Masche, statt eines Kalenders Rechnungsblocks mit sich rumzuschleppen. Die Heathfields haben alle diese ledernen Terminkalender, die über ein Pfund kosten, und Mary ist das wirklich klargeworden, als sie einmal mit Nicki einen Termin absprach und ihr Lederbüchlein mit Goldprägung rauszog, während Nicki einen Rechnungsblock nahm und den Termin auf die Rückseite schrieb. Da sah Mary sie voller Zweifel und Verwunderung an. Aber das ist die typische Déclassé-Geste, auf die sich die Heathfields immer schon spezialisiert hatten.

Die Mäuse *engagieren sich* in der Mode und wissen wirklich, wie man auszusehen hat. Eine Heathfield kann man immer gleich erkennen. Die versuchen den *Mod*-Kram, aber immer . . . paßt alles viel zu gut. Eine Heathfield geht in die Boutique zu Biba und kauft sich einen von diesen billigen Hosenanzügen in lilarot und gelb für etwa 5 Pfund – und dann kauft sie sich dazu passend ein Paar Schuhe für 10 Pfund und wandert zu Gucci's, wo sie sich eine passende gelbe Handtasche für 40 Pfund mitnimmt, und nachdem das alles geschafft ist, sieht eben alles – na ja, viel zu passend, viel zu perfekt aus.

Die Mäuse sind in dieser Hinsicht origineller. Das Kleid, das Sue anhat – sie ist einfach auf die Portobello Road gegangen und hat sich das in einem von den Kramläden gekauft. Es ist aus mandarin-orangefarbenem Samt, der Saum etwa zwölf Zentimeter über dem Knie, und das Oberteil ist tief ausgeschnitten und hat bloß Schulterbänder, so nach Art einer richtig aufgedonnerten Mieze von 1926, wie man sich das so vorstellt, wobei das Oberteil ihres Busens wie zwei wabbelnde Puddings zu sehen ist. Heathfields würden nie daran denken, in die Portobello Road zu gehen, um so etwas zu suchen. Sie gehen bloß auf die Portobello Road, um auf der Portobello Road zu sein. Einmal traf Sue drei Debütantinnen, die sie kannte, auf der Portobello Road. Zwei von ihnen hatten schwarze Samthosen und -jacken an, natürlich genau zueinander passend, perfekt aussehend, und sie ging ein Stück mit ihnen, als plötzlich eine ganze Gruppe Mädchen aus ihrer ehemaligen Schule in ihren Schuljacken und allem, was dazugehört, von einem Schulausflug vorbeikamen – und ach du lieber Gott, die drei zogen da auf der Straße eine absolute Nostalgie-Orgie ab. Sie umschlangen sich gegenseitig und sagten: «Mein Gott, denk dir nur, daß wir auch mal so waren! Mein Gott!» – und so weiter und so fort, als sie diese vorbeiparadierende Gruppe kleiner Mädchen, die alle bleich vom verkochten Schulessen, alle pummelig vom klebrigen Internatsfraß waren und da ihren Ausflug machten – «Mein Gott, denk dir nur, daß wir auch mal so waren!» – denn es war gerade das Jahr oder auch die beiden Jahre, als sie auch so waren, diese Riesen-Nostalgie-Orgie, wir auserwählten wenigen, und Sue stand bloß dabei und guckte, die arme Sue, sie konnte überhaupt nicht verstehen, was diese phantastische Erfahrung bedeutete, auf jene Internatsschule gegangen und auf Ausflügen wie diesem gewesen zu sein. Die reden immer von ihren Exkursionen. Die gehen nicht in Museen, ins Theater oder in Konzerte, weil sie sagen, all das haben sie schon in der Schule *abgemacht*. Sie gehen auch nicht in ausländische Filme, weil die geistig gesehen zu sehr für die Masse sind. Ihre Vorstellung von einem großen Film ist ‹*Dr. Schiwago*›. Sue hat mal eine Heathfield gefragt, ob sie mit ihr in ‹*Das Messer im Wasser*› geht, und die Heathfield hatte geantwortet: «Ist der nicht von irgendeinem *Polen*?»

Natürlich ist das *stupide, kretinös, hirnlos* – und doch, so sind sie nun mal, diese Prozession bleicher, verquaster, pummeliger, klebriger kleiner Mädchen, die nichtsdestotrotz zum Sieg marschieren, so daß *sie* dann auf der gottverdammten Portobello Road in perfektem schwarzem Samt stehen und heulen und sich gegenseitig an die Brust fallen können, um zu sagen, mein Gott, denk dir nur, daß wir auch mal so waren – denn wir *sind* ja alle einander gleich, wir *hängen aneinander* wie irgendein Einzeller aus dem Urschleim, und wir lassen all die kleinen Sues, die armen Sues, am Rande liegen, so daß sie zugucken können und sich schämen und wegsehen, als mache es ihnen gar nichts aus, bloß noch Luftschlösser zu bauen und ihr Mauerblümchendasein zu fristen . . .

Jedenfalls hat Sue Crispian Chinless, diesen kinnlosen Knaben, wie immer er auch heißen mag, auf der Party aufgefischt. Er sagte, essen wir doch zusammen und gehen in den Garnisonsclub. Das wäre prima. Alle Leute, die von der Party weggingen, waren auf dem Weg zum Garnisonsclub. Alle sagten, dann treffen wir uns in der Garnison, der Garnison, der Garnison, und plötzlich trug Sue Crispian Chinless praktisch wie ein Medaillon. Sie ertappte sich dabei, wie sie selbst kreischte: treffen wir uns in der Garnison. Sie konnte sich das gut vorstellen. Sie würde mit ihrem original Crispian Fetlock-Withers in den Club reinmarschieren, mitten im blutwurstfarbenen Plüsch und zwischen wichs-mir-meinen-militärischen-Schnurrbart-braunen Leder und diesen nachgemachten Lampen, die so aussehen, als wären sie aus alten Pickelhauben mit reingeschraubten Glühbirnen gefertigt – da sitzen dann auch Nicki und Belinda und Mary, das Heathfield-Mädchen, und sie sehen, wie sie reinmarschiert kommt. Darum geht es! Sie müssen das *sehen*. Das ist doch klar, oder?

Nur hat sie Crispian Chinless nicht zum Abendessen zum Garnisonsclub mitgenommen, sondern in so ein Rollkragenpullover-Restaurant, in das *235* auf der King's Road – *das 235*. Dann wurde es klar, daß sie gar nicht in die Garnison gehen würden. Jetzt zieht Crispy diese ganze krumme Schau mit dem Pistenass-Fahren in Klein-Venedig ab, was dann zu dem Augenblick führt, wo er sagt, gehn wir doch auf meine Bude – oder er setzt sie ab.

Er setzt sie ab! Mein Gott noch mal, nach all dem Getue mit Wir-sehn-uns-hinterher in der Garnison. Selbst die Mäuse aus der Middle-Class wie Nicki und Belinda oder die Heathfields wie Mary sind jetzt im Garnisonsclub, nur sie ist nicht da, aber *sie* sind da, die Heathfields sind wieder supercool, und die Mäuse quietschen zuviel vor lauter Aufregung und falscher Heiterkeit. Irgend jemand kreischt ganz sicher «Nein, nein, nein, nein, nein» – die Mäuse regen sich immer auf, und sie sagen nie nur einmal ja oder nein – es heißt immer «Nein, nein, nein, nein, nein», fünfmal, ein klar zu erwartendes Versmaß, «Nein, nein, nein, nein, nein!» So hat sie das gemacht – und dann machen sie immer irgend so ein armes Mädchen nach, wie Sandy, ein Mädchen aus der Middle-Class, niemals eine Heathfield, die irgendwie eine lächerliche Geste gemacht hat, mit den Hüften wackelnd über die Straße gelaufen ist oder irgend so etwas, obwohl wirklich keine von den Mäusen in der Hinsicht auf irgend etwas stolz sein kann, selbst nicht Belinda oder Nicki. Die Mäuse laufen nämlich einfach falsch. Alles schlackert seitlich wie Vogelflügel, die Beine schlackern wie die einer alten Lumpenpuppe, als wären sie seitlich eingehängt, ihre kleinen Brüste schlackern, und sie kreischen und schreien. Die Heathfields – niemand kann sich daran erinnern, jemals eine Heathfield laufen gesehen zu haben. Die rennen *einfach nicht*. Und das ist der ganze Trick.

Die Heathfields laufen nie und, sie kreischen nie. Ihre ganze Masche ist, immer . . . supercool zu bleiben. Öde öde öde öde öde öde. Sue war mal bei Mary, der Heathfield, zu Hause und fand da ein Stück Papier, auf das Mary immer und immer wieder auf der Schreibmaschine das Wort öde öde öde öde öde geschrieben hatte. Nichts anderes, und Sue war – na ja, sie wünschte, sie hätte das selbst auf ein Stück Papier geschrieben und es ganz beiläufig herumliegen lassen . . . aber . . .

Die Heathfields ziehen auch keine Grimassen beim Sprechen wie die Mäuse. Sie ziehen die Nase nach oben wie ein Kaninchen und drücken den kleinen Hautbeutel mit der Zunge heraus, wie immer der auch heißt, dieser Hautbeutel, *uaaaach* – wie auch immer, er verläuft von der Unterlippe zum Kinn und bedeckt die unteren Zähne, ach Gott, na ja, da steht das Ding jedenfalls im Gesicht –, das drücken sie dann raus, um allgemeines Mißfallen über was-auch-immer zum Ausdruck zu bringen, zum Beispiel über Sandys «komische Figur».

Sie sind alle so paranoisch auf die winzigsten Einzelheiten von Stil und Annehmbarkeit bedacht, sie gehen bis ins unglaublichste klinische Detail, wenn es um anderer Leute komische Figuren geht, etwa daß Sandy . . . an den Hüften einen *dicken Knoten hat* und – quietsch, schrei – ihre Beine sich nicht . . . *richtig bewegen*, und dann macht Nicki eine komische Bewegung mit ihrem Ischium, um zu zeigen, wie Sandys Hosen immer . . . *zu eng* sind, was bedeutet, daß sie . . . *zuviele Falten werfen*, und dann steigern sie sich alle in diese klinische Orgie, wenn sie erzählen, welche Falten und Vertiefungen sie meinen, so zum Beispiel die unteren, wo ihre Gesäßbacken in die Schenkel übergehen, und dann die andere Vertiefung über den Bikinihöschen – über all das reden sie – und dann diese . . . *Vertiefungen*, vorn und hinten – man *glaubt*, quietsch, schrei – wo die Hosen praktisch verschwinden . . . *aufwärts an ihrer* – quietsch! schrei! oh! oh!

Sue quietscht, schreit, lacht, spottet, macht Sandy gemeinsam mit den übrigen runter – aber erinnert sie sich nicht an die ersten Hosen, die sie sich hat machen lassen? Und ob sie sich erinnert! O Gott. Das war die unglaublichste Mischung aus Sex und Status. Zunächst war es ganz Status. Sie war fast 15 und mußte sich einfach enge Hosen machen lassen. Aber dann kam dieser komische Augenblick. Der Schneider war ein ziemlich alter Mann, etwa 55 oder so, und er mußte die Innenseite ihrer Schenkel abmessen. Das war sonderbar! Er war ein alter Mann, und er *war* ein Schneider, das war schließlich sein Handwerk, aber er mußte seine geile alte Glockenseilhand mit dem Maßband ausgerechnet an der Innenseite ihres Schenkels hochdrücken und messen; denn die Hosen müssen etwa so eng sitzen – und das ... war sexuell! Ja! Nicht in der üblichen Weise, aber, na ja, man weiß nicht genau, wie man das sagen soll, es war eben sexuell.

Und als sie zum erstenmal die Hosen anzog – das war ein Gefühl, von dem sie nicht einmal Nicki und Belinda in einer jener klinischen Diskussionen erzählen konnte, wo das Reden über intime Dinge ganz groß geschrieben wird, Dinge, *über die man nicht spricht*, über eine schwere Periode zum Beispiel oder über Nickis Wette, ganz bestimmte Negersängerinnen mit «soul» hätten sehr schwere Perioden, über solche Sachen eben. Jedenfalls zog Sue die Hosen an und konnte fühlen, wie die Hosen ihr ganzes geheiligtes, dunkelfeuchtes ischiales Tabu-Wunderland von Falten, Klappen, Deckhäutchen, Geweben packte ... bloß so. Sie fühlte sich sexuell erregt und zugleich ... *ganz in*, ein Ausdruck, der natürlich nie über ihre Lippen käme, es sei denn, sie meinte es sarkastisch. Es war Sex, aber zugleich Status, und es war Status, aber zugleich Sex. Und in dem Augenblick – wird ihr Crispy Fetlock-Withers entweder sagen, er habe Kopfschmerzen oder, gehn wir auf meine Bude.

Sex und Status! Die ganze Masche ist doch, daß Crispy Chinless sie einfach auf seine Bude mitnehmen *wollen muß*, er muß sie doch attraktiv finden. Dann kann sie Nicki und Belinda, wenn auch nicht Mary, der Heathfield, Bericht erstatten, und dieser vordringliche Gedanke ... *überflutet* die ganze Erwartung, wie es denn wohl sein wird, wenn sie erst einmal auf seine Bude kommen. Wie die furchtbare Geschichte, die Sandy mit dem Fotografen, oder was immer er war, im letzten Herbst passiert ist. Sandy ging auf eine Debütantinnenparty und wurde von einem umwerfend aussehenden Fotografen – sagte er – aufgerissen. Er war angezogen wie Bill Travers, als der Toulouse-Lautrec spielte. Seine Bude war ganz weit draußen auf der Fulham Road, vier Treppen hoch, und er hatte keinen Strom oder Gas und bloß eine Matratze auf dem Fußboden. Er machte einen Primuskocher an. Das war furchtbar, aber Sandy wollte nicht das Gesicht verlieren. Später fiel er einfach in die Bude darunter ein, um ein Handtuch zu leihen. Da unten war eine Menge los mit Ächzen, Stöhnen und Schreien.

Das war so erbärmlich, Sandy konnte *das* Sue und Nicki und Belinda auch kaum erzählen; aber natürlich tat sie es schließlich doch, wobei sie die Geschichte mit dem Strom, dem Primuskocher und dem Handtuch ausließ. Sie spottete auch über den angeblichen Fotografen, als sie die Geschichte erzählte. Dabei ist es doch so, daß die Mäuse auf gewisse

Weise den Heathfields überlegen sind. Sie sind etwas weltgewandter, unabhängiger. Sie haben Liebhaber. Mit 17, spätestens mit 18 muß man einen Liebhaber haben – na ja, wenigstens in der Lage sein, über einen Liebhaber zu reden. Alte, geile, abgetakelte angebliche Fotografen mit schmierigen Matratzen, schmierigen Primuskochern, schmierigen Handtüchern und schmierigem Leben sind *nicht der wahre Jakob.* Es kommt darauf an, jemanden zu haben wie Belindas kurdischen Klumpfußliebhaber. Der ist Student in Paris und ein Flüchtling – sagt er – aus Persien, und wenn er in London ist, stellt sie die wildesten Dinge an, geht zum Beispiel mit ihm zu Harrod's und klaut da Sachen, Tassen mit den Viechern der Königin drauf, einen stumpfsinnigen gefrorenen Hummer aus dem großen Saal im Erdgeschoß, alle möglichen verrückten Dinge tut sie, und dann erzählt sie jedem davon bei *Grumbles,* dem Restaurant.

O Gott, Nicki in Paris mit ihrem kurdischen Klumpfußliebhaber. Patronengürtel, Dolche, Maschinenpistolen und Klumpfuß bieten dem persischen Tyrannen mit neo-konkreter Poesie die Stirn. Sue lag eine Zeitlang im Bett und . . . *stellte* sich Nicki mit ihrem kurdischen Klumpfußliebhaber *vor,* schloß die Augen, ein paar schlanke Teppichmuster drehten sich hinter ihren Augenlidern, und dann lief die Szene nicht in Paris ab, sondern irgendwo an einem Strand, zum Beispiel auf einer griechischen Insel, und Nicki und ihr kurdischer Klumpfußliebhaber saßen in einem Ruderboot. Stell dir vor! – die ganze Zeit in einem Ruderboot bei Sonnenuntergang, und Sue konnte seinen Klumpfuß nie sehen, konnte sich nur eine phantastische . . . *Vorstellung* davon machen.

Der Liebhaber eines 17jährigen englischen Mädchens kann nicht nur schlichtweg ein aufmerksamer, netter Mensch sein, der ihre Hand ablutscht und mit den Füßen ihre Schienbeine reibt. Er muß aufregenden Erzählstoff abgeben. Ein erfolgreicher Fotograf ist in Ordnung, das heißt, ein wirklicher Fotograf, weiß Gott, Fotografie ist plötzlich große Masche, ein Boutiquen-Inhaber ist in Ordnung, selbst einer, der einen Friseursalon hat, wenn er nicht *allzu* abscheulich ist, Schauspieler, Graphiker, keine Leute vom Fernsehen, aber ganz gelegentlich, *uaach,* ein Journalist, wenn er dünn ist, keine ausgebeulten Hosen hat und nicht so aufgedunsene Piratenkneipensäcke als Wangen. Mit einem Jungen gleichen Alters kann man überhaupt nicht ausgehen, mit einem Schüler etwa, man kann einfach nicht mit einem . . . Jungen ausgehen, Punktum, es sei denn, er ist ein Student aus Paris oder so etwas, ein mysteriöser Knabe mit modischem Akzent, irgend so einer. Man muß – na ja, man muß einen Liebhaber haben, von dem man auch, verflixt noch mal, erzählen kann, das macht es erst sexy, oder ist es so unverständlich, daß man kaum je Sex *empfindet* ohne Status?

Sue möchte ganz gern wahrhaben, daß die Heathfield-Debütantinnen zu behütet gewesen sind oder einfach nichts von kurdischem Honig verstehen, von schmierigen Buden und Primuskochern, aber sie weiß, daß dem nicht so ist. Es gibt ja die Typen aus der Upper-Class, die im Sommer als Au-pair-Mädchen nach Italien runterziehen und in den Badeorten in Diskotheken arbeiten; sie tun absolut nichts, aber die ganze Masche ist eine exquisite Verrücktheit. Sie nennen sich dann «die Hexen» und bringen die armen italienischen Männer auf die Palme. Italienische Männer! Die sind ja so heimelig. In Rom zum Beispiel, *im bösen Rom.* Da haben sie diese heimelige alte Vorstellung von *Verführung,* und wenn sie mit einem jungen, zarten, blonden englischen Society-Teenager schlafen, drücken sich ihre kleinen Hühnerbrüste nach außen, und sie haben eine *Verführung* geschafft. Sie haben nicht die geringste Ahnung von englischen Mädchen, von Mäusen oder Heathfields. Ein Mädchen sagt ganz einfach, sie habe Langeweile, den da will sie, päng, päng, armer kleiner, hühnerbrüstiger Italiano, der immer ganz verstohlen in den Spiegel blickt, vor allem, um sexy auszusehen, nein, *romantisch,* so etwa stellen sie sich das doch vor, und sie zwitschern in ihren Kehlen, während sie . . .

. . . Na ja, manchmal geht das schon zu weit, muß man zugeben. Sue hat mal ein paar – na ja, Upper-Class-Mädchen – in Paris besucht, die Mädchen wohnten in einer komischen kleinen Straße, der rue de Savoie, ganz oben in einer Art Mansarde. Jedenfalls gingen die alle italienischen Katern an die Eier, wie die Neger es ausdrücken. Eines Tages tauchte ein Engländer in einem englischen Anzug auf und verkündete, daß er von – wie heißt denn bloß der allertypischste Devonshire-Gutsherr – aufgefordert worden sei, nach Paris zu fahren und sich dessen Tochter Mary einzufangen. Das ist *eine andere* Mary. Na ja, sie hatte sich, verflixt, fünf Tage lang nicht mehr in der Wohnung sehen lassen. Deshalb war überhaupt ein Bett für Sue frei, aber dieser Engländer sagte, er würde einfach warten. Er war ganz einnehmend. Er erzählte eine langweilige Theorie, warum es leichter sei, in Paris rumzukommen, wenn man nicht Französisch spräche; denn die Franzosen verbrächten die ganze Zeit damit, auf irgendeine pingelige Weise querzuliegen, und er mußte natürlich aufzählen, auf welche Weise.

Jeden Morgen kam er wieder und wartete, als hätte er mit dem alten Gutsherrn einen Vertrag auf Blut und Ehre unterzeichnet, Mary zurückzubringen. Bisweilen gab es eine etwas peinliche Szene, wenn Elizabeth, eines der Mädchen, hinter dem großen Bettuch, das sie als Wandschirm aufgespannt hatten, mit ihrem hageren kleinen italienischen Liebhaber hervorkam und rausging, um irgendeinen ganz ausgefallenen, pittoresken Fisch oder eine Wurstangelegenheit für ein ausgefallenes pittoreskes Frühstück mit ihrem italienischen Liebhaber zu holen, während der Engländer im gestreiften Hemd herumsaß, verschwiegen aussah und der Italiener schlapp dahockte, Ach-hoffnungslose-Jugend hervorkehrte und Wie-gefallen-dir-mein-Profil-und-meine-engen-Hosen, und niemand sagte irgend etwas. Schließlich kam eines Morgens Mary an, Gott, sah die furchtbar aus! Sie hatte solch eine *billige* Sonnenbrille auf und einen großen, schmutzigen Regenmantel an, und ihr Haar sah aus wie ein verfilzter Wirtshausmop. Sie sah so furchtbar aus, daß es nicht einmal mehr lustig war. Der Engländer konnte kaum etwas rauskriegen, obwohl er die ganze Zeit gewartet hatte. Es stellte sich dann heraus, daß sie Nägel mit Köpfen gemacht hatte. Sie hatte einen Eingriff . . . in irgendeinem Gäßchen in Neapel machen lassen – *Neapel* – na ja, man kann annehmen . . .

Doch die Heathfields reden über so etwas nicht. Eine Maus vielleicht. Die Heathfields reden gern über Reisen nach Südfrankreich mit jemandem wie dem Prinzen Dings von Dingsbums oder dem Herzog von Dings oder dem hochehrenwerten Gedöns. Sie ist verdammt ärgerlich, diese ganze Ferienmasche. Eine der Gelegenheiten, wo sich die richtige Herkunft erweist, sagen sie. Die Heathfields verbringen ihre Sommerferien immer wochen- und monatelang in Superorten in Frankreich, Spanien, Italien, in der Schweiz; in Antibes, Biarritz, in solchen Orten eben. Dabei kommt es gar nicht darauf an, daß es ganz schön teuer ist, solche Ferien zu machen; denn viele von den Mäuse-Eltern haben Geld, und sie fahren nach Südfrankreich in die Ferien oder nach irgendeinem erbärmlichen Ort in Spanien. Weiß Gott, Spanien ist erbärmlich, und der französische Süden ist total langweilig, aber jedenfalls ist es die große . . . Masche, wie die Heathfields das anstellen. Die ganz große Masche ist, nicht die Ferien mit den Eltern zu verbringen und von einem wunderbaren Ort zum nächsten zu reisen, wobei man phantastische Freunde in phantastischen Villen, Palazzos und Kastellos besucht; denn um das zu können, muß man einfach zum . . . *réseau* gehören, zum Netz, und nur die Heathfields haben dieses Netz von Familien und Freunden in Antibes, Biarritz, Venedig, Capri, die alle ausgesorgt haben, abwarten können und lässig sind, umgeben von Dienern, denen das noch Freude zu machen scheint – alles perfekt eingerichtet und natürlich und . . . richtig.

Die Mäuse versuchen, möglichst viel aus einem Wochenende in Paris oder einer Woche in Paris zu machen, und sie kommen alle nach Paris. Sie machen auch alle die üblichen Touren, gehen alle in dieselben Pinten, ins *Kastell, New Jimmy* oder *Bilboquet,* wenn keiner Geld hat. Und im vorigen Sommer, mein Gott, das war wirklich nicht mehr anzusehen, im vorigen Sommer trugen alle Strickkleider, sehr sexy, versteht sich, aber so *gott*verflucht heiß. Alle in winzig-kleine Räume verpackt, zogen sie den Frug oder den Fat oder den Two-backed Beast oder irgend so was ab, schwitzten wie die Schweine unter all der Strickwolle, der ganze teure Schweiß quoll aus teurer Haut hervor, und jeder grinst trotzdem weiter und zeigt die Zähne, trinkt weiße tödliche Spirituosen, verrenkt sich und schlackert mit den kleinen Napfkuchen und dem Gänseklein bis zum Morgengrauen oder bis zur Erschöpfung durch Salzmangel, egal.

Crispian Chinless wendet den Kopf, vollbringt dann eine Menge aufgesetzter Bewegungen mit dem Lenkrad, sein frisierter Motor meldet sich und seine aufgesetzten Crispian-Lippen, er bremst mit einer Zentrifugalbewegung ab, hält an und wendet sich Sue zu . . .

. . . dann zuckt sein Kopf zurück und fällt wie ein großer, fetter Kürbis in seine Hand, er wischt sich die Stirn mit der Handfläche, und dann spricht er mit dieser furchtbar gefaßten Sprachlosigkeit des Leidens!

«Weißt du –» nur er sagt ‹weißt›, als hieße es weeeeiiiiiißt, als hätte er ein Polyeder im Mund und hüllte das ‹weißt› bloß darum, es in zwölf Silben zerlegend – «ich habe wohl zu Mittag eine vergiftete Forelle gegessen, weeeeeeeiiiiiiißt du? Das ist . . .»

Eine vergiftete Forelle?

Nicki! Belinda! Und *du,* du . . . braungesichtiges kleines Instrument des eigenen braungesichtigen kleinen Schicksals . . . Chinless Crispians Tomatengelee-Lippen bewegen sich, und Worte kommen hervor. Es tut ihm *sehr leid,* aber Sue vernimmt das gar nicht. Die Demütigung strömt wie aus einem Dampfventil in ihr Gehirn, so daß sie nichts hören kann, ihr Kopf beginnt zu rasen, sie fängt an, den ganzen Abend Augenblick um Augenblick auseinanderzufetzen, mein Gott, was hat sie da noch gesagt, als er sagte, was auch immer, bevor sie noch zum *235 – der 235* – gingen, was konnte das nur gewesen sein, was sie da sagte – o Gott, aber schließlich *ist sie ja nicht* Belinda, sie nicht.

Fast perfekt ausgezehrt, mit ihrem kurdischen Klumpfußliebhaber . . .

12 Ein ganz privates Spiel

Zum Teufel mit den amerikanischen Hormoncreme-Magnaten, die ihre riesigen Geldsäcke am Chemin-de-fer-Tisch bei Aspinall's verlieren. Zum Teufel mit den stahlblauen Griechen, die ganz auf cool und schwarz bei Crockford's machen. Zum Teufel mit den blöden Zockern – blöd! –, die vor Mr. Smith in den Rinnstein fallen und sich dabei den Steiß brechen. Zum Teufel mit George Rafts eingetragenem und mit Urheberrechtsschutz versehenem Silbergrinsen im Colony-Club . . .

. . . nur ein kleines, ganz privates Spiel. Ein kleines, privates Spiel. Ich nahm ein Taxi, und etwa um Mitternacht hielt ich vor einem Haus in der -Straße. Vor dem Hauseingang stand ein junger Mann in Hemdsärmeln und blies mächtige Atemfahnen in die Dunkelheit. Draußen war es ziemlich kühl, und er mußte sich ungeheuer anstrengen, diese komplizierten Atemspuren ins Dunkel zu pusten.

Ich dachte, er stünde Schmiere; also bin ich aus dem Taxi ausgestiegen, zu ihm hingegangen, hab mich vorgestellt und ihm meine Hand entgegengestreckt. Das muß ihn verblüfft haben, denn er gab mir seine Hand, als würde er mir ein Paket geschmuggelten Puddings in die Hand drükken. Wahrscheinlich gibt niemand einem Tea Boy in England die Hand. Denn als ein solcher erwies er sich, als ein Tea Boy – das ist jemand, den ein Club hat, normalerweise ein Junge, manchmal aber auch irgendein alter Mann, der Tee holen geht, Kaffee, Schnittchen, der Bestellungen erledigt und so weiter für die Zocker beim Spiel, der nimmt wohl auch die Mäntel ab oder steht Schmiere.

Er bittet mich hereinzukommen, nach innen in den Korridor oder in den Empfangsraum im Erdgeschoß. Ich sage ihm, wessen Freund ich bin, und er sagt, einen Augenblick bitte, um darauf in einem anliegenden Zimmer zu verschwinden. Hier ist es absolut ruhig. Bloß eine Menge dunkler Stuck auf den Wänden und ein paar mittelalterliche Stühle auf dem Boden. Es zieht; drinnen ist es kälter als draußen.

Plötzlich ist der Tea Boy wieder da, wirft laufend Sirs ins Gespräch, zeigt auf einen Treppenaufgang und bedeutet mir dann, soundso viele Treppen hinaufzugehen und an eine bestimmte Tür zu klopfen . . .

Eine bestimmte Tür! Da oben irgendwo ist das neueste, gutlaufende, bewegliche, illegale, private Dauerspielkasino in London. Noch während ich die Stufen hinaufging, dachte ich über die Ironie der Situation nach. Das Glücksspiel – in lizenzierten Clubs – ist nämlich in England seit dem Glücksspielgesetz von 1960 legal. Es gibt allein in London ungefähr fünfundzwanzig legale Kasinos mit kompletter Ausstattung. Warum möchte da wohl irgend jemand in ein privates, illegales Kasino gehen und

Gefahr laufen, mit der Polizei zusammenzustoßen, verhaftet zu werden, in einen Skandal zu geraten, in die Zeitungen, in den Ruin . . .

Es stimmt, daß die legalen Kasinos als Privatclubs eingerichtet sind, und einige von ihnen wie Clermont oder Aspinall's, das nach John Aspinall benannt wird, dem der Club gehört – über ihn wird später noch zu reden sein –, einige von ihnen wie Aspinall's sind wirklich exklusiv. Aber praktisch hat jedermann in England einen Freund, der Mitglied eines Clubs ist und ihn zum Spielen mitnehmen kann. Zum Teufel, in vielen dieser «Clubs» ist es so, daß, wenn ein Mann mit Geld und mit gerade auf den Schultern sitzendem Kopf mehr als fünf Minuten warten muß, um «Mitglied» zu werden, dies als eine verflixt unhöfliche Situation gilt. Was die Touristen mit Bargeld in der Tasche angeht – ein Amerikaner kann zu einem dieser Clubs gehen, und der Mann vor der Tür blickt aus seinen überhängenden Augenbrauen auf ihn hinunter. Dann fragt er mit diesem steifen Ton in der Stimme: Sind Sie Mitglied, Sir, und der Amerikaner sagt vielleicht etwas herablassend nein, aber dann verwandelt sich plötzlich das Gesicht des Mannes und wird ganz anders, wie das eines Plastikmenschen, und – Na ja, Sir, yes Sir, yes Sir, Ihr Lächeln gilt bei uns jeden Tag der Woche als Mitgliedskarte.

Im Treppenaufgang brannte nur ein trübes Licht. Ich stieg immer weiter hoch und kam schließlich an die Tür, von der der Tea Boy gesprochen hatte. Es war immer noch ganz ruhig, kalt, finster und zugig in irgend jemandes altem, modernden Stadthaus. Die Tür war schwer und trug eine Masse reicher Verzierungen. Ich klopfte, aber niemand antwortete; also drehte ich einfach den Türknopf, stieß die Tür auf, und . . .

Heiliger Bimbam!

. . . drinnen war die Szene so, wie ich sie mir nach Edgar Allan Poes Kurzgeschichte ‹*Die Maske des Roten Todes*› immer vorgestellt hatte, wenn die durch alle Zimmer in dem großen alten, modernden Schloß oder was auch immer gehen und schließlich in das letzte Zimmer kommen, wo jeder noch einmal ganz zum Schluß in einem Raum schwelgen kann, der vor rotem Samt, Gold, Goldbronze, schwerem Glas zu erstikken droht – drinnen, sobald ich die Tür geöffnet habe, überrollt mich diese großartige wallende Fülle, sherrygelbe Lampen, rotleuchtendes Braun, jagdblutiges Rot, erstickende Mengen, Mengen, Mengen von Merino-Wollstoff, Samt, Wandteppiche durchwirkt, satt durchwirkt, ganz satt durchwirkt mit Goldfäden, Glockenleisten und eiförmige Leisten, die alle aufzuquellen scheinen durch die Hitze der irgendwie angstvollen Spieleratmosphäre, durch die schmorenden Achselhöhlen der Zocker, ein stagnierender Nebel von Zigarettenrauch, dazu Stimmen, ein tiefes Blubbern von Stimmen und klickenden Chips, und eine Frau mit tiefer Stimme und einem osteuropäischen Akzent sagt: «. . . meglich lange Farbe . . . Straigt kommen . . . nix Hilfe . . .»

Das Ganze spielt sich in einem riesengroßen Eßzimmer voller grünflanellbeschlagener Spieltische ab, an denen sich junge Männer und ein paar Frauen drängen, alle blühend und vollreif inmitten verbleichender Louis XVI.-Handarbeit, ausgelegt mit alten Sultanabad-Teppichen mit weißen Drillichflicken, wo die Einschlagfäden durchscheinen, und inmitten des unglaublichsten Haufens von vergoldeten Tischen, Sideboards und Kommoden, auf die je mein Auge gefallen ist, Aufwallungen von Rosenholz und Muschelgold, jedes Tischbein in der Form einer großen, schwellenden, edelsteinbedeckten Babynutte mit leeren Augen und vergoldeten Brustwarzen, die sich nach oben in einem Erguß von Akanthusblättern recken – perfekt!

Sonderbarerweise sitzt vor dem Kamin ein junger Mann in einem pflaumenfarbenen Hemd, zurückgelehnt in einen Ohrensessel, dessen Rücken zum Zimmer hin steht und dessen Ohren wie Scheuklappen herausragen. Er ist in sich hineingesunken, liest ein Buch vor dem Kamin. Oben auf dem Kaminsims oder just darüber sieht man etwas, was wie Familienporträts erscheint. Da hängt die Fotografie eines jungen Mannes mit Rüschenkragen in Harrow und ein anderes von einer gutaussehenden Frau im Abendkleid. Es handelt sich um einen jungen Mann, der als «Lord Jim» bekannt ist. Wenn man nur ihn betrachtet, wie er da mit seinem Buch sitzt, könnte man glauben, daß es sich um einen ganz normalen Abend in einem alten Herrenhaus handelt und jeden Augenblick ein Butler in schwarzem Köper hereinkommt mit einer Tasse heißem Kakao, der mit Marinerum abgeschmeckt ist, und einer Kiste Coronas mit einer Menge kohlehydrathaltiger, Panamahüte tragender Havanna-Paradiesmädchen auf dem Deckel.

Tatsächlich steht ein großer Pokertisch direkt hinter dem Sessel, mit abgerundeten Ecken und mit grünem Stoff bezogen, an dem sieben Zocker sitzen und eine hagere dunkle Frau, die Frau mit der tiefen Stimme, welche jeweils fünf Karten für das Stud-Poker verteilt und gleichzeitig einen laufenden Kommentar von sich gibt, während die offenen Karten über den Tisch segeln.

«. . . meglich lange Farbe . . . Straigt kommen . . . nix Hilfe . . .»

Weiter hinten im Zimmer steht ein zweiter großer Pokertisch, an dem ein Chinese die Karten hält, ferner ein Tisch für 17 und 4, wo ein weiterer Chinese die Karten ausgibt. Beide sind dünne Hongkong-Dandies im Smoking mit ungeheuer weißen Hemden und einer Art Broadway-Manschettenknöpfen, wie die Chrom- und Glas-Kacheln im Metropole Café von New York City. In der Nähe des Kamins und des Ohrensessels steht ein Backgammon-Spieltisch, an dem zwei Männer hocken. Der eine trägt wie die Chinesen einen Smoking, der andere ist ein typisch englisches kinnloses Wunder, der sich fortwährend über das Brett beugt, hin und her zuckt und seufzt: «Du verfluchter Hund. Du verfluchter Hund.»

Drüben in der Ecke steht eine Bar, genauer, eine Amboina-Holzkommode, die mit Whiskyflaschen, Gin, Wodka, Orangensaft, Gläsern und Schweppes-Kristallsiphons bestückt ist. Ein paar Geschöpfe in kurzen Röckchen und weißen Strümpfen bedienen an der Bar und geben den Anwesenden Zigaretten aus einer Silberschatulle. Das sind die Tea Girls. Und dann stehen da natürlich überall junge Männer herum, an der Bar, an den Tischen, sie sitzen, sie stehen und sehen zu, kiebitzen beim Poker, bei 17 und 4, beim Backgammon. Die meisten von ihnen sind junge Engländer, aber auch ein paar Hongkong-Chinesen sind darunter. Einer von ihnen trägt langes Künstlerhaar und ein Byron-Hemd aus Wildleder; er sitzt dort und knipst dem schwarzhaarigen Kartendealer, immer wenn der einen Pott gewinnt, 10-Shilling-Chips zu.

Da halten sich ein paar von jenen jungen Männern auf, die man überall in England antrifft und die mit 28 bereits mittelalt aussehen, aufgequollen durch teures Fett, Lage um Lage von Kammgarn auf sich gepackt, Westen mit abgesteppten Kragen, Jacken mit weit ausragenden Revers. Die meisten von ihnen tragen jedoch jene oft gepriesene beiläufige Dekadenz zur Schau, das Aussehen des 1966er-Spitzbuben, des Chelsea-Abenteurers, der auf eine Public School gegangen ist. Einige haben großartige Mannequin-Mädchen im Schlepptau. Die sitzen direkt hinter den Tischen in Gourdin-Sesseln mit – vornehme Zeit! – übereinandergeschlagenen Beinen und zeigen ein bißchen Alabaster-Schenkel, wo die Strümpfe aufhören. All die gedämpften, dunkelorangefarbenen, ockerfarbenen und aprikosenfarbenen Lichter spielen über die ganze Barockszene wie vielarmige Kerzenleuchter oder so etwas, werfen goldene Lichtspitzen auf all die Akanthusblätter und die Palmenschnitzereien und in die schwarzen Nischen, auf die glitzernden Mannequin-Beine, die sahnigen Schenkel . . .

«Du verfluchter Hund!»

Diesmal schreit das Kinnlose Wunder die Worte hinaus, steht abrupt auf, dreht sich auf dem Absatz und geht vom Tisch weg. Der Mann im Smoking bleibt am Spieltisch sitzen.

«Kissy», sagt er, «du schuldest mir 60 Pfund. Warum zahlst du nicht?»

«Ich hab keine Schecks.»

«Ich geb dir einen Scheck, Kissy. Ich hab Hunderte von Schecks.»

«Na ja – Tony – schreib es auf die Latte», sagt Kissy. Er verschwindet in Richtung Tür.

«Die hauen mich alle an», sagt Tony. «Anhauen» ist dasselbe wie «einen Versuchsballon fliegen lassen», was bedeutet, daß man den Kredit immer noch weiter streckt.

Tony ist hier der Boss. Er ist hager, hat einen Upper-Class-Akzent und ein fein geschnittenes Gesicht. Er trägt einen Smoking mit einem Pikee-Hemd. Jeder weiß eine Geschichte, wer er in Wirklichkeit sei. Tony hat bei der Fremdenlegion in Algerien gekämpft. Tony hat mit den Arabern gekämpft. Tony ist Pazifist. Tony verabscheut Gewalt. Tony ist stark wie ein Bulle. Tony – irgendwann sagte einmal irgendein aufgeregter Zocker, ein Riese von Mann, etwas Beleidigendes zu einem Mädchen beim Spiel. Tony nahm eine Kaminblende hoch und sah den Burschen nicht einmal an. Er nahm einfach die Blende in seine Hand, bog sie um und rollte sie zu einer Kugel aus Kupferfolie in der Größe eines Cricketballs zusammen. Der Mensch floh in einer Wolke von Angst. So erzählt man sich eben Geschichten . . .

«Tony!»

Ein gutangezogener Fettwanst drängt sich durch die Tür hinter mir, eilt an mir vorbei zu Tony hinüber und sagt: «Vor der Tür steht ein Streifenwagen!»

Tony lächelt bloß und zieht die Augenbrauen hoch.

«Ich sag dir doch, da ist ein Streifenwagen!» sagt der Fettwanst. «Stell dir vor. Weißt du, was das heißt? Ich mach mir ja keine Sorgen, aber bloß, wenn mal was passiert, ich meine, wenn die Fragen *stellen*, wenn das je *passieren* sollte, Polizei und so weiter – nun ja, ich bin ein österreichischer Putzmacher, das sagst du ihnen – bloß, ich bin ein österreichischer Putzmacher, und was weiß *ich* schon, und ich sag dann – na ja, ich sag *nicht* . . .»

«Fffffffffffft», zischt Tony.

«Ich sag dir», fährt der Fettwanst fort, «draußen steht ein Streifenwagen vor der Tür . . .»

Währenddessen nimmt niemand, nicht einmal der Fettwanst, von meiner Anwesenheit eigens Notiz; sie wissen ja nicht, daß ich Amerikaner bin, obwohl ich eine wirklich höllische Krawatte mit irgendeiner Art Silberstickerei drauf trage, die ich in einem persischen Krimskramsladen auf der 14th Street gekauft habe. Ich geh also zu Tony hinüber und frag ihn dies und jenes und auch, wieso ein Mensch namens Kissy ihn «angehauen» hat.

«Was machen Sie überhaupt, wenn jemand nicht zahlen will?» frage ich ihn.

«Nichts», sagt er. «Was kann ich schon tun?» Dann lächelt er. «Das hier ist ein Gentleman-Spiel.»

Amateurgentlemen! Dann sagt er mir, ziemlich eindringlich: «Wie meinen Sie, würde so ein Spiel in New York laufen?»

«Weiß ich nicht.»

«Gibt es so was wie das hier in New York?»

Wußte ich auch nicht . . .

«Ich hab immer schon mal vorgehabt, nach New York zu gehen; aber dann glaubte ich, das ist ein zu heißes Pflaster. Sie verstehen?» Er erwähnt irgendeinen Engländer, den ich mal kennengelernt hatte. «Er war in New York. Er sagte mir, sein englischer Akzent hielt ihn zwei Monate lang über Wasser, aber danach waren sie nicht mehr beeindruckt.»

«Kommen Sie doch nach New York und machen Sie in Public Relations, das hält Sie für immer über Wasser.»

«Ich fürchte, das könnte ich nicht. Ich bin jemand, der von seinem Grips lebt.»

«Die aber auch.»

«Aber meinen Sie nicht, daß ein Spiel wie dies in New York ankommen würde?»

Später fand ich heraus, warum er so daran interessiert war, in New York etwas aufzumachen. Das lag an der ganzen Aspinall-Masche.

Dieses Spiel in diesem großen, vor sich hin modernden alten Regency-Eßzimmer mag das wahre Highlife sein oder nicht – doch, verdammt noch mal, es *ist* das Highlife. Die Zutaten sind da, die grundlegende Aspinall-Atmosphäre. John Aspinall ist *die* große legendäre Gestalt in Londons Spielboom. Sein Geheimnis lag darin, daß er eine Atmosphäre schuf, in der sich Gentlemen gern zum Spiel aufhalten und *Regency sind,* Upper-Class-Hengste, selbst wenn das bedeutet, daß man dabei seinen blödsinnigen Kopf verliert. Aspinall wurde Besitzer des stinkvornehmsten Spielclubs in London, dem Clermont, 44 Berkeley Square, wo Prinz Radziwill Backgammon und Lord Derby Chemin de fer spielt und die Leute 28000 Pfund in 20 Minuten am Chemin-de-fer-Tisch verlieren, was gar nicht mal so ungewöhnlich ist . . .

. . . also hat Tony sich auf den langen Weg zum . . . Aspinalldasein gemacht. Er zahlt irgend jemandem, egal in welchem Stadtteil, gewöhnlich zwischen 40 und 80 Pfund, um eine Wohnung oder ein Haus für ein Spiel anzumieten. Das Spiel kann 24 Stunden oder länger dauern. Für eine perfekte Regency-Kulisse wie hier in diesem Haus mag Tony sogar bis zu 100 Pfund gehen. Er bringt die grünen Flanellspieltische herein, das Backgammon-Spielbrett, hochkarätige durchscheinende Bernstein-Chips, hochkarätige Kartenspiele mit Marmorimitation auf der Rückseite, hochkarätige Chip-Kästen, hochkarätige Spirituosen – und selbst ein hochkarätiges Tea Girl. Von einem der Tea Girls behauptet man, sie sei eine ehemalige Debütantin. Und die Zocker, vorwiegend gutsituierte junge Männer in den zwanziger oder dreißiger Jahren, strömen herein.

Das Hauptspiel bei Tony ist Stud-Poker mit fünf Karten, wobei 2-Shilling-Sixpence-Chips der kleinste Einsatz und 10-Pfund-Chips der größte sind, mit denen man bis zu 100 oder auch 150 Pfund mit einem Spiel gewinnen kann. Normalerweise gibt es je einen Tisch für 17 und 4 und für Backgammon, gelegentlich auch einen für Chemin de fer. Bei Chemin de fer gibt es natürlich eine Menge von verdoppelten und vervierfachten Wetten, und nicht viele der Zocker bei Tonys Spielchen haben die Mittel, da mitzuziehen. Also verläßt man sich auf Poker. Man nimmt fünf Prozent von jedem Gewinnpott. Damit müssen alle Ausgaben einschließlich der Bezahlung der Dealer und Tea Girls und des Tea Boys gedeckt werden. Zusätzlich bekommen sie Trinkgelder von den Spielern.

Die größten Kopfschmerzen bereitet ihm jedoch die dauernde verzweifelte Suche nach irgendeinem großartigen Haus, wo man spielen kann. Die Schwierigkeit dabei ist, daß man dieselbe Wohnung aus Sicherheitsgründen nicht zu oft hintereinander benutzen kann. In der nächsten Woche können sie zum Beispiel dieses Haus hier nicht benutzen. Das Spiel muß immer weiterziehen. Wenn aber jemand ein Haus hat, das groß genug ist, um darin ein Kasino einzurichten, besitzt er vielleicht auch Geld und wird nicht seine Haut für 40 oder 50 Scheine riskieren. Wahrscheinlich will er auch nicht, daß seine Eßzimmer, seine Teppiche, seine Vorhänge, Sessel, Sofas wie eine Speckseite vom Fleischgroßmarkt Smithfield durch den Rauch von etwa 900 000 Zigaretten und Zigarren, gut gemischt mit Schweiß, Angstschweiß, Talgdrüsenausscheidungen, Mannequin-Make-up und Gott weiß was sonst noch gebeizt werden.

Also findet das Spiel schließlich in irgendeinem verrückten Haus statt. Die Arbeitgeber irgendeines Au-pair-Mädchens reisen im Urlaub zum Kontinent – und sie will natürlich 40 Pfund verdienen und sich dann bei Biba, in der Boutique, richtig gehenlassen, oder sie will selbst mal am Highlife schnüffeln. Also öffnet sie Tony und den jungen Hengsten oder irgendeinem anderen Privatspielchen, das jetzt in London läuft, das Haus und verbringt 24 Stunden damit, daß Schuld und Angst ihren Dickdarmtrakt rauf und runter laufen. Vielleicht ist da auch irgend jemandes junge Tochter, die ... *in* sein will – Wochenendausflüge! –, und sie will Tony mit seinem feingeschnittenen Gesicht und seinen sehnigen Unterarmen und die Hongkong-Croupiers mit dem ... *hageren* Aussehen, sanft wie ein perlmutteingelegter Tisch unter einem großen Deckenventilator, bei sich haben – Hongkong! Makao! Leinenanzüge – o Gott, die Zockergauner in *meinem Haus.* Sobald sich also die Familie ein langes Wochenende an der See bei Norfolk macht, wobei die feuchtkalten Winde ihnen das erbärmliche Resthaar flattern machen, gibt sie den Hausangestellten das lange Wochenende frei und zieht die Vorhänge zu ... und das Mädchen hüpft jedesmal wie ein zahmer Star, wenn Fettwanst sagt, draußen vor der Tür steht ein Streifenwagen ...

Polizei! Kahlschlag! Skandal! Schwierigkeiten! Eine Menge Nachschnüffeleien. Genau das! Ein Grund dafür, daß die jungen Spielhengste die Rückkehr des illegalen Privatspiels begrüßt haben, ist doch darin zu suchen, daß sie die gute alte, in den Eingeweiden bibbernde ... *Gefahr* des Spiels hinter verhangenen Fenstern und verschlossenen Türen herbeisehnten. Aber noch lieber wollen sie ein wenig von dem gesellschaftlichen Elan des Privatspiels zurückgewinnen.

Im Gegensatz zu den Vereinigten Staaten hat das Spiel in England potente Upper-Class-Anklänge. Der Aristokrat lebt nicht nach den Regeln, die jene armen mausgrauen Schwarzbrotkarrengäule da draußen auf Vordermann halten. Der Aristokrat ist willens, sich mit dem Schicksal anzulegen; denn darauf läuft ja das Spielen hinaus. Legales Spielen in den Clubs begann als eine gesellschaftlich akzeptable Angelegenheit. Crockford's, Casanova's, A Pair of Shoes – diese Clubs wie auch der Clermont waren im Spitzen-Regency-Stil aufgemacht. Crockford's war der berühmteste unter ihnen. Die Clubs zogen die schillernden Grüppchen an, und alle Hochglanz-Illustrierten machten Fotos. Aber ganz allmählich wurde klar, daß jeder, der Geld hatte, auch auf die eine oder andere Weise an die Tische herankonnte, sei es durch Freunde, die Mitglieder waren, oder auf eine andere Tour.

Natürlich, wen juckt das schon. Jeder weiß schließlich, daß an einem Spieltisch alle gesellschaftlich gleich sind, blah, blah, blah. Das Leben wird auf ein Geviert grünen Flanellstoffes und eine Gruppe von Tischen reduziert, blah, blah. Und doch – es blieb etwas . . . Unbefriedigendes, wenn eine gute englische Upper-Class-Stimme, die aus einem Bauch hervordröhnt, der mit einer abgesteppten Weste gesattelt ist, vor sich hin sagt: Gut gezogen, gut gezogen, und das über den Chemin-de-fer-Tisch hinweg an irgendeinen Zyprioten im petroleumblauen Anzug gerichtet, und der aufgetakelte kleine Fremdarbeiter sieht nicht einmal auf, sondern fährt ganz schlicht damit fort, dem armen Hund das Fell fein säuberlich über die Ohren zu ziehen.

«Wir lassen hier keine Griechen rein», erzählt mir Tony. «Sie würden diesen Spielern hier in der ersten halben Stunde die Taschen leeren.»

Amateurgentlemen!

Und dann ist da die Sache mit den Kartendealern. Es gibt eine halbaristokratische Tradition des Gentlemandealers oder Croupiers in England. Jedermann kennt . . . den Croupier im Clermont, bei dem die Hälfte von ihnen in die Schule gegangen ist. Der Casanova-Club hat sogar einen adligen Croupier . . . Irgendwie ist es doch . . . *geziemender*, einen Croupier in einem Smoking dasitzen zu haben, einen Burschen, mit dem irgendein Freund von dir zur Schule gegangen ist und der dann sagt: «Beinahe, Nigel», als daß irgendein chromäugiger kleiner Mann mit eingeschmiertem Haar dir bloß deine 5-Pfund-Chips aus der Nase zieht.

Mann, diese chromäugigen kleinen Burschen! Das ist wieder so eine Geschichte. Das Spielen in London hat im letzten Jahr etwas Hautgout bekommen, ein bißchen vom altbekannten *aroma du mob*. Es hat eine Anzahl von Schießereien und Schlägereien in Clubs gegeben. Bei einigen waren die Automatengangster mit von der Partie, und das ist so wie das Jukebox-Geschäft in den Vereinigten Staaten. Plötzlich sind ein paar vielgefürchtete «korsische Muskelmänner» in der Stadt. Und die Leute sind, wie sie sagen, vor dem Victoria Sporting Club und vor Mr. Smith's in die Mangel genommen worden. Während sie mit ihren blutigen gebrochenen Steißen in der Gosse liegen, zögern sie, bei Mr. Smith's irgendwas anderes zu sagen, als daß sie über den Rinnstein gestolpert sind.

Bisher hat die britische Regierung das legale Spielkasinogeschäft in eine Riesenaffäre fast ohne jede Kontrolle auswuchern lassen. Es gibt keine Inspektoren. Keine Steuern werden auf die ungeheure Geldmenge erhoben, die jede Nacht durch die Kasinos fließt. Vor 1960 mußte die Polizei eine Art Wachdienst einrichten, um die geheimen privaten Kasinos auszuschalten, und das war unangenehm. Als das Spiel dann legal wurde, sagten die Polizisten Gott sei Dank und ließen das lästige Thema ganz unter den Tisch fallen. Als Ergebnis – wenn die Berichte zutreffen – strömt jetzt amerikanisches und europäisches Gangstergeld, strömen Gangsterschläger und Gangsterpraktiken in Londons – Ironie! – jetzt legale Spielkasinos.

Ironie! Eine der Absichten des Glücksspielgesetzes von 1960 bestand darin, etwas legal zu machen, das weitverbreitet und ohnehin unausrottbar erschien, nämlich das Gentlemen-Spiel. Dabei ging man von der Vorstellung aus, na ja, es handelt sich hier im allgemeinen um Leute, die befreundet sind oder sich in demselben mehr oder weniger vornehmen Set bewegen. Die spielen in einem Club oder einer clubähnlichen Atmosphäre, und das hat ja mit der Unterwelt überhaupt nichts zu tun, warum also das Ganze nicht legalisieren und lizenzieren? Aus dieser guten Absicht ergab sich eine Situation, die für die Gangster wie maßgeschneidert war. Legalisiertes Glücksspiel! Wenn das Glücksspiel ein großes Geschäft werden sollte, wer war dann eher bereit und geeignet, im großen Stil einzusteigen, als die Unterwelt?

Ironie! Ein privates, illegales, dauernd auf Achse befindliches Kasino wie Tonys – und es gibt mehrere andere, die heute in London laufen – ist außerhalb des Gesetzes viel eher zu dem geworden, was das Gesetz 1960 beabsichtigt hatte. Hier handelt es sich nämlich um ein Spiel unter Leuten, die miteinander befreundet sind oder sich in demselben mehr oder weniger vornehmen Set bewegen, und sie spielen in einer clubähnlichen Atmosphäre, woran die Unterwelt keinen Anteil hat. Die Unterwelt ist nur im legalen Glücksspiel tätig, und die Amateurgentlemen – Gentlemenamateure! – sind alle in Klausur, sind im Exil hinter verhängten Fenstern, im Obergeschoß bei . . .

. . . bei Lord Jim. Lord Jim starrt ins Kaminfeuer, er sitzt immer noch in seinen Ohrensessel zurückgelehnt. Tony reckt sich in dem Gourdin-Sessel am Backgammon-Spieltisch. Der Abscheuerregende, Ehrenwerte Kissy verschwindet durch die Tür und geht die Treppen hinunter, bloß noch ein ehrenwerter Klecks zwischen den geißblattroten Treppengeländern. Das Tea Girl lächelt, der Fettwanst fährt auf, die schwarzhaarige Frau leiert eintönig vor sich hin, der Hongkong-Künstler sagt heh, der Hongkong-Croupier ist müde. Er steht auf, reckt sich und zieht seine Manschetten mit seinen City-Lights-Manschettenknöpfen aus der Jacke.

«Jim», sagt Tony.

Plötzlich steht Lord Jim auf. Er lächelt; er ist erfrischt. Sein pflaumenfarbenes Hemd hat kein Fältchen. Er reibt sich einmal die Hände, geht hinüber zum Pokertisch und lächelt wieder, setzt sich hinter den Chipkasten, und, ach, wunderschön, wie machst du das nur, mein Junge! Er läßt die Karten mit dem marmorimitierten Rücken beim Mischen ein paarmal durch die Luft schnellen, und dann – die Stimme von Lord Jim beim Fünf-Karten-Stud-Poker, *mögliches flush . . . keine Hilfe . . . zwei Asse . . . Straight folgt,* eine Public-School-Stimme unter der Ägide des Rüschenkragens. Irgendein Geschäftsmann gewinnt den Pott und knipst Lord Jim ein 10-Shilling-Trinkgeld zu. Ein Rüschenkragen-Trinkgeld! Lord Jim fängt es geschickt auf, setzt sich gerade und sagt: «Da-hanke –»

Da-hanke. Ja. Da-hanke, wirklich. Danke, Harrow, danke, Hongkong, danke, Mannequins, Hongkong-Sprößlinge, ehrenwerte Zocker, Männer aus der City, ehemalige Debütantinnen, Tea Girls und umtriebige Hengste dieser Welt. Irgend jemand muß dort draußen in Dolly's Restaurant heute abend richtig aufgekratzt sein, Nuit St. Georges schlürfen und versuchen, zwischen den Songs schreiender Jazz-Rock-Neger auch noch ein Wort zu reden. Und irgend jemand muß die Fahne in der alten Schlacht schwingen, mitten zwischen Sesseln, die wie ein Haus sind, zwischen Teppichen aus Haiti und knotigen Musselin-Vorhängen, heute abend in Holland Park sein, muß lachen über Lord Hailsham, alias Quintin Hogg mit seinen Schnürstiefelchen, über Ted Heath mit seinem Schmelz-Tory-Akzent und den Vokalen, die nach Mittelengland klingen, irgend jemand muß das tun im Namen des Sozialismus. Aber die . . . richtigen Sportsfreunde sind heute abend hier, oben in Lord Jims Eßzimmer, unter der Ägide von Harrow und dem Empire, mitten zwischen den wachsfarbenen Gelbtönen, dem Muschelgold, dem Schwarzweißeffekt, den sahnigen Schenkeln, zwischen Preußischblau und roter Angst – der Fettwanst! –, und wenn heute abend da unten ein Streifenwagen steht, dann sagen die Zocker zur Hölle damit und da-hanke, da-hanke, da-hanke, da-hanke, das Leben ist nichts als ein verkrümelter Keks und ein abgegriffener Penny, das Leben ist bloß ein . . . jawohl! – kleines, privates Spiel.

13 Das automatisierte Hotel

Hat irgend jemand hier im Expreßaufzug zum fünfzehnten Stock im *New York Hilton Hotel* jemals den Witz über die beiden nackten Neger an der Bar gehört? Niemand hat ihn gehört, waas? Keiner von euch netten, fügsamen, einfältigen, nüchternen, geknechteten Schubbejacks in diesem automatischen Aufzug hat je den Witz über die beiden Neger an der Bar gehört, die nicht einmal soviel wie einen Kronkorken von einer Limonadenflasche hatten, um ihre knorrigen Schenkel damit zu bedekken? Na ja, Mr. Charmant Besoffen wird euch jetzt den Witz erzählen. Hier, in dieser fluoreszierenden Kiste aus rostfreiem Stahl. Charmant Besoffens Kopf guckt aus seinem Hemd und seinem Alumicronanzug wie ausgequetschte Zahnpasta heraus. Er hat Augen wie Blasen in einer Wasserwaage. Charmant ist gerade aus der Lobby in den Aufzug gestiegen mit einem Glas braunem Whisky auf Eis in der Hand und einem Namensschildchen auf dem Revers. Sein Name ist Taylor, und seine Karte bezeichnet einen Kongreß, ich weiß jetzt nicht mehr, was für einen, Kongreß der freiberuflichen Haushaltsfinanzierungs-Dentisten Amerikas oder irgend so etwas. Kongresse karambolierten hier im *New York Hilton*, fahren gegeneinander auf, Bauch an Bauch, wobei alle Leute Alumicronanzüge, gestreifte Krawatten und Namensschildchen tragen und braune Spirituosen trinken. Ab und zu rasen sie mit der Zentrifugalkraft des Erlebnisses der großen Welt von New York in die Aufzüge. In den Aufzügen gibt es keine Liftboys; denn sie sind automatisch und stehen eine gewisse Zeit mit offenen Türen im Erdgeschoß, bevor sie hochgehen, so daß alle Leute drinnen ein wenig herumstehen können und Taylor zuhören können, der die Geschichte von den beiden nackten Farbigen erzählt.

«Diese beiden farbigen Burschen stehen an der Bar», sagt er, «verstehen Sie? Nette, ruhige Jungens, verstehen Sie, trinken ein bißchen, reden ein bißchen, erzählen einen Witz, sprechen über das letzte Baseball-Spiel, den neuen Wagen, verstehen Sie, das übliche – bis auf einen *sonderbaren* Umstand. Die sind beide so nackt wie zwei Eichelhäher! Keinen Faden am Leib! Nackt wie am Tag ihrer Geburt! Sie wissen, was ich meine! In Ordnung. Also einer von ihnen sagt: ‹Fred, mein Junge, so sicher wie du geboren bist, so sicher verkehrt der alte Shorty immer bei dir zu Hause.› – ‹Ah, und weißt du was›, sagt Fred, ‹du bist auch noch ein dreckiger Lügner. Kein Shorty kommt zu mir nach Hause, wenn ich weg bin, oder bist du vielleicht der Shorty . . .›»

Ohne verständlichen Grund erzählt Taylor mit seinem irischen Akzent der ganzen Welt die Geschichte. Er hat sein Gesicht irgendeiner armen Frau mit einer auf die Stirn gedrückten Sonnenbrille direkt unter die Nase gequetscht, bläst seinen heißen neapelgelben Atem gegen sie, und der Mann dieser armen Frau steht ganz versteinert dabei, versucht, sich davon zu überzeugen, daß das Ganze wirklich nicht so schlimm ist, als daß er etwas dagegen unternehmen müßte.

Das spritzige *New York Hilton*! Das automatisierte Hotel! Automatische Aufzüge! All das stand mir wieder kristallklar vor Augen, als ich heute einen Brief von den Wirtschaftsprüfern Horwath & Horwath erhielt, die die Hilton Corporation in der Angelegenheit von 4,79 Dollar vertritt, die ich dem *New York Hilton Hotel* angeblich schulde. Zwei nackte Farbige an der Bar! Eine aufregende Geschichte! Aber darauf kommen wir gleich noch zurück! Moment mal, Horwath, und auch Sie, Horwath, zwar vertreten Sie ein automatisiertes Hotel, das *New York Hilton* nämlich, aber kennen Sie auch den rechten *Stil* des automatisierten Hotels? Ich glaube nicht. Ich glaube, Sie wissen nicht, wie Sie eine Rechnung nach Art des automatisierten Hotels einkassieren müssen. Ich möchte, daß Sie mir einen Moment zuhören. Denn ich habe im *New York Hilton* eine Woche lang *gewohnt*.

Dazu kam es, weil ich mit etwa fünf Berichten für eine Illustrierte im Verzug war und die Leute versuchten, sie mir mit dem Vorschlaghammer abzuringen. Ich hab die Geschichte immer wieder hinausgeschoben, bin den ganzen Weg zu Stark's rübergelaufen, um Apfelmus zu essen, und hab andere stupide Dinge getan. Schließlich hab ich mir gedacht, die einzige Möglichkeit, diese Berichte zu schaffen, wäre, mich irgendwo in einem Hotel einzuschließen und sie einfach runterzuschreiben. Also wählte ich das *New York Hilton*. Das Ding sah großartig aus, ein großes, überwältigendes, nagelneues Stückchen Torte. Sechsundvierzig Stockwerke hoch auf der Sixth Avenue zwischen der 53nd und 54th Street. Mein Taxi hält vor dem Eingang inmitten eines exquisiten Layouts von Glas, architektonischer Zedernbüsche oder dergleichen, irgendeiner Art von neoprähistorischer Steinplastik und einer Menge dramatische Akzente setzender Deckenscheinwerfer. Etwa tausend Männer in Alumicronanzügen mit Namensschildchen standen dort herum. Alumicron ist ein neues Wundergewebe aus Aluminium und Silikon. Sein Vorzug ist, daß es schimmernd glänzt und sich biegt, anstatt zu knicken, so daß es nie Falten wirft.

Jedenfalls hielt ich nach einem Pagen Ausschau; aber statt dessen bat mich der Portier, meine Koffer abzustellen, gab mir zwei rote Kärtchenabschnitte und forderte mich auf, diese «nach drinnen mitzunehmen». Ich hab sie nach drinnen mitgenommen in die überwältigende Lobby des *Hilton*, voller Bars mit glänzenden Oberflächen, Deckenscheinwerfern, Teppichauslegeware, ganz so wie eine Sparkasse im Einkaufszentrum, bloß daß es sich hier um die größte in der Weltgeschichte handelte. Ich ging also rein und hielt meine beiden Abschnitte in der Hand, und da drinnen scheinen noch weitere Tausende von Leuten mit Alumicronanzügen und Namensschildchen zu sein. Schließlich gibt man irgendeinem Mann, dem Oberpagen, glaube ich, die Kärtchen, der sie weiter an einen Pagen reicht, welcher nach draußen geht und sie mit den Abschnitten auf den Koffern vergleicht, um dann die Koffer hereinzubringen. Nur so ein kleines Zettelchen, bei dem ich mir gar nichts gedacht habe; aber das ist der Schlüssel für alle automatisierten Hotels. In einem automatisierten Hotel wie in jeder wirklich leistungsfähigen großen Organisation, etwa der U.S.-Armee oder dem Öffentlichen Dienst, läuft man nicht einfach rum und gibt einige zufällige verbale Anweisungen. Man macht das Ganze schriftlich. Oder man spricht es auf Tonband. Man weiß doch schließlich, wie der Hase läuft.

Ich hatte häufig Gelegenheit zu erfahren, wie dieses Ding arbeitete. Ich will Ihnen nur ein paar Beispiele geben. Am ersten Abend ging ich auf mein Zimmer, Nr. 1703, das ziemlich überzeugend aussah. Es hatte eine überwältigende Panorama-Aussicht, vorwiegend auf Hinterhöfe von Gebäuden der 55th und 56nd Street, aber trotzdem überwältigend, und es hatte auch einige recht anständige Möbel und einige großartige elektronische Anzeigetafeln an der Wand. Diese Tafeln gaben Anweisungen, wenn sie aufleuchteten – WÄHLEN SIE NR. 5, FÜR SIE IST EINE NACHRICHT HINTERLEGT – KNOPF DRÜCKEN, UM WECKER ABZUSTELLEN und so weiter. Ich glaube, diese Anzeigetafeln haben einen ungeheuren Nutzen für die Verwendung im trauten Heim. Man muß da noch ein paar Kleinigkeiten ausbügeln, wie ich sogleich erklären möchte; aber sie sind eine umwerfende Idee. Wie dem auch sei, jedenfalls hatte ich am ersten Abend vor, meinem Neffen zum Geburtstag ein Päckchen zu schicken. Ich brachte also das Päckchen hinunter in die Lobby zu der Theke mit der Aufschrift «Postsendungen». Das Mädchen schickte mich eine Theke weiter, öffnete hinter sich eine Tür, sprach mit jemandem drinnen, kam wieder heraus und sagte mir, doch drüben mit dem Oberpagen zu reden. Der sah sich das Päckchen an, drehte es hin und her, als ob dadurch alles klar würde, und meinte dann: «Ich will Ihnen mal was sagen. Gehen Sie doch wieder rauf auf Ihr Zimmer, und rufen Sie die Postzentrale an.»

Also ging ich wieder rauf und rief die Postzentrale an; die sagte mir, sie würden umgehend jemanden schicken. Zweieinhalb Stunden später klopft es an die Tür, und davor steht ein Bursche mit hochtoupierten blonden Haaren, der ganz so aussah, als müsse er Blitz heißen. Da mag ich mich vielleicht irren, aber jedenfalls stand Blitz da draußen in einer Uniform und machte sich Gedanken über ein Stück Papier. Dann blickt er auf und sagt: «1703?»

«Ja.»

«Sie sind der mit dem Paket nach Australien, stimmt's?»

«Nein, meins ist bloß nach . . .»

«Sie sind 1703?»

«Na ja, dies ist Zimmer 1703.»

«Und der Name ist Howard, stimmt's?»

«Nein . . .»

«Hier auf dieser Notiz heißt es aber ‹1703, Howard›, und Sie haben ein Paket nach Australien.»

«Einen Augenblick», sage ich ihm, «ich habe wegen eines Paketes angerufen, stimmt, aber mein Name . . .»

«In Ordnung, in Ordnung», erwidert Blitz, «fangen wir noch mal von vorn an. Sie sind 1703, richtig?»

«Richtig», sag ich ihm, «ich bin 1703.» Und ich meinte es ganz ernst. Ich fühlte mich wie 1703.

«In Ordnung. Sie sind 1703», sagt er. Dann kräuselt er seine Augenbrauen um seinen Nasenrücken herum und starrt auf die Notiz. So bleibt er unbeweglich stehen.

«In Ordnung», sagt er, und sieht auf, «wenn Sie nicht Howard sind, wo soll ich dann bloß das Paket für Australien abholen?»

Da war auch ich wirklich sprachlos. Ich weiß nicht, was mit Howards Paket geschehen ist. Alles, was ich weiß, ist, wenn ich meine fünf Sinne beisammen gehabt hätte, hätte ich Blitz ein Stückchen Papier mit 1703-Wolfe darauf gegeben, und das hätte alles geregelt. Machen Sie es schriftlich!

Das ist doch ganz einfach! Das gleiche machen sie bei Monsanto Chemical. Aber ich lernte langsam. Ich machte immer wieder die gleichen Fehler. Als ich mich im Hotel anmeldete, hatte ich gesagt, ich würde Sonntagabend wieder abreisen. Am Sonntagmorgen hatte ich plötzlich einen euphorischen Anfall und beschloß, die ganze Woche zu bleiben. Also rief ich den Empfang an. Ich möchte schwören, da unten mit einem Menschen geredet zu haben, obwohl man mir später sagte, daß alle automatisierten Hotels ein sogenanntes «Erinnerungsloch» haben, auf das man für alle mündlichen Bestellungen geschaltet wird. Da glaubt man, man redet mit jemandem, aber alles, was man sagt, fällt tatsächlich «in das Erinnerungsloch runter». Jedenfalls sagte mir diese Stimme «Wird gemacht, wird gemacht» und fügte tonlos hinzu: «1703». Das war ich! 1703! Ein beglückendes Gefühl! Sie können sich das nicht vorstellen! Ich war mir nicht klar darüber, daß es auf gar keines von diesen Dingen ankam, das war bloß heiße Luft im Erinnerungsloch, bis Hager und Hydrant, zwei von den Geheimdienst-Plagegeistern des *Hilton,* vier Tage später zu mir aufs Zimmer kamen.

Trotz der Tatsache, daß das Boten-As Blitz mich bereits aus dem Gleichgewicht gebracht hatte, hätte ich mittlerweile vielleicht doch etwas schreiben können, wenn nicht diese automatisierten elektronischen Anzeigetafeln gewesen wären. Diese Tafeln waren oben über dem kombinierten Fernsehgerät-Sekretär-Schreibtisch-Toilettentisch an der Wand angebracht, wobei der Tisch übrigens ein bemerkenswertes Objekt war, ein Design im Stil, der im allgemeinen unter der Bezeichnung ECHT DÄNISCH läuft. Die untere Tafel KNOPF DRÜCKEN, UM WECKER ABZUSTELLEN war mit einem komplizierten Wecksystem verbunden, wozu auch das Telefon, ein Bandgerät, eine IBM-Maschine oder irgend so etwas, ein unglaublicher Summer und die Tafel selbst gehörten. Dieses Alarmsystem erwischte mich recht bald. An meinem ersten Abend wollte ich, daß man mich am nächsten Morgen um 9 Uhr weckt; also tat ich das übliche. Ich rief die Telefonzentrale an und bat die Dame, mich um 9 Uhr morgens zu wecken. Sie gab mir den Rat, «die Anweisungen zu lesen», und schaltete mich dann auf das «Erinnerungsloch», wenn das die richtige Terminologie ist. In Ordnung. Auf dem Telefon waren einige Anweisungen, und da stand auch, um sich morgens wecken zu lassen, wähle man 1 und dann die Zeit, zu der man geweckt werden will – 9 Uhr wäre 9-0-0, dann warte man auf die Anweisungen. Eine umwerfende Frau – mit dem Bariton der Leiterin eines Heims für Fürsorgezöglinge – schaltet sich daraufhin ein und sagt: «Dies ist eine Bandaufnahme. Warten Sie bitte wegen Ihres Weckrufes um neun Uhr auf den Summton und wiederholen Sie dann klar Ihren Namen und die Zimmernummer.» Dann ertönte der große Summer, und ich sagte: «Hier ist Mr. Wolfe von Zimmer 1703.» Und tatsächlich, am nächsten Morgen um 9 Uhr war in meinem Zimmer die Hölle los. Der Wecker rasselte auf dem Fernsehgerät-Sekretär-Schreibtisch-usw. in Schockwellen los wie eines dieser unglaublichen Martinshörner, die die New Yorker Feuerwehr heutzutage hat, und die große Anzeigetafel leuchtete auf: KNOPF DRÜKKEN, UM WECKER ABZUSTELLEN, KNOPF DRÜCKEN, UM WECKER ABZUSTELLEN! Klick! Blitz! Klick! Blitz! Schieb schon deine verrotteten Stelzen aus dem Bett! Gott noch mal, ich schmeiße mich aus dem Bett, kriege dabei das Herzzittern und drücke den Knopf, um den Wecker abzustellen. Erlösung! Aber dann begann der ganze Kram, mich zu beunruhigen. Da hatte ich mich am Vorabend aufs Bett gesetzt und in eine ganze Reihe von Maschinen hineingeredet «Hier spricht Mr. Wolfe.» Mister! Massah! Also rufe ich am nächsten Abend 1-9-0-8 – und die Stimme meldete sich wieder und sagte: «Wegen Ihres Weckrufes für 9 Uhr 15 . . .» – Gottverdammtnochmal, ich wollte um 9 Uhr 08 geweckt werden, was zum Teufel war hier los! – Der Summer ertönte, und ich sagte «Hier spricht Mr. Wolfe auf Zimmer 1703 . . ein großartiger Mensch!» – Dann hängte ich schnell wieder auf, bevor sie mich erwischen konnten. Am nächsten Morgen jedoch das gleiche, der gleiche irre Weckruf, das war alles. Die nächsten Nächte hielt ich kurze Ansprachen an die Maschine, wenn der Summer ertönte, zum Beispiel «Ihr dort! Sklaven in den elektronischen Eingeweiden des *Hilton*! Hier spricht Wolfe, der große Organisator auf

Zimmer 1703. Schert euch zum Teufel!» Aber nichts geschah. Derselbe wilde Weckruf, und dieselbe elektronische Leuchttafel blitzte auf.

Eines Nachmittags gegen 14 Uhr kam ich ins Zimmer zurück, und, mein lieber Mann, da war vielleicht ein Chaos. Der Wecker jaulte aus unerfindlichen Gründen um 2 Uhr nachmittags wie ein Martinshorn los, und die elektronische Tafel lief Amok. KNOPF DRÜCKEN, UM WECKER ABZUSTELLEN! leuchtete auf, klick, blitz, klick, und spiegelte sich überall im Zimmer, auf der Tischplatte, auf dem Wasserglas, das die Tropfen aus dem automatischen Eiswürfelspender auffing, auf allem. Es war zum Verrücktwerden. Das schaffte mich. Ich stürzte zu dem Fernsehgerät-Schreibtisch-Sekretär-usw. hinüber und drückte auf den Knopf. Etwa sieben Sekunden lang blieb das Ding abgeschaltet, und dann – flatsch! – ging es wieder an. Irre! Ich drückte den Knopf, und das Ganze blieb sieben Sekunden lang still, um dann wieder anzufangen. Es gab keine Möglichkeit, das Ding zu stoppen. Ich wußte einfach nicht, was ich tun sollte. Dann sah ich das Telefonbuch, ein großes, schweres Telefonverzeichnis in einem *Hilton*-Einband, und das drückte ich dann gegen den Knopf. Lieber Gott, da war der Wecker wenigstens bedient. Dann aber plötzlich – klick! – fängt die elektronische Leuchttafel genau darüber an zu arbeiten: WÄHLEN SIE 5, FÜR SIE IST EINE NACHRICHT HINTERLEGT! WÄHLEN SIE 5, FÜR SIE IST EINE NACHRICHT HINTERLEGT! Klick! Blitz! Das gleiche noch einmal. Die Leuchttafel machte nicht viel Geräusch, es war bloß ein Klicken, verstehen Sie, aber das Licht und die dringende Ermahnung – FÜR SIE IST EINE NACHRICHT HINTERLEGT! – na ja, es war entnervend. Außerdem war ich jetzt wirklich dran. Meine verrückten Ansprachen hatten das ganze System wohl irgendwie gereizt. Also wählte ich zunächst einmal die 5.

«Ist für mich eine Nachricht hinterlegt?» fragte ich die Frau.

«Wer sind Sie?»

«Ich bin 1703», sagte ich clever.

«1703», sagte sie. «Nichts für Sie da.»

«Sind Sie sicher?» sagte ich.

«Ja», sagte sie. «Nichts da.»

«Gut», sagte ich, «würden Sie dann vielleicht die Lampe abschalten.»

«Ihre Signaltafel ist nicht eingeschaltet», sagte sie. «Für Sie ist keine Nachricht hinterlegt worden. Sie sind doch 1703, nicht wahr?»

«Der bin ich», sagte ich.

«Nein, nichts für Sie da.»

Ich brauchte mich nicht einmal umzudrehen. Ich konnte das Licht im Glas auf dem original *Hilton*-Druck über dem Bett aufblitzen sehen. Das war eine Graphik von Marisol. Das brauchte ich gerade. Pop Art, gerade in dem Augenblick.

«Ja, wahrscheinlich haben Sie recht», sagte ich.

Dann hab ich die Telefonzentrale gewählt und ihr das Ganze erzählt – aber sie bot mir an, «die Anweisungen zu lesen» und mich dann wieder auf das «Erinnerungsloch» zu schalten. Ich hab sämtliche Anweisungen im Zimmer gelesen, die im Falle eines Brandes einbegriffen, alles, was verflixt noch mal da war; doch über amoklaufende elektronische Leuchttafeln stand nichts drin. Und die ganze Zeit blitzte dieses Leuchtzeichen auf, klick, blitz, klick, blitz – WÄHLEN SIE 5, FÜR SIE IST EINE NACHRICHT HINTERLEGT! Da konnte man einfach nichts machen. Also legte ich ein Hemd über die elektronische Leuchttafel, wobei das Hinterteil über das Telefonbuch fiel, das ich gegen den Weckknopf geklemmt hatte. Dann setzte ich mich hin und versuchte, ein bißchen zu arbeiten, aber da machte ich mir nur etwas vor. Ich konnte hören, wie dieses fieberhafte Klicken unter dem Hemd weiterging, und ich wußte, daß jeden Augenblick unter dem Hemd in jenem Paneel mit elektronischen Leuchtzeichen irgendeine noch zurückgehaltene Explosion losgehen konnte.

Die Nacht war grauenhaft. Als ich das Licht ausgeschaltet hatte, konnte ich tatsächlich das elektronische Licht unter dem Hemd aufleuchten sehen. Ich döste vor mich hin und wachte wieder auf, und jedesmal wenn ich erwachte, konnte ich die Leuchttafel unter dem Tuch aufblitzen sehen: WÄHLEN SIE 5, FÜR SIE IST EINE NACHRICHT HINTERLEGT. Da lag ich nun in der Dunkelheit in einem Formica-Kokon mit zwei Lagen Tuch über dem Panorama-Fenster, einem Theatervorhang und einem mit lauter Lavendel, Purpur, Damaszener-Pflaumenblau und Saftgrün siebzehn Stockwerke hoch über Manhattan, flankiert von New Jersey, Queens, von Kontinentalamerika und dem Atlantik, isoliert von der Welt, mit eigens vorgereinigter Luft in der Klimaanlage, in absoluter Ruhe bis auf das Klicken, das mit der Warnung einherging, die unter meinem eigenen Hemd mit elektronischen Buchstaben inmitten einer Endzeitstimmung und in saugfähige Baumwolle verpackt pulsierte: FÜR SIE IST EINE NACHRICHT HINTERLEGT!

Als der Morgen kam, wußte ich, daß ich in dem Zimmer nicht bleiben konnte; also ging ich an die Luft und spazierte durch die Gegend. Etwa 4 Uhr nachmittags kam ich ins Hotel zurück. Die Halle war wie üblich überfüllt, und ich fädelte mich an den Alumicronanzügen vorbei zum Aufzug. Da erschien bereits Charmant Besoffen, auch unter dem Namen Taylor bekannt. Natürlich lief der Aufzug automatisch; er fuhr vom Erdgeschoß zu einer programmierten Zeit und nicht vorher ab, und so stehen da alle wirklich peinlich berührt von Charmant und seinem Witz über die beiden nackten Farbigen.

Er ruckt seinen leergepreßten Kopf immer wieder gegen die arme Frau mit der auf die Stirn gedrückten Sonnenbrille, während ihr Mann einige Tode stirbt, und er fährt fort: «Shorty, das ist, wissen Sie, wenn Sie von zu Hause weg sind, dann kommt Shorty mal vorbei zu Ihrer Frau. Sie wissen, daß er dagewesen ist und sehen überall nach . . .» Taylor blickt mit übertrieben aufgerissenen Augen über die Köpfe der anderen hinweg – «und man sieht ihn nie. Das ist Shorty! Heh, alter Junge!» sagt Taylor zum Mann der armen Frau. «Sie sind mir einer! Nein, nein, einen Augenblick nur, lassen Sie mich zu Ende kommen. Diese beiden nackten Farbigen – nackt wie ein Eichelhäher, wissen Sie? –, diese beiden nackten Farbigen sind schon bald soweit, daß sie sich wegen Shorty schlagen, der mit Freds Frau rummacht, wissen Sie? Eine furchtbare Auseinandersetzung. Also nimmt Fred seinen Hut ab und legt ihn auf die Bar. Dann zieht er die Jacke aus, lockert den Schlips, rollt die Hemdsärmel auf und zieht die Hosen hoch, und der andere Bursche zieht seine Jacke aus, zieht ein riesiges Anglermesser aus der Tasche, klickt mit den Schuhen gegeneinander und nimmt den Gürtel ab, wickelt ihn um seine Faust mit der Schnalle nach außen, verstehen Sie, bösartig . . .» Plötzlich hört er auf zu reden, seine Augen werden um etwa 150 Watt heller, und sein Mund öffnet sich zu einem Grinsen; aber niemand sagt irgend etwas, und die Lichter gehen wieder aus. «Alter Junge», sagt Taylor, «an der Stelle müssen Sie doch sagen: ‹Aber ich hab gedacht, die beiden Farbigen waren *nackt.*› Stimmt's? Gedächtnis! Gedächtnis! Klar? Und dann würde ich darauf antworten: ‹Was wollen Sie eigentlich von mir, wollen Sie klugscheißern – oder wollen Sie sich mit mir streiten?›» Dann bricht er in Gelächter aus, taumelt herum und . . . Ich weiß nicht. Was mir schließlich auf die Nerven ging, war nicht so sehr die Tatsache, daß alle da standen und einem Betrunkenen zuhörten, der diese stupide Geschichte von sich gab, die nichts mit Farbigen, mit Nacktheit, mit Bars oder irgend etwas sonst zu tun hatte. Was mir auf die Nerven ging, war, daß nunmehr eine unerwartete Katastrophe unvermeidlich schien, etwa ein Stoß in den Rücken, ein Anblasen mit Knoblauchatem oder der Geruch von Achselhöhlen in der Untergrundbahn. Taylor hatte ganz recht. Taylor hatte seinen Alumicronanzug an und sein Namensschild darauf. Er war perfekt ans System angeschlossen. Er war wie schriftlich festgelegt.

Die Fahrt schien mir eine Ewigkeit zu dauern; aber schließlich stieg ich im siebzehnten Stockwerk aus und ging durch die gekühlten, nach Mottenkugeln riechenden Tunnels zum Zimmer 1703. Ich wußte nicht, daß Hager und Hydrant, die Geheimdienstmänner vom *Hilton,* sich in den Kulissen verborgen hatten. Ich ging ins Zimmer. Hager und Hydrant warteten eine Anstandsminute, bevor sie hereinkamen, etwa siebeneinhalb Sekunden, möchte ich annehmen. Es klopfte an der Tür, und als ich öffnete, stand da Hager und sagte – Hydrant sagte nämlich keinen Ton –, sagte also: «1703?»

«Ja», erwiderte ich.

«Wir möchten mit Ihnen sprechen, Mr., eh, Wolfe», sagte Hager. Er sprach «Wolfe» aus, als spiele er mit einem ausgeklügelten, aber längst durchschauten Inkognito, das ich vorzutäuschen versuchte.

«Wer sind Sie?» fragte ich.

«Sicherheitsabteilung», antwortete er.

«Na ja, dann kommen Sie rein», sagte ich.

Ich konnte mir lediglich vorstellen, daß sie gekommen waren, um mich wegen der Reden zu liquidieren, die ich in den Weckapparat gehalten hatte und die das System Amok laufen ließen. Was konnte ich schon tun? Ich konnte ihnen nicht Einhalt gebieten. Ich würde auf keinen Fall die Telefonzentrale anrufen und noch einmal das ganze «Lesen Sie die Anweisungen»-Ritual durchmachen.

Sie kamen herein wie John Ireland das zu tun pflegte, wenn er als Leutnant die Räume nach verborgenen automatischen Waffen durchsuchte.Hager trug einen Alumicronanzug und eine Klammertafel und Papiere in der Hand. Er hatte ein Gesicht wie das eines ordentlich aussehenden Burschen auf «Danach»-Fotos für Toupet-Anzeigen, gewissermaßen von Dank erfüllt an die Mo-Hair Co., und zugleich doch irgendwie gekränkt durch die ganze Angelegenheit. Hydrant war wesentlich kleiner und sah aus wie – na ja, meine einzige Möglichkeit, ihn zu beschreiben, ist, daß er wie ein Feuerhydrant der Michigan Valve Co. aus dem Jahre 1935 aussah.

«Setzen Sie sich doch», sagte ich.

«Wie war das?» fragte Hager und drehte sich abrupt um. Dann quetschte er aus dem Mundwinkel zu Hydrant: «Da drüben!»

Hydrant schob sich zur Tür hinüber. Das geschah wohl, um sicherzustellen, daß ich nicht «ausbüchsen» konnte.

«Die Beretta liegt im Wandschrank», sagte ich. Das war das letzte Witzchen, das mir noch gelang.

«Wie war das?» fragte Hager. «Nun hören Sie mal zu, Mr., eh, Wolfe, zeigen Sie uns mal Ihre Papiere.»

«Wozu?» fragte ich.

Hager warf Hydrant einen Blick zu. Hydrant straffte sich.

«Nun gut, Mr., eh, Wolfe», sagte Hager. «Nehmen wir doch nur einmal an, daß wir Ihnen jetzt sagen, Sie haben uns eine falsche Adresse angegeben, als Sie sich einschrieben.»

«Dann würde ich sagen, Sie sind schlecht informiert.»

«Dann nehmen Sie doch einmal an, daß wir der Sache nachgegangen sind, und Sie sind gar nicht gemeldet, wo Sie zu wohnen vorgeben. Ihr Name steht nicht auf dem Briefkasten.»

«Ist mir unbekannt. Ich müßte Ihnen da vielleicht sagen, daß in dem Gebäude auch gar keine Briefkästen sind. Das ist eine Wohngemeinschaft, wissen Sie?»

«Tatsächlich?» meinte Hager. Während der ganzen Zeit war Hydrant auf alles gefaßt. Hager stand einen Augenblick da, während sich die verschiedenen elektronischen Leuchtanlagen des Zimmers auf seinem Alumicronanzug leicht widerspiegelten, und sagte dann schließlich: «Nun gut, das ändert nichts an den Grundtatsachen. Ihre Rechnung ist seit vier Tagen überfällig.»

«Überfällig?» fragte ich.

«Jawohl», sagte er. «Sie wollten eigentlich am Sonntag das Hotel wieder verlassen.»

«Wissen Sie, ich habe am Sonntagmorgen den Empfang unten angerufen.»

Hager sagte: «Die Karte –» und zog eine Karte aus der Klammertafel – «die Karte besagt, daß Sie angeblich am Sonntag abreisen wollten.»

«Mit der Karte haben die mich überhaupt nicht reden lassen», erwiderte ich.

«Das ist mir egal! Ich richte mich nach der Karte, und die Karte besagt, daß Ihre Rechnung überfällig ist», sagte er.

Später dann, «auf der Treppe», wie das so schön heißt, hatte ich eine Vision, was jetzt als nächstes hätte geschehen sollen. In dieser Vision drückte ich ganz clever hinter meinem Rücken das Telefonbuch vom Weckknopf weg und riß das Hemd von der Leuchttafel, und – klick, blitz – das ganze Feuerwerk begann, rums, WÄHLEN SIE 5, FÜR SIE IST EINE NACHRICHT HINTERLEGT – KNOPF DRÜCKEN, UM DEN WECKER ABZUSTELLEN, das Martinshorn. Alles aus der Trickkiste. Ich wurde ganz verrückt da drinnen. Hager rannte an der Tür gegen Hydrant.

Aber alles, was wirklich geschah, war, daß ich zu Hager sagte: «Wie heißen Sie übrigens?»

Aber das bewirkte eine sonderbare Reaktion. Hager hatte plötzlich einen ganz leeren Gesichtsausdruck. Dann nahm er seine Brieftasche heraus und begann, darin zu stöbern. Schließlich gab er mir seine Karte.

Darauf stand «Kenneth Morgan, Stellvertretender Kreditabteilungsleiter.»

«Sie sind Kenneth Morgan?» fragte ich.

«Das steht doch auf der Karte», sagte er.

Ja natürlich. Perfekt! Gott sei Dank war der Mann schriftlich festgelegt.

Dann blickte er mit seinem Mo-Hair Co.-Toupet-Anzeigen-Ausdruck auf und sagte: «Ich hoffe, Sie sind sich darüber im klaren, Sir, daß dies eine sehr heikle Angelegenheit ist.»

Ich gab dem Stellv. Kreditabtlgs. Ltr. einen Scheck über 133,65 Dollar, worauf er und Hydrant sich verzogen. Das bringt mich zur Frage der bereits zuvor erwähnten 4,79 Dollar, Horwath & Horwath. Am nächsten Morgen rief ich den Empfang an und bat um meine Rechnung, denn ich wollte um 15 Uhr abreisen.

Am anderen Ende war ein fast befreiendes Gelächter zu hören, das möchte ich Ihnen doch mitteilen, Horwath, und auch Ihnen, Horwath.

«Machen Sie sich keine Sorgen», sagte mir die Stimme. «Die Rechnung liegt bereit, sobald Sie herunterkommen. Wir haben hier Direktfakturierung. Ja, Sir.»

All right. Etwa zwanzig vor drei an jenem Nachmittag rief ich den Oberpagen an, mir doch einen Pagen ins Zimmer zu schicken; aber niemand ließ sich blicken. Das war natürlich mein Fehler; doch ich konnte mir keine annehmbare Art vorstellen, in der ich dem Oberpagen etwas Schriftliches zukommen lassen konnte. Jedenfalls trug ich meine Koffer hinunter in das Vestibül, wo die Szene einer Art modernem Bosch oder Breughel entsprach. Das *Hilton* ist an jedem Nachmittag zur Abreisezeit ein Tollhaus, und all die Alumicronanzüge rennen einander in die Weichteile. Ich brauchte auch nicht mehr als zwanzig Minuten zu warten, um meine Sofortrechnung zu erhalten. Schließlich nahm ein Mädchen meine Lochkarte aus einem Register – ich durfte sie betrachten, und da war das alte 1703 noch einmal ganz gegenwärtig –, und sie verschwand in den elektronischen Eingeweiden des *Hilton*. Schließlich brachte sie mir die Rechnung des letzten Tages über weitere 24,17 Dollar, die ich bezahlte.

Also, Horwath, und Sie auch, Horwarth, ich weiß nicht, was die 4,79 Dollar darstellen oder wie sie zwischen dem *Hilton*-Geheimdienst und den elektronischen Eingeweiden verlorengehen konnten; aber darum geht es auch gar nicht. Es geht darum, daß Sie die ganze Angelegenheit einfach nicht richtig anpacken, nicht auf die rechte Weise des automatisierten Hotels. Ich hoffe, Sie haben im Verlauf dieser Geschichte ein paar Dinge gelernt. Gott weiß, ich habe mein Bestes versucht.

Ich will nämlich eigentlich nur sagen: Wenn Sie die Sache richtig anpacken, dann werde ich die 4,79 Dollar umgehend zahlen, obgleich ich gar nicht weiß, wofür. Mir geht es hier um den *Stil*. Hiermit also verpfände ich Ihnen und der Hilton Corporation öffentlich, freimütig, hier und jetzt mein Wort: Wenn Sie die Angelegenheit in der echten wahren Weise eines automatischen Hotels angehen und zwei stellvertretende Kreditabteilungsleiter zu mir an die Haustür schicken, dann zahle ich morgen auf der Stelle. Die werden mich schon erkennen. Ich stehe nämlich gleich hinter der Tür mit einem Baseball-Schläger in der Hand.

14 Der Schockkkkkk des Erkennens

Es könnte doch so vollkommen sein. Clarence oder «Clancy», wie er sich gern nennen läßt, ein 23jähriger aus Woodhaven, Queens, in Schuhen mit Traktor-Profil und einem anthrazitfarbenen Regenmantel, der spekkig glänzt, einem nichtausgequetschten knallroten Pickel auf seinem Kinn und einer Mutter, die ihn immer so vernichtend ansieht, wenn er abends zurückkommt, von woher auch immer – er also, Clancy, will Natalie Wood ganz für sich selbst haben. *Schock* – die richtige Natalie Wood wird . . . *im Dunkel ganz sein eigen.* Keiner von diesen Idioten wie Penner mit seiner Leica, was für ein Witz, 400 Dollar für eine Kamera, was der nötig hat, ist ein neues Gehirn – aber Penner und niemand von denen ist hier, und Clancy wird Natalie Wood ganz für sich alleine haben, wenn sie bloß aus dem Hotel rauskäme. Laßt sie doch rauskommen!

Denn das könnte doch so vollkommen sein! Sechs Fotojäger standen hier draußen vor dem *Sherry-Netherlands Hotel,* warteten auf Natalie Wood. Der Fotojäger ist eine neue Variante des Autogrammjägers. Statt Autogramme von Stars zu sammeln, machen sie Fotos. Clarence und alle, die dazugehören, lesen die Zeitungen bloß *daraufhin.* Wie ein alter Mann, der auf dem Boden einer Ritz-Cracker-Schachtel herumsucht, suchen sie in den Zeitungen danach, wer gerade in der Stadt ist. Schon bald weiß man dann, daß Natalie Wood immer im *Sherry-Netherlands* absteigt, an der Ecke von der Fifth Avenue und der 59th Street. Man wartet und wartet mit einer Nikon um den Hals, und endlich kommt dann diese kleine, mädchenhafte Gestalt aus diesen Messingverkleidungen bei der Drehtür heraus – *Natalie!* –, und dann ist es die *tatsächliche, wirkliche Natalie Wood.* Einer hat sie im Sucher und – *Schock* – plötzlich, in diesem Augenblick *hat* man sie. Keiner versteht das, es ist komisch, die begreifen das einfach nicht – man drückt das Gesicht fest hinten an eine Kamera, und das Auge, dein . . . *Selbst,* verschlingt sie wie eine Lava-Puddingamöbe, ihre wunderbaren großen, riesigen Augen sind weit geöffnet – kleines Mädchen! – wie auch in der ‹*West Side Story*› und in ‹*Splendor in the Grass*› (*Fieber im Blut*›), und wenn man auf den Auslöser drückt, dann spürt man dieses Geräusch im Kopf, *Schock,* und mit einem Blitz geht es noch besser, das ganze . . . *Gefühl* läuft einem dann am Körper herunter wie eine Stromladung, so daß Clancy selbst bei Tage seinen Blitz auf der Kamera läßt – *Schockkkkkk* – das *Gefühl*! Laß sie doch hier rauskommen.

Natalie Wood und irgendein Illustriertenschreiber in einem gestreiften grünen Anzug verlassen die Leute in ihrer Suite im elften Stock und begeben sich zum Aufzug. Ein Stockwerk tiefer steigt ein Mann ein, starrt vor sich hin und wirft dann Natalie Wood einen verstohlenen Blick zu, das ist Natalie Wood, ganz bestimmt, dieselbe stramme kleine Figur, die alle in ‹*Rebel Without a Cause*› (‹*. . . denn sie wissen nicht, was sie tun*›) mitgerissen hat, die großen, weiten, wunderbar riesigen, bemutternden braunen Augen, natürlich sieht sie ein bißchen reifer aus, aber in diesem rosa Schottenkaro-Kostüm und den weißen gemusterten Strümpfen sieht sie sehr lebendig aus, natürlich ist das Natalie Wood – also sieht er weg, und ein listiges Lächeln verbreitet sich über sein Gesicht. Dann wendet er sich ihr strahlend zu und sagt: «Ich hab Sie gestern abend noch in Montreal im Fernsehen gesehen.»

Natalie Wood lächelt, aber sie sagt nichts. Ach ja, Fernsehen, Montreal – Mensch, dieser Aufzug fährt langsam. Zehn, neun, acht, sieben, sechs – das Schweigen weitet sich in ihr wie ein Luftballon aus. «Ja wissen Sie», sagt er, «ich war geschäftlich in Montreal und zufällig auf meinem Zimmer; denn normalerweise bin ich nicht oft auf meinem Zimmer, aber ich war da und habe das Fernsehen eingeschaltet.» Hups, Junge, Junge, sie kommen unten an. Grüner Anzug und Natalie Wood bewegen sich durch die Hotelhalle auf die Drehtür zu.

In Montreal hab ich sie im Fernsehen gesehen. Dabei ist es ja so, daß Natalie Wood schon die ganze Tour in Hollywood mitgemacht hat, noch gründlicher als Elizabeth Taylor, Marilyn Monroe oder irgendeine von ihnen. Sie hat schon mit sechs zu filmen angefangen. Mit acht war sie ein Kinderstar in ‹*Miracle on 34th Street*›, ein erwachsener Star mit 16 in ‹*Rebel Without a Cause*›. Bereits 1957 unterzog sie sich einer vielfach publizierten Hollywood-Ehe mit Robert Wagner, bekam die richtige, vollständige Hollywood-Filmkönigin-Behandlung, einschließlich einer Marmor-Badewanne im ersten Stock ihres Hauses, die so schwer war, daß die Decke darunter etwa um die Zeit nachzugeben begann, als auch ihre Ehe wackelte. Ende 1961, als sie 23 war, hatte sie 33 Filme gedreht, darunter zwei große in einem Jahr, ‹*West Side Story*› und ‹*Splendor in the Grass*›. Sie hatte die Publicity-Mühle so hart angekurbelt, wie es nur ging, und sich dann von allem fast wie die Garbo zurückgezogen. Sie galt in Hollywood als eine der besseren Schauspielerinnen, war ehrgeizig und aggressiv, was ihre Karriere anging, aber durchaus beliebt, kooperativ – und heute, mit 27, ist sie eine ziemlich natürliche, nachdenkliche Person, die langsam den 21 vollen Jahren in der Hollywood-Brutschale entwächst.

Eine Sache, die sie entdeckt hat, ist die Zurückhaltend Höfliche Lösung für die Reaktion auf Fremde, die sie etwa in Montreal auf dem Fernsehschirm gesehen haben. Wenn man unnahbar ist, dann steht man bei allen Leuten als Egomanin in Mißkredit. Wenn man zu verständnisvoll ist, und das gilt besonders für eine Schauspielerin, dann stößt man jene Anhänger vor den Kopf, die ausharren, die auf etwas *warten*, Gott weiß, auf was. Also lächelt Natalie Wood.

Sie hat diese Reise an die Ostküste aus ganz unterschiedlichen Gründen gemacht, wegen der Fernseh-Show, die der Mann gesehen hat, ‹*Was bin Ich?*›, wegen eines Abstechers nach Harvard, um alle Leute zu verwirren und persönlich den Preis als «Schlechteste Schauspielerin des Jahres» der satirischen Harvard-Zeitschrift *Lampoon* entgegenzunehmen, um bei Scaasi ein paar Kleider mitzunehmen – und einmal den Kauf zu sondieren . . . ja, den Kauf eines großen Kunstwerks in der Wildenstein-Galerie. Das beschäftigt sie sehr, Monet, Bonnard, Courbet und Mr. E. J. Rousuck.

Grüner Anzug und Natalie Wood gehen durch die Hotelhalle und durch die Drehtür hinaus, an all jenen Messingbeschlägen vorbei, an gestutzten Sträuchern in großen Kübeln, am Portier unter dem Baldachin, die gute alte Fifth Avenue entlang – und plötzlich, dort draußen auf dem Gehsteig, steht irgend so ein Bursche, der sich gegen die Messingrohre gelehnt hat, die eine Seite des Baldachins stützen – er dreht sich auf dem Absatz herum, sie sieht flüchtig sein Gesicht und die hübsche, fette Pustel auf seinem Kinn, bevor er sein Gesicht hinter diese Kamera, die er da hat, drückt, eine Kamera mit Blitzlicht, obwohl es doch Tag ist . . .

«Natalie!» sagt er, «Natalie! Einen Schuß, Natalie, einen Schuß!»

Zunächst denkt sie, es muß sich hier wohl um einen Illustriertenfotografen oder eine New Yorker Variante des Paparazzo handeln, was immer das auch sein mag, und sie arrangiert sich zu einer dieser großäugigen Gehsteigposen, um ihm den Gefallen zu tun; aber dieser Bursche ist wirklich ein Zwangsneurotiker, er zuckt in eine Dschungelkatzenhukke, springt ruckartig auf dem Gehsteig hin und her, stößt Grunzgeräusche aus, gurgelnde Laute, gibt Anweisungen, fleht sie an – «So ist gut! So ist gut, Natalie, noch eine Aufnahme!» –, und die ganze Zeit betätigt er die Transportautomatik seiner Nikon wie achtzehn Varianten von Horst Faas, dem Vietnam-Fotografen, in eine zusammengefaßt – «Bloß noch eine Aufnahme!» –, er ruckt, schießt hinüber, taumelt, duckt sich, das Blitzlicht blinzelt bloß im Tageslicht – «Heeeeeee!» – «Oooooooh!» – «Natalie!» Natalie, Natalie, vollkommen . . .

Im Cadillac sagt Natalie Wood dann, als der Wagen gerade abfährt, zum Grünen Anzug: «Ich frage mich immer, wer die sind. Es gibt fünf oder zehn von ihnen, glaube ich. Ich seh überall die gleichen Gesichter.»

Der Cadillac fährt weiter hinüber zur Wildenstein-Galerie an der Ecke von der 19 East und der 64th Street. Auf dem Weg dorthin blicken Leute in anderen Autos dauernd in die Limousine, um sich zu vergewissern, wer drinsitzt; denn das machen sie immer noch mit großen Wagen in New York, und ein paar Leute erkennen Natalie Wood, die fast wie eine perfekte kleine Käthe-Kruse-Puppe im Fond dieses Riesenwagens sitzt, und dann beginnt diese lustige Sache mit den schwebenden Köpfen. Da fährt dann irgendein Wagen voller Leute vorbei, und einer im Wagen erkennt Natalie Wood. Dann entsteht Unruhe, aber alles geschieht hinter Glas, geräuschlos, wie eine Szene aus ‹8½›, und dann wird der Wagen vom Verkehrsablauf gezwungen, an der Limousine vorbei nach vorn zu ziehen, und all die unruhigen Köpfe hinter Glas schweben einem aus dem Gesichtsfeld, und dann holt die Limousine auf, diese unruhigen Köpfe schweben wieder auf sie zurück, alles geräuschlos, eine Menge schweigendes Rufen, Natalie Wood, Natalie Wood . . .

Grüner Anzug fragt sie nach ihrer Kunstsammlung.

«Ach, ich kaufe schon seit einiger Zeit Kunst», sagt sie, «aber keine großen Namen, bloß Sachen, die mir gefallen. Kürzlich habe ich ein Bild von einem Künstler aus Sacramento gekauft, von Silva – dabei fällt mir ein, daß praktisch alles, was ich gekauft habe, Kinder abbildet. Der Silva zeigt ein Kind und eine Art von Wasserball, es ist ein sehr impressionistisches Bild, aber es ist ein Kind drauf.»

Der Silva hängt über dem Kaminsims ihres Hauses in Bel Air; aber jetzt kommt etwas anderes an die Stelle. Natalie Wood steigt auf zu den Alten Meistern oder den ziemlich Alten Meistern, Monet, Bonnard oder vielleicht zu einem Courbet, einem Maler, den sie besonders gern hat.

«Ich mag die Impressionisten, Monet, ich hab seine Wasserlilien schrecklich gern», sagt sie, und dann: «Was halten Sie von Pop Art?»

«Na ja . . .»

«Genauso empfinde ich da auch. Ich halte nicht viel von Kunst, die lediglich einen *Kommentar* über die Kunst abgibt. Verstehen Sie? Und ich glaube, genau das ist die Pop Art, bloß ein Kommentar über die Kunst.»

Einige beunruhigte Köpfe schweben vorbei, schreien geräuschlos.

«George Axelrod und seine Frau sammeln Pop Art», fährt sie fort, «und die können einem auch sagen, warum das Kunst und warum sie gut ist, aber für mich ist das nichts.»

George Axelrod. Sie hat verschiedene . . . so ziemlich intellektuelle Typen von der Ostküste und sogar aus Europa kennengelernt, Axelrod, Mike Nichols, Adolph Green, Tony Newley. Es gab einmal eine Zeit, als in Hollywood niemand den Intellektuellen von der Ostküste besondere Aufmerksamkeit schenkte. Die waren brillant und alles, was dazugehört, aber sie waren . . . *schäbig*. Da denkt man doch wer weiß was von irgendeinem großen Kritiker oder so, und dann erweist der sich als ein armer alter Hund, der in einer Zweizimmerwohnung in einem Backstein-Mietshaus wohnt und sich am Abend hinkniet, um eine vergiftete rohe Kartoffelscheibe unter den Küchenausguß zu legen, um die Küchenschaben auszurotten. Aber Leute wie Axelrod und Nichols sind nicht nur brillant, sie haben auch das nötige Geld, am Hollywood-Maßstab gemessen. Wenn Axelrod in New York ist und so beim Schaufenstergucken über den Gehsteig flaniert, dann läßt er seinen Fahrer fünf Schritte hinter sich auf der Straße fahren, im Cadillac; denn er hat ihn einfach gern bei sich. Jedenfalls sagt man das. Wer kommt schon gegen Axelrod an? Jedenfalls sammelt Axelrod Pop Art, und Mike Nichols mag Vuillard, und Joe Levine hat soeben für 100000 Dollar einen Monet gekauft, ‹*Charing Cross Bridge*›, und Hal Wallis hat ein Auge auf einen Bonnard geworfen, ‹*La Femme au Chien*›, und Natalie Woods alter Freund William Goetz, der Filmproduzent, der ihren Namen von Natascha Gurdin in Natalie Wood verwandelte, ist tatsächlich einer der großen Sammler im Lande – und plötzlich ist *sie* genau wie eine Handvoll der angesehenen Sammler, wie Goetz zum Beispiel, auch in die große Hollywood-Bewegung des Kunstsammelns eingestiegen: Jay Rousuck von der Wildenstein-Galerie in New York City macht eine Privatvorführung im *Beverly Hills Hotel.*

Er fliegt mit einer ganzen Ladung Meisterwerke, die nur zu diesem Zweck sachgerecht in Verschläge verpackt sind, nach Hollywood. Plötzlich erscheint zwischen dem gummiartigen Grünzeug und dem heißen Beton von Beverly Hills . . . wirkliche Kunst. Das ist sie wirklich. So wie beim letztenmal, als Rousuck etwa zwanzig Gemälde mitbrachte, zirka zehn Bonnards, einen Pissarro, einen frühen Gauguin, einen kleinen Degas, einen Sisley, einen Courbet und, es ist schwierig, alle im Gedächtnis zu behalten, Farbdias von ein paar Monets. Das ist großartig – jemand wie Natalie oder Hal Wallis, der Filmproduzent, oder Edward G. Robinson kommt in die Hotelsuite rein, und da stehen diese Meisterwerke, stehen just da im *Beverly Hills Hotel*, während sich die übrige Hollywood-Welt immer noch draußen auf dem Beton herumquält, wo gepolsterte Kopfstützen gegen den Peitscheneffekt aus den Autositzen herausragen, und sie klopfen den Takt auf das Lenkrad zur Melodie ‹*Magnificent*›, und Montague spielt. Alldieweil stellt oben in der Suite Mr. Rousuck einen dieser wirklich großartigen Bonnards auf eine kleine Staffelei, die er mitgebracht hat. Nun ja, man nennt es Staffelei, aber in Wirklichkeit ist es ein samtbezogener Ständer, etwa von der Größe jener Überseekoffer mit Rollen darunter, die Handelsvertreter mit sich führen. Mr. Rousuck stellt ein Gemälde auf den Ständer am Fenster, das Tageslicht fällt darauf, und – Schock . . . es ist ein *Bonnard*, ein Bonnard im *Beverly Hills* –, und man beginnt mit dem Auftritt . . .

Wildenstein! Die Limousine fährt rechts ran, sieh dir das an. Dieses Haus könnte ja so vollkommen sein. Natalie Wood, oder «Nat», wie sie enge Freunde nennen, ein 27 Jahre alter Filmstar aus Bel Air mit einem rosa Schottenmuster-Kostüm und mit weißen Strümpfen, zurückgekuschelt in die unteren Regionen einer Cadillac-Limousine – Natalie Wood wird in diesem Palast der großen Kunst mit dem Werk von Monet, Bonnard, Courbet und all den anderen zusammen sein. *Schock* – da gibt es die Pinselstriche, die sie tatsächlich in einem Augenblick der Geschichte aufgetragen haben, *da genau sind sie.* Größe, eingefangen . . .

Das könnte so vollkommen sein. Man glaubt, daß niemand innerhalb oder außerhalb von Hollywood sich je eine vollkommenere Hochkultur-Galerie als Wildenstein hätte ausdenken können. Die Wildensteins haben sie 1932 an der 19 East 64th Street als Galerie gebaut. Fünf Stockwerke rosa Gestein im Stil des C.-A.-Busby-Stadthauses, eine blaue Fahne fliegt hoch im Wind und verkündet «Wildenstein». Natalie Wood und Grüner Anzug gehen hinein, und da sind sie nun in Wildensteins archetypischem Stadthaus mit hochaufstrebenden Decken und rosa und weißen Marmorplatten, stilistisch eine Art von John-Nash-Interieur, der sich auch in der Londoner Regency Street wiederfindet, Bögen, Gewölbe, Büsten, Wandteppiche und zwei Lehnsmänner, die aus einem Vorzimmer herauskommen, Haltung annehmen und dann sagen «Miss Wood!»

Joseph Duveen pflegte die Männer seiner Galerie nur mit gestreiften Hosen auftreten zu lassen. Bei Wildenstein sind sie dunkelblau oder grau gekleidet.

«Oben ist alles für Sie bereit. Mr. Rousuck kommt jeden Augenblick.»

Mr. Rousuck erweist sich als ein großer, kräftiger Mann, würdig, stattlich, wie man eigentlich sagen könnte, mit einer maßgeschneiderten Kombination britischen Kammgarns bekleidet. Er und Natalie Wood begrüßen sich mittlerweile wie gute alte Freunde. Er zeigt ihr Mr. Wildensteins Büro, das wie etwas aus dem Musée Camando, ganz Louis hochverziert, aussieht.

Und – die samtenen Räume! Die Wildenstein-Galerie hat soviel Samt, daß er gar nicht mehr aufzuhören scheint. Momentan ist dort eine Ausstellung französischer Romantiker und Realisten zu sehen, Corot, Courbet, Daumier, Delacroix, Géricault, Millet und so weiter, die Leihgaben von vielen Museen und Sammlern aus der obersten Liga zeigt, etwa von Averell Harriman, Mary Lasker, Benno Schmidt, Robert Lehman, William Coxe Wright. Die Ausstellung ist im Erdgeschoß und im ersten Stock, im öffentlichen Teil der Galerie; aber selbst da sind die Wände vollständig mit Samt ausgeschlagen, vom Boden zur Decke mit hellgrauem Samt, wobei der Boden ganz mit anthrazitblauem Teppich ausgelegt ist, und die Sockel rundherum sind aus Marmor. Rousuck führt Natalie Wood hinüber und zeigt ihr einen Millet und sagt: «Er hatte großen Einfluß auf van Gogh», was für den alten Millet eigentlich eine etwas unfreundliche Behandlung ist, wenn es darum geht, sich an ihn zu erinnern. Aber so ungefähr geht es dort eben zu.

Dann ein Corot.

«Ein Kunststudent bat einmal Corot, ihm doch zu sagen, wie man solche Blätter malen könne, und Corot sagte: ‹Man muß die Blätter immer so malen, daß ein Vogel hindurchfliegen kann.› Sehen Sie die Blätter da? Da könnte ein Vogel durchfliegen.»

Sie verlassen diesen Teil der Galerie. Draußen im Vorraum hängt ein

Courbet, *‹Ansicht von Entretat›*, worauf ein Sonnenuntergang auf See zu sehen ist.

«Ich hab wirklich eine Schwäche für Sonnenuntergänge», sagt Natalie Wood.

Rousuck holt den Aufzug herbei, was wohl bedeutet, daß sie in die privaten oberen Gemächer der Wildenstein-Galerie hinauf wollen. Im vierten Stock öffnet Rousuck die Türen zu einer Privatgalerie, die drei, Rousuck, Natalie Wood und Grüner Anzug, treten ein, und Rousuck schaltet die Lampen an, eine ganze Batterie von Deckenlampen strahlt auf . . .

«Ohhhhhh», sagt Natalie Wood. Hier befindet sich plötzlich eine ganze Galerie, ein privater Samtraum – *Schock* – ausgeschlagen mit Bonnards. Diese ganze Schau ist für Natalie Wood. Bei Gott – auf der anderen Seite des Zimmers, der Tür gegenüberliegend, hängt der Bonnard, den sie und Hal Wallis so gern haben. Ein Lichtkegel fällt darauf, auf das Bild einer Frau in Gelb, die an einem Tisch mit einem karierten Tischtuch sitzt, und ihr gegenüber hockt ein Hund auf einem Stuhl oder etwas Ähnlichem. Es ist eine Skizze.

«Mein Gott, ist das . . . schön», sagt Natalie Wood.

«Ein prachtvoller Bonnard», sagt Rousuck. «Das Bild hat alles, was man in einem Bonnard zu finden hofft. Und natürlich ist das seine Frau und seine Wohnung.»

«Gott, das ist wirklich schön.»

«Es ist ein prachtvoller Bonnard. Das Bild ist sehr ungewöhnlich komponiert. Sie sehen, wie der Tisch oben hinausdrängt . . .»

Sie gehen hinunter in den dritten Stock, und dort befindet sich erst der wahre Raum. Mr. Rousuck öffnet die Tür, und hier ist es, *Das* Samtzimmer. Es ist wie ein Wasserfall von Samt. Portweinfarbener Samt, in Château-de-la-Malmaison-Falten geworfen, scheint aus großer Höhe herunterzuströmen. Vier riesige Samtpolstersessel stehen einer großen Wand gegenüber. Die Seitenwand besteht aus einem weiten, portweinfarbenen Samtvorhang, der gerade genug aufgezogen ist, um einen Tageslichtkegel einzulassen. Mr. Rousuck bittet Natalie Wood, auf dem Sessel, der dem Licht am nächsten ist, Platz zu nehmen, und plötzlich sitzt hier ein properes kleines Mädchen in einem rosa Schottenmuster-Kostüm, versunken in einem riesigen Sessel aus portweinfarbenem Samt, ihre Beine in den weißen Strümpfen übereinandergeschlagen und aus dem Sessel gewissermaßen wie eine zierliche Spode-Porzellan-Figur herausragend.

Rousuck geht zur Tür hinaus und spricht mit jemandem im Vorzimmer: «Philip, bringen Sie bitte den Courbet.» Im Vorzimmer haben sie zwei weitere Türen geöffnet, die das verborgenhielten, was praktisch auf einen Safe von der Größe einer Dachkammer hinausläuft. Drinnen stehen Regal an Regal Gemälde in großen vergoldeten und ockerfarbenen

Rahmen. Philip, der sich als ein jüngerer Mann in Grau erweist, kommt herein und trägt ein Gemälde. Er stellt es auf die Kante der samtenen Staffelei, tritt zurück, und das Licht fällt auf den Courbet, der in den roten Samt gekuschelt ist. Ein Sonnenuntergang und die wilde See sind zu sehen. Gott, wie das aufleuchtet, als der Tageslichtkegel auf die Staffelei fällt und – Schockkkkkk – das ist es. Natalie Wood beugt sich aus dem großen Nest aus portweinfarbenem Samt, in dem sie sitzt, hervor. Das ist der Augenblick, der große samtene Augenblick in der amerikanischen Kunstsammelei, in *dem* Samtzimmer der Samtzimmer, mit einem *Meisterwerk* auf der samtenen Staffelei, einem echten Courbet, einer echten Leinwand, an der vor fast hundert Jahren seine Hände und sein Pinsel gearbeitet haben – Schockkkkkk – erstarrte Größe!

«Gott, das ist wirklich schön», sagt Natalie Wood.

«Oh, das ist ein großartiges Gemälde», sagt Rousuck. «Großartig.»

Sie diskutieren darüber, wie das Rot des Sonnenuntergangs kühn auf den Wellenkämmen wiederholt wird, und dann kommt Natalie Woods Kopf aus den samtenen Tiefen hervor: «Wie hoch . . . was sagten Sie doch, ist der . . . *Wert* dieses Gemäldes?»

«40», sagt Rousuck.

«Gott, ist das schön», sagt Natalie Wood. Sie sinkt in die samtenen Tiefen zurück.

«Philip! Bringen Sie die Monets!» – eine prächtige, erstaunliche Prozession beginnt, als Philip die Monets, Courbets, Vuillards hereinbringt, die Pissarros, Sisleys, Corots, Toulouse-Lautrecs. Er stellt sie auf die Staffelei – *Schock* –, Natalie Woods Kopf stößt nach vorn, sinkt dann wieder zurück, Gottes eigenes Tageslicht fällt auf Gottes eigene göttlich inspirierten Gemälde, die echten, wirklichen Gemälde, die diese Halbgötter gemacht haben, man kann es – *Schock* – *fühlen*, ist das ein *Gefühl*, wenn das Tageslicht auf diese . . . *Meisterwerke* – fällt. Gott . . .

«Gott, ist das hübsch . . .»

«Es ist ein herrliches Gemälde . . .»

«. . . schön . . .»

«. . . herrlich . . .»

«Gott, es ist wirklich wunderschön . . .»

«Es ist ein erstaunliches Gemälde . . .»

«. . . wunderschön . . .»

«. . . erstaunlich . . . Philip! Bringen Sie die Lautrecs!»

Philip bringt zwei kleine Lautrecs herein, und man braucht sich bloß – Licht, Gott – José Ferrer auf den Knien liegend vorzustellen – ein Bild zeigt einen rothaarigen Frauenkopf und ein paar skizzenhafte Linien. Das andere hat ein paar blaue Linien, die einen Körper andeuten und einen Arm und den Anfang eines weißen Hintergrundes. Sie scheinen etwas zu sein, das der Künstler begonnen und wieder aufgegeben hat.

«Mein Gott, das ist wirklich schön. Was sind die . . . wert?»

«Dieses kostet 85. Das andere 90.»

Rousuck nennt die Zahlen, 40, 85, 90, in sachlichem Ton.

Er redet von 40000, 85 000 und 90000 Dollar – aber natürlich! – in diesem samtenen Wasserfall, in diesem ... *Augenblick* in der Geschichte des Kunstsammelns, sind die Zahlen ... Spielmarken im Flohspiel.

Als nächstes ein Corot, ein großes Mädchenbild; das Mädchen ist bis zur Taille nackt, steht an einem Gewässer. «Das ist teuer», sagt Rousuck, «250 ... Sie ist halbnackt, aber ohne Arg. Schauen Sie die Blätter an – da könnte ein Vogel durchfliegen.»

«Philip! Ziehen Sie den Vorhang vor dem Manet auf!»

Philip zieht an der Leine, und die ganze Wand auf der anderen Seite scheint wegzufallen, der ganze samtene Vorhang gleitet zurück wie ein Bühnenvorhang und – *Schockkkkkkkkkk!* – ja. Hier ist ein riesengroßer Manet, etwa zwei Meter zwanzig hoch und ein Meter fünfzig breit, der hat hier *die ganze Zeit* hinter dem portweinfarbenen Samt gestanden – 3,25 Quadratmeter erstarrter Größe. Von der Decke fällt ein Scheinwerferlicht, überflutet das Gemälde, wohl die Abbildung eines Landstreichers mit einer zerbrochenen Weinflasche oder so etwas zu seinen Füßen. Es sieht aus wie das kosmische Ideal des ganzen Genres von Gemälden liebenswerter ... Zukurzgekommener.

«Wieviel kostet das?» fragt Grüner Anzug und läßt sich damit zum erstenmal vernehmen.

«Etwa eine Million», sagt Rousuck.

Unten führt Rousuck dann Nat Wood in sein Büro, und sie sagt, daß sie in zwei Tagen wiederkäme, weil sie es sich überlegen müsse, und er sagt, er möchte nicht, daß sie ohne etwas fortginge, er tritt an ein Bücherregal und zieht ein riesiges cremefarbenes und reichverziertes, in Leder gebundenes Buch über Turner heraus. Nat Wood blickt zu Rousuck auf, legt ihm die Hand auf die Schulter und küßt ihn auf die Wange.

Draußen sagt sie zu Grüner Anzug: «Wissen Sie, ich beneide Mr. Rousuck wirklich.»

«Warum?»

«Stellen Sie sich nur einmal vor, jeden Tag ist er in Gesellschaft dieser» – *Schockkk* – «großen Kunstwerke.»

Etwa bei Sonnenuntergang kommt die Limousine zurück zum *Sherry-Netherland-Hotel.* Natalie Wood steigt aus und, Junge, Junge, irgendwo hinter den Topfpflanzen oder sonstwoher kommen fünf Fotojäger. Diesmal sind sie fast angriffslustig und nicht in ihrem üblichen Zustand der Ekstase und des Entzückens.

«He, Natalie! Was ist los?

«Ja, wir haben schon davon gehört!»

«Dieser Bursche, der Clarence, sagt, Sie haben ihm heute nachmittag richtig Modell gestanden!»

«. . . richtig Modell gestanden . . .»
«Wie wär's denn! Wann kriegen wir unsere Sitzung?»
«Jawohl . . .»
«. . . bloß einmal richtig stehen . . .»
«. . . Jaa! . . .»
Natalie Wood und Grüner Anzug eilen durch die Drehtür nach innen.

In Clarence' – Clancys – Dunkelkammer ertönt kein Laut. Man hört nur das Wasser in die verzinkten Wannen rinnen, und es gibt kleine Erschütterungen, wenn ein Zug der Hochbahn über Woodhaven Boulevard fährt oder wenn sein Großvater vor dem Fernsehgerät zwei Zimmer entfernt in einen Anfall asthmatisch-verschleimten Schnarchens verfällt. Alte Männer haben diese Geheimsprache, oder was immer das ist. Nur ein rotes Licht leuchtet, genug, in die aufperlende Flüssigkeit zu sehen und zu warten . . . zu warten, daß der Körper von Natalie Wood Gestalt anzunehmen beginnt – *Schockkkk* – mein Gott, das ist sie tatsächlich, in Clancys eigener Dunkelkammer, die echte Natalie Wood, immer noch ein kleines Mädchen, kaum einen Meter fünfundfünfzig groß, wiegt 110 Pfund, gerade beginnt das . . . *Gelenk* einer gebärfreudigen, jugendlichen Hüfte da in seiner Fixierlösung aufzuscheinen, herauszukommen, wird dunkler, ach Gott, jetzt kommen diese bewundernswerten riesigen Augen heraus, dort, wie die Augen eines Rehs, leibhaftig Clancy anblikkend, wie ein Nachgeben, niedlich, ein Kind. Natalie hier im Dunkeln in Woodhaven, Queens, erschließt sich, Gott, komm doch jetzt raus, Natalie – *Schock* – ein Berühmtheits*autograph* . . . nein! eine Göttin, eingefangen . . .

Zwei Tage später – Natalie Wood wollte in die Wildenstein-Galerie zurück; aber so vieles kam ihr dazwischen. Plötzlich war auch keine Minute mehr frei am Tag, Anproben bei Scaasi, das Umschlagfoto für die *Sunday News Color Roto* – der Mann drückt Nats Kinn mit dem Daumen und Zeigefinger nach oben und sagt: «Das wär's, Honey. Kinn hoch und leg deine Hände so hin, das ist attraktiv», und als Hintergrund steht da eine riesige vergoldete Muschel. Fotos! Aber mit der Zeit hat sich dann doch alles erledigt: Sie ging in die Wildenstein-Galerie zurück und kaufte sie . . . und hatte sie . . . einen Bonnard, einen Courbet, einen Pasternak – *Autographen* Alter Meister . . . nein! Eingefangene Kultur . . .

15 O verrottetes Schilda – das du auf den Müllhaufen der Verhaltensforscher schlitterst

Ich habe soeben zwei Tage mit Edward T. Hall, einem Anthropologen, verbracht, wobei ich zusah, wie Tausende meiner New Yorker Mitbürger sich selbst mit Stößen ihres eigenen Adrenalins in rasende kleine, zukkende Todeskugeln kurzschlossen. Dr. Hall sagt, das bewirke die Übervölkerung. Übervölkerung verursacht die Adrenalinproduktion, und das Adrenalin heizt die Leute auf. Hier sind sie, aufgeheizt, gallig werdend, nervlich überreizt, sonderbar, autistisch, sadistisch, unfruchtbar, behämmert, schlampig, haben Feuer unterm Hintern und Jucken zwischen den Beinen, schielen lüstern, winseln zimperlich, sind empfindungslos dumpf – also das übliche in New York, mit anderen Worten, und Gott weiß, was sonst noch. Dr. Hall verficht die Theorie, daß die Übervölkerung New York bereits in den Zustand eines verhaltensmäßigen Müllhaufens verwandelt hat. Verhaltensmüllhaufen ist ein Ausdruck aus der Ethologie, dem Studium des tierischen Verhaltens gegenüber ihrer Umwelt also. Unter Tieren endet die Entwicklung zum Müllhaufen mit einem «Bevölkerungszusammenbruch» oder auch «massiven Absterben». O verrottetes Schilda.

Es wird einem leicht, sich die New Yorker als Tiere vorzustellen, besonders, wenn man freitags nachmittags zur Rush-hour von einem Ort wie dem Balkonvorsprung am Grand Central Bahnhof hinabblickt. Die Bahnhofshalle war angefüllt mit den armen weißen Menschenwesen, die herumrannten, auswichen, mit den Augen zwinkerten und Geräusche machten wie ein Käfig voller Stare oder Ratten oder sonst etwas.

«Hören Sie nur, wie die wetzen», sagt Dr. Hall.

Er hatte recht. Die armen alten, bleichen Tiere waren da draußen ganz auf sich selbst gestellt und wetzten auf ihren Gummisohlen herum. Man konnte es sofort hören, nachdem er darauf hingewiesen hatte. Sie verharren plötzlich, um einen anderen nicht anzurempeln oder weil sie orientierungslos sind. Dann wieder bleiben sie stehen und sehen sich um, wetzen auf ihren Schuhen mit den Gummisohlen, und ein Quietschen steigt auf. Sie ergießen sich aus den Rolltreppen des Pan-Am-Gebäudes unten in der Halle, aus der 42nd Street, kommen von der Lexington Avenue, herauf aus den Untergrundbahnen, wieder hinab zu den Untergrundbahnen und zu den Zügen, hinauf in die Hubschrauber . . .

«Hier ganz unten kann man auch die Hubschrauber hören», sagt Dr. Hall. Das Geräusch der Hubschrauber, die das Dach des Pan-Am-Gebäudes fast fünfzig Stockwerke höher anfliegen, schlägt bis hier unten durch.

«Wenn diese Decke nicht wäre –» er meint die sehr hochgewölbte Decke im Grand-Central-Bahnhof – «wäre dieser Ort hier bei derartigem Gedränge unerträglich. Und dennoch werden sie wahrscheinlich in Zukunft nie wieder soviel Raum wie hier ‹verschwenden›.»

Sie quietschen! Und die Adrenalindrüsen in all den armseligen weißen Tieren vergrößern sich Mikron um Mikron, bis sie Melonengröße erreichen. Dr. Hall zieht eine Minox-Kamera aus einem Etui, das er am Gürtel trägt, und schickt sich an, dieses menschliche Hasten zu fotografieren. Der Müllhaufen!

Dr. Hall hat die Minox am Auge – ein hagerer Mann, ruhig, besonnen, 52 Jahre alt, jung aussehend, ein Anthropologe, der mit Navajo-Indianern, mit Hopis, mit Hispano-Amerikanern, Negern und Trukesen gearbeitet hat. Während der kritischen Jahre des Entwicklungshilfe-Programms in den fünfziger Jahren war er der wichtigste Anthropologe im Regierungsstab. Er leitete das Ausbildungsprogramm nach § 4 und die Kartei über menschliche Beziehungen. Er schrieb ‹*Die schweigende Sprache*›, und ‹*Die verborgene Dimension*›, zwei Bücher, die jene Art von «Untergrund»-Gefolge an sich ziehen, das sein Freund Marshall McLuhan vor etwa fünf Jahren ansaugte. Hall lehrt am Technischen Institut von Illinois und lebt mit seiner Frau Mildred in einem Stadthaus mit hohen Decken in einer der letzten großen Wohnstraßen der Chicagoer Altstadt, der Astor Street. Er hat einen erwachsenen Sohn und eine Tochter, schätzt gutes Essen, guten Wein, das entspannte, zivilisierte Leben – aber er kommt mit einer Minox vor dem Auge nach New York, um hier – perfekt! – Den Müllhaufen zu dokumentieren.

Wir gelangten dorthin, indem wir zur Lexington Avenue U-Bahn-Haltestelle unter dem Grand-Central-Bahnhof hinuntergingen. Wir haben jene angenehm kräftigen, schon flockigen Ausdünstungen menschlichen Schweißes, Urins, menschlicher Ergüsse und Talgdrüsen-Abscheidungen inhaliert. Ein altes, weibliches Menschenwesen war bereits auf dem oberen Bahnsteig hingestreckt; sie lag auf einer Bahre, und zwei Polizisten standen daneben. Die anderen Menschenwesen sahen kaum hin. Sie eilten, um sich in die Schlange einzureihen. Sie stießen sich gegenseitig mit den Bäuchen, Bauch an Hüfte, schubsten sich die Treppen hinunter. Menschliche Köpfe schimmerten durch die Gitter. Die Spezies Nordeuropäer versuchte, einen Freiraum um sich zu schaffen, etwa 45 Zentimeter Durchmesser . . .

«Sehen Sie, der stemmt sich gegen den Strom», sagt Dr. Hall. . . . aber die Spezies Mediterraner schiebt sich in die Schlange. Zur Hölle mit Freiräumen. Die Spezies Nordeuropäer hat etwas dagegen, dieses männliche Menschenwesen hinter ihm drückt nach vorn auf den Schalter zu . . . *atmet* ihn an, er ist angewidert und tritt ganz aus der Schlange heraus, die Spezies Mediterraner hat etwas gegen ihn, weil er was dagegen hat, und keiner von ihnen wird sich darüber klar, worüber zum

Teufel sie sich eigentlich erregen. Und bei allen da unten wachsen die guten alten Adrenalindrüsen um ein weiteres Mikron.

Dr. Hall zieht rasch die Minox heraus. Einfach perfekt! Die Ursache für den Müllhaufen.

Die echte Übervölkerung, so wie sie fünf Tage in der Woche im Geschäftsviertel von Manhattan spürbar wird und jeden Tag in Harlem, in Bedford-Stuyvesant, in der südöstlichen Bronx – die echte Übervölkerung verwandelt die New Yorker in Tiere in einem Müllhaufengehege. Dr. Halls Argument ist: Alle Tiere, auch die Vögel, scheinen einen angeborenen, ererbten Anspruch auf einen bestimmten Territorialbezirk, auf einen Raum, in dem sie ihr Leben führen können, zu haben. Selbst wenn ihnen alles notwendige Futter zur Verfügung steht und keine Raubtiere sie bedrohen, können sie das Gedränge, die Massierung, die Übervölkerung über einen bestimmten kritischen Punkt hinaus nicht ertragen. Nur zweihundert wilde Norwegerratten können zum Beispiel auf einem halben Hektar Boden existieren, selbst wenn sie soviel Futter bekommen, wie sie zu vertilgen vermögen. Sie sterben einfach dahin.

Aber warum? Um das herauszufinden, haben die Ethologen Experimente an allen möglichen Tieren, vom Einsiedlerkrebs bis zum Sikahirsch angestellt. In einem umfassenden Experiment hat ein Ethologe namens John Calhoun einige zahme weiße Norwegerratten in einen viergeteilten Käfig eingesperrt, wobei die vier Abteilungen durch Laufstege miteinander verbunden waren. Calhoun wußte von voraufgegangenen Experimenten, daß die Ratten die Tendenz haben, sich in Zehner- oder Zwölfergruppen aufzuteilen, und daß dieser Käfig deshalb 40 bis 48 Ratten bequem aufnehmen konnte, wenn man von der Voraussetzung ausgeht, daß die Ratten vier gleiche Gruppen bilden. Er gestattete ihnen, sich zu vermehren, bis 80 Ratten im Käfig waren, wobei der Ausgleich zwischen männlichen und weiblichen Tieren geschaffen wurde: aber eine weitere Übervölkerung ließ der Forscher nicht zu. Er versorgte die Tiere mit ausreichend Futter, Wasser und Material zum Nestbau. Anders gesagt: Alle ersichtlichen Bedürfnisse wurden erfüllt. Einem weniger offenkundigen Bedürfnis – dem Raum – wurde nicht stattgegeben. Für den menschlichen Betrachter sah der Käfig nicht einmal besonders übervölkert aus. Für die Ratten jedoch war er unerträglich übervölkert.

Die ganze Kolonie wurde schon bald gründlich in einen Verhaltens-Müllhaufen verwandelt. «Der Müllhaufen», sagte Calhoun, «ist das Ergebnis eines Verhaltensablaufs, bei dem Tiere in ungewöhnlich großer Zahl angesammelt werden. Die unhygienischen Anklänge des Fachausdrucks sind nicht zufällig: Ein Verhaltens-Müllhaufen wirkt als Verstärker aller Formen der Pathologie, die man innerhalb einer Gruppe festzustellen vermag.»

Lange bevor die Rattenbevölkerung die Zahl 80 erreichte, hatte sich im Käfig bereits eine Statushierarchie entwickelt. Zwei beherrschende

Männchen übernahmen die beiden abgetrennten Käfige an den Enden, schufen sich einen Harem von acht bis zehn Weibchen und zwangen die übrigen Ratten in die beiden in der Mitte gelegenen Abteilungen. Die ganze Übervölkerung entwickelte sich also in den mittleren Käfigen. Da kam es dann auch zum durchschlagenden «Müllhaufen»-Effekt. Die aristokratischen Ratten an den beiden Enden wurden größer, behender, gesünder und noch sicherer.

Mittlerweile gingen im Müllhaufen der Nestbau, die Partnerwerbung, das Sexualverhalten, die Zeugung, die gesellschaftliche Organisation, die Gesundheit – ging alles kaputt. Normalerweise pflegen die Norwegerratten ein Ritual beim Liebeswerben, bei dem das Männchen das Weibchen jagt, das Weibchen sich dann in eine Mulde duckt und den Kopf hochreckt, um das Männchen zu betrachten. Er macht vor der Mulde einen kleinen Tanz; dann kommt sie heraus und er besteigt das Weibchen, normalerweise für nur wenige Sekunden. Als sich jedoch die Müllhaufensituation entwickelte, behielten nicht mehr als drei Männchen – die dominierenden Männchen im mittleren Teil des Käfigs – die alten Gewohnheiten bei. Die übrigen versuchten alles mögliche, von der Satyriase bis zur Homosexualität, oder gaben den Sex überhaupt auf. Einige der niedriger gestellten Männchen verbrachten ihre ganze Zeit mit dem Jagen von Weibchen. Es kam vor, daß drei oder vier zugleich ein Weibchen jagten, und statt nun vor dem Eingang zum Bau innezuhalten, um das Ritual zu vollziehen, stürmten sie sofort hinein. Wenn sie einmal das Weibchen bestiegen hatten, blieben sie statt der üblichen Sekunden für Minuten darauf.

Die Homosexualität stieg merklich an. Auch die Bisexualität. Einige Männchen stiegen auf alles – Weibchen, Männchen, junge Ratten, greise Ratten, auf alles. Andere Männchen stellten ihre geschlechtliche Betätigung vollkommen ein, ließen sich auch nicht zum Kampf herausfordern und bewegten sich kaum, außer wenn die anderen Ratten schliefen. Gelegentlich kam dann auch ein Weibchen aus den Harems der Aristokratenratten über den Laufsteg in den mittleren Käfigteil, um Erfahrungen vom Leben im Müllhaufen zu sammeln. Wenn das Weibchen dann genug hatte, lief sie auf dem Steg zurück. Männchen aus dem Müllhaufen jagten sie bis oben auf den Steg, also bis an den äußersten Grenzbezirk der aristokratischen Reservate. Der Blick einer der Rattenkönige ließ sie jedoch sofort innehalten, und sie kehrten zum Müllhaufen zurück.

Die Weibchen aus den Harems, die die Wonnen der Gewöhnlichkeit genießen wollten, hatten ihre Abenteuer und führten dann ihr geruhsames, gesundes Leben weiter. Die Weibchen im Müllhaufen hingegen wurden physisch und psychologisch zerstört. Trächtige Ratten hatten Schwierigkeiten mit dem Austragen. Die Anzahl der Fehlgeburten stieg erheblich; viele Weibchen starben an Tumoren und anderen krankhaften Zuständen der Milchdrüsen, der Geschlechtsorgane, der Gebärmutter, der Eierstöcke und der Eileiter. Ihre Nieren, die Leber und die Adrenalindrüsen waren ebenfalls in typischer Weise vergrößert oder von Krankheit befallen; auch zeigten sie andere Anzeichen, die mit dem Stress in Verbindung gebracht werden können.

Das Aufziehen der Brut wurde vollkommen chaotisch. Die Weibchen verloren das Interesse oder die Beharrlichkeit, Nester zu bauen, und betreuten sie nicht weiter, wenn sie solche gebaut hatten. Im allgemeinen Schmutz und in der allgemeinen Verwirrung machten sie keine großen Anstrengungen, die Nachkommenschaft zu retten, wenn sie zeitweilig davon getrennt waren. Ein hektischer, sogar sadistischer Wettbewerb war überall unter den Männchen zu beobachten, der ihr Leben chaotisch machte. Die Männchen begannen, einander unprovoziert in sinnloser Weise anzugreifen, was oft in Schwanzbeißen ausartete. Normalerweise unterdrücken Ratten dieses Verhalten oder lassen es gar nicht aufkommen. Im Müllhaufen vernachlässigten die männlichen Ratten jedoch alle Kontrollaufgaben und kümmerten sich nur noch um sich selbst. Die «Hackordnung» unter den Männchen im Müllhaufen war niemals gleichmäßig geregelt. Normalerweise befolgen männliche Ratten eine Drei-Klassen-Struktur.

Unter den Zwängen der Übervölkerung teilten sie sich hingegen in alle Arten von keineswegs gleichbleibenden Unterklassen, Cliquen, Rudeln auf – und forderten andauernd ihre Kraft heraus, stellten sie auf die Probe. Alle waren Freiwild, außer den Aristokraten an den beiden Enden des Käfigs.

Calhoun hielt die Bevölkerung auf 80 Tiere beschränkt, so daß das nächste Stadium, «der Bevölkerungszusammenbruch» oder das «massive Absterben», nicht eintrat. Die Autopsien zeigten jedoch, daß der Entwicklungsablauf – wie bei den Erkrankungen unter weiblichen Ratten – bereits im Ansatz vorhanden war.

Eine klassische Studie des Absterbens wurde durch John J. Christians Untersuchung der Sikahirsche auf der James-Insel in der Chesapeake-Bucht westlich von Cambridge, Maryland, zugänglich. Vier oder fünf der Hirsche waren 1916 auf der etwa hundert Hektar großen Insel ausgesetzt worden, die damals unbewohnt war. 1955 hatten sich die Hirsche ungestört zu einer Herde von 280 bis 300 Tieren vermehrt. Die Bevölkerungsdichte war zu diesem Zeitpunkt kaum größer als ein Drittel Hektar pro Tier; aber Christian wußte, daß diese Bevölkerungsdichte für die angeborenen Freiraumerfordernisse der Sikahirsche bereits zu hoch lag und daß in absehbarer Zeit etwas Entscheidendes geschehen mußte. Zwei Jahre lang blieb die Anzahl der Hirsche bei 280 bis 300. 1958 jedoch starb plötzlich über die Hälfte der Tiere; 161 Kadaver wurden gefunden. 1959 starben noch mehr Hirsche, und die Population pendelte sich auf etwa 80 ein.

In zwei Jahren verendeten zwei Drittel der Herde. Warum? Es handelte sich nicht um Futtermangel. Alle aufgefundenen Hirsche waren in ausgezeichnetet Verfassung, hatten gutentwickelte Muskeln, ein glattes Fell und Fettablagerungen im Muskelgewebe. Bei praktisch allen Hirschen hatten sich jedoch die Adrenalindrüsen um etwa fünfzig Prozent vergrößert. Christian zog daraus den Schluß, daß das Absterben auf einen «Schock nach durchgreifenden Stoffwechselstörungen, möglicherweise als Ergebnis einer über längere Zeit wirksamen adrenokortikalen Hyperaktivität, zurückzuführen ist . . . Es gab keinerlei Anzeichen von Infektionen, Auszehrung oder irgendeinen anderen offensichtlichen Grund, der das Massensterben zu erklären vermochte». Anders gesagt: der andauernde Stress der Übervölkerung und der zusätzlich wirkende normale Stress der Winterkälte hatten das Adrenalin in den Hirschen so konstant abgesondert, daß ihrem Organismus der Blutzucker entzogen wurde und die Hirsche am Schock starben.

Die weißen Menschenwesen wetzen und schießen immer noch über den Boden des Grand-Central-Bahnhofs hinweg. Dr. Hall lauscht einen weiteren Augenblick auf das Quietschen und die huschenden Geräusche und sagt dann: «Wissen Sie, ich bin hier schon mit Pendlerzügen gefahren, nachdem die Leute alle eine solche Rush-hour durchgestanden hatten, und ich will Ihnen mal sagen, in jedem Waggon strömt genug Säure in die Mägen dieser Leute, daß man damit die Schienen darunter auflösen könnte.»

Just ein kleines, unsichtbares Säurebad für das Innenfutter, um den Tag so recht abzurunden. Die Geschwüre, die die Säuren hervorrufen, sind natürlich eine Krankheit, von der man den Leuten bereits beigebracht hat, sie mit dem Stress des Stadtlebens in Verbindung zu bringen. Die Übervölkerung jedoch, wie Dr. Hall sie sieht, nimmt den Körper wesentlich schärfer ran als bloße Geschwüre. Im Alltagsleben von New York – wo es nur um das übliche Fahren zur Arbeit, um die Arbeit in massiv verstopften Stadtbezirken wie in der 42nd Street zwischen Fifth Avenue und Lexington Avenue geht, insbesondere jetzt, wo das Pan-Am-Gebäude hineingesetzt wurde, wenn es darum geht, in kleinen Zellen wie in den Redaktionsbüros bei Time-Life Inc. zu arbeiten, ein Beispiel, das Dr. Hall als typisch für das unbesonnene Umgehen mit Raum in New York zitiert, wenn es also darum geht, in kleinen Zellen mit niedrigen Decken und oft ohne jeden Zugang zu einem Fenster zu arbeiten, während zugleich Bautrupps überall in Manhattan mit ihren Druckluftkompressoren alle Leute die Leichtbetonwände herauftreiben, wobei Geräusche bis zu Dezibelpegeln entstehen, die einem das Gehirn zum Kochen bringen, und wenn man dann loshetzt, um nach Hause zu kommen, sich in Untergrundbahnen und Züge hineinquetscht, um Minuten und um Raum kämpft, wenn es also wie gesagt um einen ganz normalen Tag in New York geht –, dann schießt diese ganze, jetzt vollkommen normale Sache immer wieder Adrenalinstöße in den Körper, zerstört allmählich die Abwehrkräfte des Organismus und macht dann Schluß mit einem abgewirtschafteten Menschentier, das über den Frühstückstisch hingestreckt liegt, wobei der gelähmte Kopf wie ein Blumenkohl aus dem halbbügelfreien 6,95-Dollar-Pima-Baumwollhemd heraushängt, und es stochert mit gesenkter Nase in einem Teller mit cholesterinfreiem Eierersatz herum, meldet sich schließlich ab mit der schwarzdrohenden Thrombose, mit Krebs, mit Versagen der Niere, der Leber oder des Magens, und die Adrenalindrüsen, mittlerweile so groß wie Auberginen im Juli, halten zähflüssig inne.

René Dubos vom Rockefeller-Institut ist einer der Leute, an dessen Arbeit auf diesem Gebiet Dr. Hall interessiert ist. Dubos' Arbeit weist darauf hin, daß spezifische Organismen wie zum Beispiel der Tuberkel-Bazillus oder ein Lungenentzündungsvirus selten als «Ursache» einer Krankheit zu betrachten sind. Der Keim oder das Virus muß offensichtlich in Kombination mit anderen Phänomenen wirksam werden, die bereits den Körper in gewisser Weise in seiner Widerstandskraft beeinträchtigt haben – etwa die gute alte Adrenalin-Hyperaktivität. Dr. Hall möchte gern, daß Autopsie-Untersuchungen vorgenommen werden, um die Größe der Adrenalindrüsen der New Yorker zu bestimmen, besonders bei Menschen, die dichtgedrängt in Slumgebieten wohnen, und bei denen, die täglich den kompletten Stoßzeit-Arbeit-Stoßzeit-Zyklus durchmachen. Er befürchtet, daß niemand willens ist, etwas gegen diese Phänomene zu unternehmen, solange es keine klinischen statistischen Angaben darüber gibt, in welcher Weise Übervölkerung tatsächlich den menschlichen Körper zerstört. Selbst bei einem so offenkundigen Phänomen wie der Luftverpestung ist es die gleiche Leier. Bis nämlich die Leute tatsächlich den Rauch sehen, den Schwefel fühlen oder gar das Stechen in den Augen empfinden, regen sich die Politiker ganz sicher nicht darüber auf, obwohl doch jeder weiß, daß viele todbringende Substanzen, die unsere Luft verseuchen, unsichtbar und geruchlos sind. Man muß zunächst bedenken, daß die meisten Politiker so sind wie die aristokratischen Ratten. Sie sind vom Müllhaufen durch praktisch paradiesische Puffer abgeschirmt – durch große Limousinen, Chauffeure, Sekretärinnen, Assistenten, Portiers, durch Jalousien an den Häusern und Wohnungen in hochgelegenen Stockwerken. Sie fahren fast nie mit der Untergrundbahn, brauchen fast nie die Rush-hour zu durchkämpfen und leben erst recht nicht in den Slums oder arbeiten im Pan-Am-Gebäude.

Am Grand-Central-Bahnhof nahmen wir ein Taxi nach Harlem. Als wir die 48th Street erreichten, waren wir bereits in eine jener großen, totalen Verkehrsstauungen auf der First Avenue am Freitagnachmittag hineingezwängt worden. Dr. Hall winkt mir zu, die Szene doch einmal kritisch zu betrachten. Und da sind sie, Menschenwesen, Männchen und Weibchen, hinter dem Glas ihrer Autofenster, die geräuschlos die Tortur ihrer eigenen Adrenalinstöße durchmachen. Dieses Männchen da drüben spielt so verbissen mit seinen Kiefermuskeln, daß sie sich wie eine Käsecremerolle zusammenbündeln. Er preßt die Lippen aufeinander, seine Augäpfel sind blutunterlaufen, er schreit . . . geräuschlos hinter Glas . . . das Fett furcht sich in seinem Nacken, sein ganzer Körper zittert, während er mit dem Handballen auf das Lenkrad schlägt. Das menschliche Weibchen im Wagen davor ruckt mit dem Kopf nach hinten, bleckt die Zähne, sie schreit auf . . . geräuschlos hinter Glas . . . sie wirft die Hände in die Luft, was erwartest du denn von mir – ja, ja, du Trottel –, und da sitzen sie, gefangen in ihrer eigenen Zusammenballung, verspritzen Haß wie Blut, schließen die Ganglien kurz und – gottverdammt . . .

Dr. Hall setzt sich zurück und betrachtet das alles. Das ist es! Der Müllhaufen! Und wo bleibt da der Wanderer zwischen den Welten?

Dr. Hall sagt: «Wir brauchen eine Untersuchung, bei der Autofahrer, die jeden Tag diese Stoßzeit miterleben, HGR-Bänder tragen.»

«HGR?»

«Hautgalvanische Reaktion. Dabei mißt man das elektrische Potential der Haut, das eine Funktion bei der Schweißabsonderung hat. Wenn ein Mensch hochgradig nervös wird, beginnen seine Handinnenflächen zu schwitzen. Das ist ein Anzeichen für Spannungszustände. Es gibt einige andere, ziemlich einfache Vorrichtungen, die zudem die Atemfrequenz und den Pulsschlag aufzeichnen könnten. Ich meine, daß jeder, der diese Erfahrung andauernd mitmacht, seinen eigenen Pulsschlag kontrollieren sollte – nicht wörtlich genommen –, indem er sich ins Bewußtsein ruft, was mit ihm geschieht. Man kann normalerweise spüren, wenn der Stress einen physisch mitnimmt.»

Dr. Hall möchte durch Untersuchungen von Leuten, die in den Slums von New York zusammengedrängt sind, das Ganze einen Schritt weiterführen – er möchte Informationen über den Plasma-Hydrocortison-Spiegel im Blut oder über die Corticosteroide im Urin sammeln. Beide haben sich als zuverlässige Indikatoren für Stress erwiesen, wobei die Prüfverfahren einfach sind.

Die Slums – schließlich haben wir es doch noch geschafft, nach East Harlem hinaufzukommen. Wir fuhren in die 101st Street, bis wir vor einem neuen, avantgardistischen kleinen Kirchenbau, der Epiphanias-Kirche, standen, die Dr. Hall schätzt – und daneben, wo eine Reihe von Gebäuden abgerissen worden war, erhob sich ein Schutthaufen, und aus den Hoffenstern der Mietskasernen dahinter schickten verschiedene Leute eifrig «Luftpost» ab. Sie warfen Abfälle aus dem Fenster auf den Schutthaufen, Bierbüchsen, rote Lumpen, den Ohne-jede-Anzahlung-Eames-Rolltischuntersatz für Fernsehgeräte, all das flog durch die Luft in diese armselige Senkgrube. Wir sind noch etwas in Harlem herumgefahren, und ein Bild wiederholte sich immer wieder: Abfall, zusammenfallende Gebäude, abgerissene Häuser, Schutt, armselige Senkgruben oder auch plötzlich ein Bündel von Hochhausprojekten mit eingezäuntem Rasen.

«Wissen Sie, wie diese Stadt aussieht?» fragte Dr. Hall. «Sie sieht aus wie ausgebombt. Ich habe früher, 1946, an der Ecke Broadway und 124th Street gewohnt, als ich noch an der Columbia-Universität studierte. Ich kann Ihnen gar nicht sagen, wie sehr sich Harlem in zwanzig Jahren verändert hat. Es sieht aus wie bombardiert. Es ist zusammengebrochen. Leute, die in New York leben, gewöhnen sich daran und werden sich gar nicht klar darüber, wie dreckig diese Stadt geworden ist. Das Ganze ist typisch für einen Verhaltens-Müllhaufen. Dazu gehört auch ein Fall wie der von Kitty Genovese – da wird ein Mädchen im Hinterhof eines Mietskasernenkomplexes vergewaltigt und ermordet, und vierzig oder fünfzig Leute sehen aus ihren Wohnungen zu. Keiner hält es für nötig, die Polizei zu rufen. Diese Apathie und Anomie sind typisch für den allgemeinen psychischen Verfall des Müllhaufens.»

Er blickte zu den Hochhaus-Wohnblocks hinüber und stellte fest, daß sie vorwiegend ein Zeugnis für die geringe Kenntnis der Planer von den menschlich-animalischen Grundbedürfnissen an Raum sind.

«Selbst wenn man es einmal ganz einfach sieht», sagte er, «ist es sinnlos, diese Häuser wesentlich höher als fünf Stockwerke zu bauen. Nehmen wir an, eine Familie lebt im vierzehnten Stock. Die Mutter ist dann völlig von ihren Kindern abgeschnitten, wenn sie unten spielen; denn die Aufzüge sind in diesen Siedlungen dauernd kaputt, und oft braucht man eine halbe Stunde, buchstäblich eine halbe Stunde, um den Aufzug zu erwischen, wenn er überhaupt funktioniert. Das ist an der Tagesordnung. Eine Mutter ist in dieser Situation genauso ein Opfer der Übervölkerung, als wohnte sie noch in den alten Slums. Einige Negerführer machen bittere Scherze über die Art und Weise, in der der weiße Mann das Slumproblem löst, indem er die Neger senkrecht aufstapelt, und an dieser Bemerkung ist eine ganze Menge dran.»

Zunächst einmal, sagt Dr. Hall, haben die Planer keine Ahnung von den andersartigen Raumbedürfnissen der Menschen aus verschiedenen Kulturen, wie zum Beispiel Neger und Puertoricaner. Die werden alle behandelt, als seien sie winzige, kompakte Weiße aus der Mittelschicht. Genau wie beim Sikahirsch, der bereits als Übervölkerung empfindet, wenn nur zwei Hektar zur Verfügung stehen, ist die Übervölkerung für das menschliche Tier eine relative Angelegenheit. Jede Spezies hat ihr eigenes Raumgefühl. Diese Empfindung kann sehr wohl «subjektiv» sein, kommt aber der Wahrheit recht nahe.

Dr. Halls Theorien über Raum und Territorium beruhen auf den gleichen Informationen, die im wesentlichen von Biologen, Ethologen und Anthropologen gesammelt wurden, auch auf der Arbeit von Robert Ardrey. Ardrey hat zwei weitverbreitete Bücher geschrieben, ‹*Afrikanische Schöpfung*› und ‹*Der territoriale Imperativ*›. Die Illustrierte *Life* druckte umfangreiche Passagen aus dem ‹*Territorialen Imperativ*› ab, in denen es darum ging, wie der Trieb, Territorium und Besitz zu erwerben, dem Erworbenen weiteres hinzuzufügen und Ansehen zu erreichen, allen Tieren einschließlich des Menschen in Jahrtausenden der Stammesgeschichte eingepflanzt worden ist usw., ja, daß dieser Trieb noch mächtiger sei als der Geschlechtstrieb. Die besondere Herausstellung durch *Life* verleitete Marshall McLuhan zu der sarkastischen Bemerkung: «Sie sehen dies als eine große historische Rechtfertigung für die freie Marktwirtschaft und das Republikanertum an. Doch wenn die Vögel es so machen und die Einsiedlerkrebse, dann ist dieses Verhalten auch richtig für den Menschen.» Für Leute wie Hall und McLuhan und auch für Ardrey ist das Gut oder Böse dieser Frage irrelevant. Das einzige, was bei ihnen als unentschuldbar gilt, ist das Denken einflußreicher Leute, die sich solcher Abläufe nicht einmal bewußt werden. So steht es auch mit dem Denken der meisten Stadtplaner.

«Die Planer zeigen einem immer aus der Vogelperspektive, was sie ausbrüten», sagt er. «Sie haben natürlich alle diese maßstabgerechten Modelle gesehen. Da stehen sie um den Tisch herum, sehen hinunter und sagen, das sei großartig. Es würde nie irgend jemandem einfallen, daß sie das Ganze aus der Vogelperspektive betrachten. Letzten Endes erweisen sich diese Projekte auch als sehr zufriedenstellend, solange man sie vom Flugzeug aus betrachtet.»

Als Anthropologe muß Dr. Hall jedesmal den Kopf schütteln, wenn er die Planer von vollintegrierten Wohnbauprojekten für das Jahr 1980 oder 1990 reden hört, als hätten bis zu diesem Zeitpunkt alle kulturellen Gruppen dasselbe Gefühl für Raum, als würden sie alle friedlich nebeneinander hausen, so glücklich wie die Pfahlbürger, die all die guten, sauberen Vogelperspektiven planen. Nach Dr. Halls Feststellungen ist gerade die Tatsache, daß jede kulturelle Gruppe ihr eigenes, besonderes, unausgesprochenes Empfinden für Raum hat, für ein gerüttelt Maß des Unbehagens verantwortlich, welches eine Gruppe in Gesellschaft der anderen empfindet.

Das ist genauso wie mit dem Nordeuropäer und dem Mediterranen in der Untergrundbahn. Der Nordeuropäer, ohne daß er sich dessen je bewußt wird, versucht, einen Freiraum, eine Raumblase um sich zu bewahren. Wenn ein Fremder in diese Sphäre eindringt, fühlt er sich bedroht. Mediterrane Völker kommen im allgemeinen aus Kulturen, in denen jedermann körperlich viel engagierter ist, auch in der Öffentlichkeit, im alltäglichen Umgang miteinander. Er empfindet keinerlei Unbehagen, wenn es darum geht, sich auch in der Öffentlichkeit anderen zuzugesellen. Dennoch haben diese Leute möglicherweise recht andersartige Vorstellungen über den Raum innerhalb ihres Heimes. Selbst Neger, die in Amerika aufgewachsen sind, haben ein Vokabular für Raumempfinden und Gestik, das von dem der nordeuropäischen Amerikaner verschieden ist, die doch, historisch gesehen, nach Dr. Hall ihre Vorbilder gewesen sind. Daß gute Kommunikation zwischen Negern und Weißen nicht zustande kommt, läßt sich oft auf Mißverständnisse wie das folgende zurückführen: Irgendein Weißer unterhält sich mit einem Neger, der sich bei ihm um einen Job bewirbt. Die Kultur des Negers hat ihn gelehrt, für jemand Interesse zu zeigen, indem man ihm in die Augen sieht und aufmerksam anhört, was er zu sagen hat. Die Spezies Nordeuropäer jedoch verlangt etwas mehr. Der Nordeuropäer erwartet, daß sein Zuhörer von Zeit zu Zeit nickt, als wolle er damit sagen: «Ja, fahren Sie fort.» Wenn er dieses bestätigende Nicken nicht wahrnimmt, fühlt er sich beunruhigt; denn er fürchtet, der Zuhörer stimme nicht mit ihm überein oder habe abgeschaltet. Vielleicht lernt der Neger, daß ein Weißer solches Verhalten erwartet. Aber er ist einfach nicht an diese Art von zustimmendem Nicken, die als üblich gilt, gewöhnt. So wird er vielleicht zu stark reagieren, indem er wie verrückt nickt, so daß der Nordeuropäer an der Stelle wahrscheinlich denkt, er habe irgendeinen stupiden Uncle Tom vor sich, und der Bursche bekommt prompt den Job nicht.

Der ganze Umgang mit Raum in New York ist so chaotisch, sagt Dr. Hall, daß heutzutage selbst der Wohnungsbau für die Mittelschicht auf der Grundlage der Vogelschaumodelle für Slumprojekte beruht. Er hat die große Park West Village Siedlung untersucht, die ursprünglich in Manhattan Unterkünfte für Familien im mittleren Einkommensbereich schaffen sollte. Er stellte dabei fest, daß der Umgang mit Raum sehr dem Vorgehen bei einem Slumprojekt ähnelt, mit der Ausnahme, daß man hier etwas größere Balkons angebaut hatte. Er bekam den Eindruck, daß es an der Zeit sei, die Mittelschicht in New York in ihrem eigenen Interesse zu subventionieren – nämlich ihnen jene Art von wahrhaft «menschlichen» Freiräumen zu gewähren, die immer noch in den alten Backstein-Mietshäusern zu finden sind.

«Ich meine, die Stadt New York sollte ganz ernsthaft ein Programm in Betracht ziehen, das die Sanierung eines Gebietes wie Chelsea durch die Mittelschicht anregt; denn da hat man schon einen Anfang gemacht. Die Leute beginnen dort, aus eigener Initiative Häuser zu renovieren, und wenn die Stadtverwaltung das mit Steuererleichterungen und so weiter subventioniert, dürfte man wohl über das Ergebnis erstaunt sein. Was New York braucht, ist eine Serie kleiner Erfolge im Wohnungsbau, bloß um aller Welt zu zeigen, daß es so geht, und ich glaube, die Mittelschicht kann diese Aufgabe noch erfüllen. Die Alternative wäre, weiterhin das zu tun, was jetzt getan wird, nämlich zu versuchen, eine sehr große Unterschicht praktisch gewaltsam anzuheben. Dann wird man feststellen, daß es sich um einen sehr langwierigen und entmutigenden Vorgang handelt.»

«Bevor man allerdings darüber Beschlüsse faßt, wie man den vorhandenen Raum in New York neu verteilt», sagte er, «müssen die Leute sich zunächst ganz einfach darüber klar werden, wie ernst das Problem bereits ist. Die Zeichen stehen schon an der Wand.»

«Eine Untersuchung, die 1962 veröffentlicht wurde», sagte er, «beschäftigte sich mit einem repräsentativen Querschnitt von Menschen, die in New Yorker Slums wohnten. Sie stellte fest, daß nur 18 Prozent der Bewohner frei von emotionalen Krankheitssymptomen sind. 38 Prozent bedurften psychiatrischer Hilfe, und 23 Prozent waren ernsthaft gestört oder arbeitsunfähig. Nun wurde diese Untersuchung 1962 veröffentlicht, was bedeutet, daß die Arbeiten möglicherweise von 1955 bis 1960 durchgeführt wurden. Man kann überhaupt nicht absehen, wie böse die Situation jetzt ist. In einem verhaltensmäßigen Müllhaufen können sich Krisen sehr rasch entwickeln.»

Dr. Hall hätte gern eine umfassende Untersuchung, ähnlich der, die von zwei Sozialpsychologen, Chombart de Lauwe und seiner Frau, in einer französischen Arbeiterstadt durchgeführt wurde. Die beiden Forscher entdeckten eine direkte Beziehung zwischen der Massierung von Menschen und allgemeinem Versagen. In Familien, wo die Menschen so in den Wohnungen zusammengedrängt waren, daß weniger als 8 bis 10 Quadratmeter pro Person zur Verfügung standen, verdoppelten sich die sozialen und physischen Störungen. Danach müßte der kleinste Wohnraum, den vier Leute gerade noch hinnehmen könnten, etwa 3,50 Meter mal 9 Meter betragen.

Wie sieht es dagegen in Harlem aus? «Er ist ziemlich offensichtlich», schreibt Dr. Hall in ‹*Die verborgene Dimension*›, «daß amerikanische Neger und Menschen aus spanischen Kulturen, die in unsere Ballungszentren strömen, einem sehr ernsthaften Stress unterworfen sind. Sie leben nicht nur in einer Umgebung, die nicht auf sie zugeschnitten ist, sondern haben darüber hinaus ihre eigene Toleranzgrenze für den Stress überschritten. Die Vereinigten Staaten sehen sich der Tatsache ausgeliefert, daß zwei ihrer schöpferischen und empfindsamen Völkerstämme bereits einem Prozeß der Zerstörung unterworfen sind und wie Samson die Behausung, in der wir alle eine Heimat gefunden haben, zum Zusammenbruch bringen können.»

Dr. Hall fährt hinaus zum Flughafen, um nach Chicago zu fliegen, und ich komme in einem Taxi auf den East River Drive zurück. Es ist erst 4 Uhr nachmittags, aber die verflixte Uferstraße beginnt schon zu verstopfen. Rechts neben mir fährt ein Oldsmobile. Etwa acht Menschen sitzen darin, eine Menge kulleräugiger Silhouetten vor dem Hintergrund eines mit Leopardenfell überzogenen Armaturenbrettes und mit Leopardenfell bezogener Sitze. Der Fahrer ist ein Prototyp. Er hat einen Lippenbart, die Koteletten reichen bis an den Unterkieferknochen, und auf dem Unterarm trägt er eine Tätowierung wie ein Rossetti-Gemälde von Jane Burden Morris mit gelöstem Haar. All right; das ist sogar rührend, wie ein Postkartenfoto vom großen Heimatfest in San Pedro, Kalifornien. Plötzlich aber steigt Koteletten auf den Gashebel und schneidet nach links abbiegend mein Taxi, so daß mein Fahrer auf die Bremse treten muß. Kaum dreißig Meter weiter fährt Koteletten geradewegs in eine Verkehrsmauer hinein und muß selbst auf die Bremse treten, und dann passiert es. Ein weißes Angorastofftier, ein Hund, nein, eine Pekinesenkatze, ist drinnen an seinem Rückfenster befestigt – sobald er auf die Bremse tritt, leuchten die *Augen* auf, in Nachtclubrosa. Um seinen Vordermann nicht zu rammen, muß mein Fahrer noch einmal scharf bremsen, und da sitze ich nun, draußen auf einer wahnsinnigen, verstopften Stadtautobahn um 4 Uhr nachmittags, und schlittere in den Stillstand, während ein ausgestopfter Pekinese größer und größer wird und seine Augen direkt vor mir immer heller werden. Ruck! Nachtclubrosa! He – jetzt bin ich es, den das Adrenalin aufheizt, *ich* bin dieses weiße Menschenwesen, das in einem Geschoß sitzt und inmitten einer Masse zusammengedrängter Menschen auf eine weiße, angoraausgestopfte, verflixte Leoparden-Armaturenbrett-miese Katze zurast – bring die verfluchte Angorakatze um – ruck! – jetzt hab ich – noch einen Mikrometer mehr auf den alten Adrenalindrüsen . . .

rororo Band 1542

727/2